예수님의 오리지날 숨결을 느끼며

그의 제자된
번역자, 이동원

쉽게 풀어 쓴
누가의 예수 이야기
1

쉽게 풀어 쓴 누가의 예수 이야기 1

지은이 | 이동원
초판 발행 | 2022. 11. 23
등록번호 | 제1988-000080호
등록된 곳 | 서울특별시 용산구 서빙고로 65길 38
발행처 | 사단법인 두란노서원
영업부 | 2078-3352   FAX | 080-749-3705
출판부 | 2078-3331

책값은 뒤표지에 있습니다.
ISBN 978-89-531-4329-6 03230

독자의 의견을 기다립니다.
tpress@duranno.com   www.duranno.com

두란노서원은 바울 사도가 3차 전도여행 때 에베소에서 성령 받은 제자들을 따로 세워 하나님의
말씀으로 양육하던 장소입니다. 사도행전 19장 8-20절의 정신에 따라 첫째 목회자를 돕는 사역과
평신도를 훈련시키는 사역, 둘째 세계선교(TIM)와 문서선교(단행본·잡지) 사역, 셋째 예수문화 및 경배
와 찬양 사역, 그리고 가정·상담 사역 등을 감당하고 있습니다. 1980년 12월 22일에 창립된 두란
노서원은 주님 오실 때까지 이 사역들을 계속할 것입니다.

쉽게 풀어 쓴
누가의 예수 이야기

1

이동원 지음

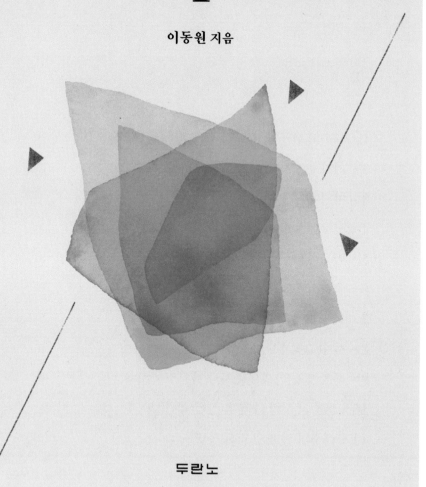

두란노

목차

사복음서의 기자 중 누가는 얼굴이 다양합니다. 그는 의사요, 전도자이며, 역사가요, 신학자입니다. 무엇보다 사도 바울의 가장 신뢰하는 동역자입니다. 많은 사람이 바울의 곁을 떠날 때도 "누가만 나와 함께 있느니라"(딤후 4:11)라고 증언된 사람입니다.

이런 누가에 의해 전해진 '예수 이야기!' 너무 기대되고 궁금하지 않습니까? 이방인인 데오빌로에게 예수 이야기를 전달하고자 근원부터 미루어 리서치(research)를 했다고 말합니다. 이방인들에게 그분의 이야기를 역사로 전달하고자 한 것입니다.

누가복음은 이런 선교적 목적으로 역사의식을 갖고 쓴 글입니다. 그래서 정교하고 아름답고 디테일합니다. 저는 사복음서 중 누가복음 설교를 미루어 두었습니다. 부피도 많고 내용도 지나치게 감동적이었기 때문입니다. 비로소 공식 사역 기간을 지나 이 책에 도전했습니다.

이제 사복음서의 완성판으로 누가복음 강해를 내놓습니다. 이 책이 오리지널의 감동을 훼손하지 않을까 두렵습니다. 그러나 누가가 전달한 예수님 이야기가 너무 좋습니다. 그래서 좋아하는 독자들에게 그

이야기를 나누고 싶습니다. 부디 이 책이 누가복음의 아름다운 소식 전파에 일조하기만을 기대합니다.

누가복음을 좋아하는 이들에게 이 책을 헌정합니다. 1, 2권을 차례로 읽고 가능하면 누가복음의 후속편인 '사도행전 이야기'도 읽어 주었으면 합니다. 《하나님 나라 비전 매핑》(두란노)이라는 제목으로 출간되었습니다.

누가복음의 주인이신 예수님의 이름을 함께 찬양합시다.

누가복음 강해를 마무리하며,
목동 이동원 드림

"우리 중에 이루어진 사실에 대하여 처음부터 목격자와 말씀의 일꾼 된 자들이 전하여 준 그대로 내력을 저술하려고 붓을 든 사람이 많은지라 그 모든 일을 근원부터 자세히 미루어 살핀 나도 데오빌로 각하에게 차례대로 써 보내는 것이 좋은 줄 알았노니 이는 각하가 알고 있는 바를 더 확실하게 하려 함이로라 유대 왕 헤롯 때에 아비야 반열에 제사장 한 사람이 있었으니 이름은 사가랴요 그의 아내는 아론의 자손이니 이름은 엘리사벳이라 이 두 사람이 하나님 앞에 의인이니 주의 모든 계명과 규례대로 흠이 없이 행하더라 엘리사벳이 잉태를 못 하므로 그들에게 자식이 없고 두 사람의 나이가 많더라 마침 사가랴가 그 반열의 차례대로 하나님 앞에서 제사장의 직무를 행할새 제사장의 전례를 따라 제비를 뽑아 주의 성전에 들어가 분향하고 모든 백성은 그 분향하는 시간에 밖에서 기도하더니 주의 사자가 그에게 나타나 향단 우편에 선지라 사가랴가 보고 놀라며 무서워하니 천사가 그에게 이르되 사가랴여 무서워하지 말라 너의 간구함이 들린지라 네 아내 엘리사벳이 네게 아들을 낳아 주리니 그 이름을 요한이라 하라"(눅 1:1-13).

1. 예수의 선구자, 요한의 부모

예배의 성공은 삶의 성공으로 이어집니다.
그러므로 우리는 먼저 성공적인 예배자가 되어야 합니다.

누가복음의 기자인 누가는 의사였습니다. 바울 사도는 늘 그를 "사랑을 받는 의사 누가"(골 4:14)라고 불렀습니다. 그러니까 누가는 의사로서 자연스럽게 과학적 마인드를 지녔을 것입니다. 그러나 누가의 또 하나의 중요한 기여는 그가 역사가로서 매우 중요한 두 권의 성경을 기록했다는 사실입니다. 하나는 누가복음이고, 다른 하나는 사도행전입니다. 누가복음이 예수님의 역사를 기록하고 있는 책이라면, 사도행전은 초대 교회의 역사를 기록하고 있는 책입니다. 이 두 권의 책을 그는 과학자의 안목을 가지고 기록합니다.

우선 1장 1절에서 그는 "우리 중에 이루어진 사실에 대하여" 기록한다고 천명합니다. 역사는 사실의 기록일 때 의미가 있습니다. 이어서 2절에서 그는 말씀의 일꾼 된 자들이 전달한 이 역사를 기록하려고 많은 사람이 시도했는데, 자신도 이 사가의 반열에 동참해서 붓을 들었다고 고백합니다. 이어지는 3절을 보십시오.

"그 모든 일을 근원부터 자세히 미루어 살핀 나도 데오빌로 각하에게
차례대로 써 보내는 것이 좋은 줄 알았노니."

여기 '자세히 미루어 살폈다'는 말을 현대식으로 하면 철저하게 리
서치를 했다는 것입니다. NIV 성경은 'carefully investigated'(주의 깊게
조사했다)라고 표현하고 있습니다. 누가는 이러한 역사적 사료를 취합
해서 예수의 역사를 되도록 정확하게 증언하고자 한 것입니다.

여기 이 편지를 받는 대상을 누가는 '데오빌로 각하'라고 말합니다.
아마도 그는 로마의 고관으로 복음을 듣고 그리스도인이 된 사람으로
서 바울과 누가의 경제적·신앙적 후견자였을 것입니다. '데오'(theos)는
'하나님', '빌로스'(philos)는 '사랑'을 뜻하는 단어로서, 그의 이름에 담
긴 뜻은 '하나님의 사랑받는 자' 혹은 '하나님을 사랑하는 자'가 될 것
입니다. 그를 대표로 해서 모든 이방인에게 구세주이신 예수의 이야기
를 전달하고자 한 것입니다.

누가는 예수님의 이야기를 하면서 먼저 예수님의 선구자 역할을
한 세례(침례) 요한의 이야기부터 시작합니다. 1장 15절에 의하면 그는
'주 앞에 큰 자'(great, 위대한 사람)입니다. 16절에 의하면 수많은 이스라
엘 자손을 하나님께로 돌아오게 한 사람입니다. 17절에 의하면 선지자
엘리야의 심령으로 아버지(하나님)의 마음을 주의 자녀들에게 전하고,

주의 백성을 준비시키고자 온 사람입니다.

사실 1장 17절은 본래 구약의 마지막 구절인 말라기 4장 6절에서 인용된 말씀입니다. 세례(침례) 요한은 구약 시대를 마무리하고 신약 시대를 연 사람입니다. 예수님은 그를 '여자가 낳은 자 중에 가장 큰 사람'(눅 7:28)이라고 말씀하십니다. 무엇보다 중요한 것은, 그가 예수님의 오실 길을 예비했다는 사실입니다. 이쯤 되니 자연스럽게 이런 사람의 부모는 어떤 사람이었을까 궁금해집니다. 요한의 부모는 어떤 사람이었을까요?

예배의 사람
||||||||||||||||||||

요한의 부모는 사가랴와 엘리사벳입니다.

"유대 왕 헤롯 때에 아비야 반열에 제사장 한 사람이 있었으니 이름은 사가랴요 그의 아내는 아론의 자손이니 이름은 엘리사벳이라"(눅 1:5).

성경은 사가랴가 제사장(엘리사벳도 아론의 가문, 제사장 가문 출신)이었다고 증언합니다. 따라서 그는 제사장으로서 제사의 직무를 수행하고 있었습니다. 지금으로 말하면 예배 인도자의 직무라고 할 것입니다. 본문 8-9절을 보십시오.

11

"마침 사가랴가 그 반열의 차례대로 하나님 앞에서 제사장의 직무를 행할새 제사장의 전례를 따라 제비를 뽑아 주의 성전에 들어가 분향하고."

일단 섬김의 자리에 배치되면 제사장의 할 일은 다양했습니다. 제단을 청소하는 일부터 불을 준비하는 일, 촛대와 향단을 청소하는 일, 촛대의 기름을 준비하는 일, 향을 피우는 일, 제물을 바치는 일 등이 그것입니다. 이 모든 일이 제사장들의 직무에 속해 있었고, 한 번 투입되면 한 주간을 온전하게 섬겨야 했습니다. 위의 말씀에 보면 사가랴는 '하나님 앞에서' 제사장의 직무를 수행했다고 했습니다. 보이지 않는 하나님을 의식하고 보이는 하나님을 뵙듯 그 앞에서 자기의 예배의 의무를 수행한 것입니다.

구약에서는 선택되어 기름 부음 받은 제사장들이 이런 제사를 집행하고 있었지만, 신약에 오면 하나님은 모든 그리스도인을 제사장으로 부르시고 우리 모두가 예배의 주인공이 되어 섬길 것을 기대하십니다. 종교 개혁자들은 이런 '만인 제사장직'(만인 사제직)의 발견이야말로 그리스도인의 삶을 변혁하는 핵심적 요소로 보았습니다. 그들에 따르면, 우리는 더 이상 구약 시대처럼 양이나 염소를 제물로 바칠 필요가 없습니다. 십자가에서 죽으신 예수의 몸이 완벽한 제물이 된 이상 우리는 다른 속죄의 제물이 필요하지 않습니다. 그들은 다만 주님의 희생에 감사하며 우리의 몸을 산 제물로 바쳐 주님을 섬겨야 한다고 말합니다. 로마서 12장 1절을 보십시오.

"그러므로 형제들아 내가 하나님의 모든 자비하심으로 너희를 권하노니 너희 몸을 하나님이 기뻐하시는 거룩한 산 제물로 드리라 이는 너희가 드릴 영적 예배니라."

신약 시대의 예배는 성도가 갖추어야 할 신앙생활의 기본자세와 같습니다. 예배자인 우리는 예배를 통해 하나님을 영화롭게 하고, 성령의 충만함을 입어 삶의 활력소를 얻습니다. 에베소서 5장 18절의 '성령으로 충만함을 받으라'는 권면에 이어지는 '찬송의 삶'(19절), '범사에 감사하는 삶'(20절), '피차 복종하는 삶'(21절), '부부가 사랑하고 복종하는 삶'(22절 이하), '부모는 자녀를 주의 교훈과 훈계로 양육하고, 자녀는 부모에게 순종하는 삶'(6장 1절 이하)이 이루어집니다.

예배의 성공은 삶의 성공으로 이어집니다. 그러므로 우리는 먼저 성공적인 예배자가 되어야 합니다. 세례(침례) 요한 같은 하나님의 사람이 등장할 수 있었던 배경에는 사가랴와 엘리사벳 같은 예배하는 부모가 있었기 때문입니다. 그렇습니다. 예수님의 오실 길을 예비한 요한의 부모는 예배의 사람이었습니다. 예배자의 가정에서 한 시대의 빛이 될 하나님의 사람이 태어나고 자라난 것입니다. 당신은 예배의 모범을 물려주고 있는 믿음의 부모입니까?

말씀의 사람
||||||||||||||||||||

> "이 두 사람이 하나님 앞에 의인이니 주의 모든 계명과 규례대로 흠이
> 없이 행하더라"(눅 1:6).

의사 누가는 하나님의 말씀을 '주의 모든 계명과 규례'라고 칭하고
있습니다. 성경에서 가장 긴 장은 시편 119편입니다. 시편 119편은 하
나님의 말씀을 찬미하는 장입니다. 히브리어 알파벳의 순서에 따라 말
씀의 아름다움과 능력을 시적으로 예찬합니다. 여기에 등장하는 하나
님의 말씀에 대한 다양한 별명을 주시해 보십시오. 이 시편을 읽어 가
며 하나님의 말씀의 다양한 명칭들에 줄긋기를 시도해 보십시오. '여
호와의 율법', '여호와의 증거', '주의 도', '주의 법도', '주의 율례', '주
의 모든 계명', '주의 의로운 판단', '주의 말씀', '주의 계명', '주의 입의
모든 규례', '주의 증거들의 도', '주의 길', '주의 율법', '주의 규례', '주
의 교훈', '주를 경외하게 하는 주의 말씀', '진리의 말씀', '주의 종에게
하신 말씀', '주의 옛 규례', '주의 의로운 규례', '주께서 명령하신 증거
들', '주의 말씀의 강령' 등 이 모든 다양한 별명 중에 누가는 '주의 모든
계명과 규례'라는 말로 주의 말씀을 호칭합니다.

그런데 사가랴와 엘리사벳은 이 말씀의 계명과 규례를 삶의 원칙
으로 삼고 있었다고 증언합니다. 이 말씀을 따라 흠 없이 살고 있었다
고 말합니다. 완벽하게 살았다는 의미는 아닙니다. 결정적인 흠을 잡

을 수 없는 성숙한 인생을 살았다는 것입니다. 그들은 하나님의 말씀을 지식으로만 안 것이 아니라, 삶에 적용해서 살았다는 것입니다. 그래서 '하나님 앞에 의인'이었다고 말하는 것입니다.

여기서 중요한 것은 '흠이 없이 행하더라'라는 증언입니다. 예수님의 동생인 사도 야고보는 이렇게 말합니다.

> "너희는 말씀을 행하는 자가 되고 듣기만 하여 자신을 속이는 자가 되지 말라"(약 1:22).

이어지는 23절에서는, 듣기만 하고 행하지 않는 사람은 거울에서 자신의 몰골을 발견하고 아무것도 행하지 않는 사람과 같다고 말합니다. 이어지는 25절을 보십시오.

> "자유롭게 하는 온전한 율법을 들여다보고 있는 자는 듣고 잊어버리는 자가 아니요 실천하는 자니 이 사람은 그 행하는 일에 복을 받으리라."

사가랴와 엘리사벳이 말씀의 사람으로 살아가며 누린 복이 무엇입니까? 특별한 아들, 예수님의 오실 길을 준비한 요한을 선물로 받은 것입니다.

오늘 이 시대의 부모들은 과연 말씀의 사람으로 살고 있을까요? 예배의 장에서는 말씀을 받고 듣되, 삶의 마당에서는 말씀과 상관없이 자신을 속이며 살고 있는 것은 아닐까요? 자녀들에게 말로는 신앙을 강조하면서 행위로는 말씀을 부인하는 역설적 행태를 가르치고 있는 것은 아닐까요? 당신의 자녀들이 요한 같은 은혜의 사람이 되기를 기대한다면, 오늘 당신의 행위가 말씀을 드러내고 있는지 점검해 보십시오. 말씀의 부모에게서 말씀의 자녀가 나옵니다.

기도의 사람
||||||||||||||||||||

본문 13절에 기록된 천사의 증언을 보십시오.

> "천사가 그에게 이르되 사가랴여 무서워하지 말라 너의 간구함이 들린지라 네 아내 엘리사벳이 네게 아들을 낳아 주리니 그 이름을 요한이라 하라."

그들의 간구가 응답되었다는 것입니다. 그들은 간구의 사람이었습니다. 무엇을 간구했을까요?

> "엘리사벳이 잉태를 못 하므로 그들에게 자식이 없고 두 사람의 나이가 많더라"(눅 1:7).

고대 세계에서는 자식이 바로 미래였습니다. 그런데 자식이 없었으니 두 사람은 얼마나 간절하게 기도했을까요? 기도가 간절해지면 간구가 됩니다. 하지만 응답이 없었던 것입니다. 우리의 기도, 우리의 간구에도 불구하고 응답이 없을 수 있습니다. 두 사람은 기도하다 나이가 가임기를 지나자 포기한 듯합니다. 하나님이 자식을 주겠다고 하심에도 믿지 못하겠다고 합니다.

> "사가랴가 천사에게 이르되 내가 이것을 어떻게 알리요 내가 늙고 아내도 나이가 많으니이다"(눅 1:18).

그래서 이 일로 자식을 낳기까지 잠시 언어를 잃어버리는 징계를 감수해야만 했습니다. 그러나 중요한 것은, 우리의 모든 기도를 하나님은 기억하고 계시다는 것입니다. 그리고 하나님은 당신의 때에 당신의 방법으로 응답하신다는 것입니다.

사가랴라는 이름의 뜻은 '하나님이 기억하신다'입니다. 하나님은 사가랴의 이름의 뜻처럼, 때로 우리가 기도한 바에 대한 하나님의 응답을 온전하게 믿지 못해도 하나님은 여전히 우리가 기도한 바, 우리가 간구한 바를 기억하십니다. 문제는 우리가 기도하고 기다릴 줄 알아야 한다는 것입니다.

기독교 역사에서 자식을 위해 기도하고 오랜 세월을 인내한 믿음의 어머니는 성 어거스틴(St. Augustine)의 어머니 모니카(Monica)일 것입니다. 젊은 시절 어거스틴은 열일곱의 나이에 고향을 떠나 카르타고에 가서 낯선 여인과 동거를 시작했고, 마니교라는 이단에 빠져 있었습니다. 모니카가 안타까운 마음으로 아들을 위해 기도할 때 꿈을 꾸게 되었는데, 자신이 나무로 만든 의자 위에 아슬아슬하게 서서 눈물을 흘리고 있었습니다. 그때 한 청년이 다가와 왜 슬퍼하느냐고 묻습니다. 아들의 타락 때문이라고 하자 자세히 옆을 보라고 합니다. 보니까 아들이 어머니 곁에 서 있었습니다. 이 꿈을 꾸고 얼마 후, 모니카가 밀라노의 주교 암브로시우스(Ambrosius) 감독을 찾아가 아들을 어떻게 할 것인지 상담을 청하자 그의 대답은 단순했습니다. "그대로 두고 기도하세요. 눈물로 기도하는 자의 자식은 망하지 않습니다." 그 후로도 그녀는 여러 해 동안 어떤 응답도 없이 기다림의 시간을 보내야 했습니다. 그러니까 어거스틴이 17세에 고향을 떠난 후 31세에 회심하기까지 14년, 어려서부터 따지면 31년의 세월 동안 어머니 모니카는 눈물의 기도를 드려야 했습니다. 어거스틴은 그의 《고백록》에서 이렇게 고백합니다.

하나님이여, 제가 하나님 아버지의 아들이 될 수 있었다면 그것은 전적으로 저에게 기도의 어머니를 주셨기 때문입니다.

그렇습니다. 우리가 기도의 소망을 갖고 사는 것은 하나님이 우리의 기도를 기억하시기 때문입니다. 이것이 바로 우리가 기도의 사람으

로 살아야 할 이유입니다. 하나님은 오늘도 우리의 기도를 들으시고,
기억하십니다.

"여섯째 달에 천사 가브리엘이 하나님의 보내심을 받아 갈
릴리 나사렛이란 동네에 가서 다윗의 자손 요셉이라 하는
사람과 약혼한 처녀에게 이르니 그 처녀의 이름은 마리아
라 그에게 들어가 이르되 은혜를 받은 자여 평안할지어다
주께서 너와 함께하시도다 하니 처녀가 그 말을 듣고 놀라
이런 인사가 어찌함인가 생각하매 천사가 이르되 마리아
여 무서워하지 말라 네가 하나님께 은혜를 입었느니라 보
라 네가 잉태하여 아들을 낳으리니 그 이름을 예수라 하라
그가 큰 자가 되고 지극히 높으신 이의 아들이라 일컬어질
것이요 주 하나님께서 그 조상 다윗의 왕위를 그에게 주시
리니 영원히 야곱의 집을 왕으로 다스리실 것이며 그 나라
가 무궁하리라 마리아가 천사에게 말하되 나는 남자를 알
지 못하니 어찌 이 일이 있으리이까 천사가 대답하여 이르
되 성령이 네게 임하시고 지극히 높으신 이의 능력이 너를
덮으시리니 이러므로 나실 바 거룩한 이는 하나님의 아들
이라 일컬어지리라 보라 네 친족 엘리사벳도 늙어서 아들
을 배었느니라 본래 임신하지 못한다고 알려진 이가 이
미 여섯 달이 되었나니 대저 하나님의 모든 말씀은 능하
지 못하심이 없느니라 마리아가 이르되 주의 여종이오
니 말씀대로 내게 이루어지이다 하매 천사가 떠나가니
라"(눅 1:26-38).

2. 천사가 전한 성탄 소식

후회 없이 쓰임 받는 삶을 위해 주께서 요구하시는 응답은 지금 당장 순종하는 것입니다.

슬픔 많은 세상에서 기다려지는 것은 기쁨의 소식, 곧 복음입니다. 이런 슬픔 많은 세상에서 경험할 수 있는 최악의 사건은 슬픔의 소식을 전달하는 전령이 되는 일입니다. 군대에 갔을 때 저에게 주어진 첫 번째 보직은 이동외과 병원 군수과 영현계였습니다. 영현계는 군대에서 사고로 죽은 이들의 사체를 처리하는 일로(아마 신학교 출신이어서 그런 보직이 주어진 것 같습니다), 보통 화장을 한 다음 그 유해를 고향 집에 전달하는 일을 담당합니다. 경상도 밀양 근처 한 병사의 고향 마을에 접근했을 때 그 병사의 할아버지로 보이는 분이 작대기를 들고 누가 우리 손자를 죽였느냐고 소리치며 나오시는 바람에 혼비백산해서 유해를 집 근처에 놓고 산으로 잠시 피했던 기억이 새삼스럽습니다. 그때 놀란 가슴으로 부대에 돌아와 기도했습니다. "주님, 이런 악역은 못하겠으니 다른 일을 하게 해 주십시오." 그리고 얼마 지나지 않아 주한미군

사고문단에서 부대 시찰을 나왔다가 고문관 통역하는 분이 잠시 자리를 비운 사이 통역을 한 것이 계기가 되어 주한미군사고문단(KMAG), 특히 의무 고문관 통역 요원으로 차출되어 제대할 때까지 미군 영관급 의사의 통역 업무를 하게 되었습니다. 악역은 끝나고 좋은 소식을 전하는 자가 된 것입니다.

본문에는 인류 역사상 가장 좋은 소식을 전하는 천사 가브리엘의 이야기가 기록되어 있습니다.

"여섯째 달에 천사 가브리엘이 하나님의 보내심을 받아 갈릴리 나사렛이란 동네에 가서 다윗의 자손 요셉이라 하는 사람과 약혼한 처녀에게 이르니 그 처녀의 이름은 마리아라"(눅 1:26-27).

하나님이 천사 가브리엘을 통해 성탄의 기쁜 소식을 전하고자 하셨을 때, 그분은 두 가지 상식을 깨뜨리는 파격을 행하십니다. 첫째는, 팔레스타인 땅에서 당시에 이름도, 존재도 없던 나사렛 촌마을에서 구세주 잉태의 기적을 행하고자 하신 것입니다. 둘째는, 누가복음 1장 5-25절에 선행하는 세례(침례) 요한의 출생처럼 제사장 집안 같은 당당한 명문가가 아닌, 평범한 집안의 약혼한 처녀를 통해 구세주가 오신다는 소식을 전하게 하신 것입니다.

생각해 보십시오. 지금으로 말하면 하나님이 당신의 도구로 사람을 쓰시고자 할 때 서울 강남에서가 아니라 시골 벽촌에서 당신의 종을 찾아내신다는 것입니다. 수능 최고 점수 합격자가 아닌 수능 실패자 가운데서, 아니 정규 학교도 못 나온 사람 중에서 당신이 쓸 종을 찾고 계셨다는 것입니다. 이렇게 선택된 여인이 마리아였습니다. 마리아가 선택될 수 있었던 비밀은 도대체 무엇일까요? 그녀를 통해 구세주 탄생의 소식을 전하신 까닭은 무엇일까요? 물론 정답은 하나님의 주권입니다. 그러나 이 주권 앞에 이 여인이 응답한 모습을 본문은 어떻게 기록하고 있습니까? 여기에 마리아가 선택된 이유가 있습니다.

하나님의 은혜를 사모하다
|||||||||||||||||||||||||||||||||||||||||||||

왜 하필이면 마리아였을까요? 당시 세계의 수도였던 로마에는 구세주의 어머니가 될 만한 소양 깊고 기품 있는 여인들이 얼마나 많았을까요? 아니, 나사렛에서 그리 멀지 않은 팔레스타인 최고의 종교 도시 예루살렘에는 '탈무드'와 '토라'로 잘 준비되고 교육된 요조숙녀들이 얼마나 많았을까요? 그런데 '나사렛에서 무슨 선한 것이 나겠느냐'고 일컬어진 나사렛 벽촌의 십 대 소녀(13-14세 정도)를 구세주의 어머니로 선택하실 이유가 무엇입니까? 앞서 정답을 이야기한 것처럼, 그것은 하나님의 주권입니다. 그러나 이 주권적 섭리에 대한 응답은 여전히 우리의 몫입니다. 이 하나님의 주권에 대한 인간적 응답의 정황을 본문은 놓치지 않고 기록하고 있습니다. 먼저, 본문 28절을 보십시오.

"그에게 들어가 이르되 은혜를 받은 자여 평안할지어다 주께서 너와 함께하시도다."

성경은 분명히 그녀가 선택된 이유를 하나님의 주권이라고 기록합니다. '은혜를 받은 자'라고 수동태로 기록합니다. 이어지는 본문 30절을 보십시오.

"천사가 이르되 마리아여 무서워하지 말라 네가 하나님께 은혜를 입었느니라."

성경은 여기서 한 번 더 은혜를 입었다고 수동적 의미로 번역하고 있습니다. 그러나 이를 원문 그대로 번역하면 '네가 하나님의 은혜를 찾았다'(You did find, have found grace with God)라는 능동태를 취하고 있습니다. 선택은 하나님의 주권이지만, 성경은 이 주권적 은혜에 응답하는 마리아의 능동성을 여전히 강조하고 있다는 사실입니다. 하나님이 우리를 선택하실 때, 그렇게 선택을 받고자 사모하는 갈망은 여전히 우리에게 필요하다는 것입니다. 하나님은 당신의 자녀들에게 주실 것을 예비하시되, 구하고 찾고 문을 두드리라고 말씀하는 분이십니다.

존 맥리올라(John Magliola)의 시 중에 이런 흥미로운 대목이 있습니다.

한 소년이 별을 바라보다가 울기 시작했다.

그래서 별이 물었다.

아이야, 넌 왜 울고 있니?

소년이 말했다.

당신이 너무 먼 곳에 있어서 당신을 만질 수가 없잖아요.

별이 말했다.

아이야, 난 너의 가슴속에 있어.

그렇기 때문에

넌 날 볼 수 있는 거야.

이 시가 마리아의 사건과 무슨 상관이 있습니까? 하나님이 마리아를 주권적으로 선택하신 것은 사실입니다. 그러나 동시에 그녀 안에서 은혜를 사모함을 보고 계셨다는 것입니다.

예수님은 오늘도 우리에게 이렇게 말씀하십니다. "누구든지 목마르거든 내게로 와서 마시라"(요 7:37). 그분은 이미 목마른 인생들을 위해 구원의 생수를 준비하신 주권자이십니다. 그러나 목마른 갈망으로 그분 앞에 나아올 책임은 여전히 우리의 몫입니다. 은혜를 사모하고 있습니까? 나사렛 벽촌의 마리아처럼 말입니다. "네가 나의 은혜를 갈망하고 있구나. 나의 은혜를 찾고 있구나." 그분이 마리아를 보고 말씀하신 것처럼 오늘 우리에게도 말씀하신다면, 마리아에게 임한 은혜가 우리에게도 임할 것입니다.

하나님의 능력을 신뢰하다

||||||||||||||||||||||||||||||||||||||||||||||

마리아는 인류 역사상 가장 위대한 기적을 경험한 사람입니다. 하나님을 그 몸에 잉태했던 여인입니다. 인류의 구세주를 잉태한 여인입니다.

"보라 네가 잉태하여 아들을 낳으리니 그 이름을 예수라 하라"(눅 1:31).

'그'는 도대체 누구입니까?

"그가 큰 자가 되고 지극히 높으신 이의 아들이라 일컬어질 것이요"
(눅 1:32).

세례(침례) 요한이 태어날 때도 천사는 "그가 주 앞에 큰 자가 되며"(눅 1:15)라고 말했습니다. 그러나 예수님의 출생에 대해서는 '지극히 높으신 이의 아들, 곧 하나님의 아들'이라고 말합니다. 이는 이어지는 구절에서도 한 번 더 선포되고 있습니다.

"나실 바 거룩한 이는 하나님의 아들이라 일컬어지리라"(눅 1:35).

그러자 마리아는 이렇게 반응합니다.

"마리아가 천사에게 말하되 나는 남자를 알지 못하니 어찌 이 일이 있으리이까"(눅 1:34).

영어로는 'How will this be'입니다. 자신에게 일어날 일을 의심한 말이 아니라, 방법론을 질문한 것입니다. 어떻게 이루어지겠느냐는 말입니다. 그러자 천사가 대답합니다.

"천사가 대답하여 이르되 성령이 네게 임하시고 지극히 높으신 이의 능력이 너를 덮으시리니"(눅 1:35).

성령이 그 일을 행하신다는 것입니다. 이에 대한 마리아의 반응은 무엇입니까?

"주께서 하신 말씀이 반드시 이루어지리라고 믿은 그 여자에게 복이 있도다"(눅 1:45).

무슨 말입니까? 그녀가 믿었다는 것입니다. 여인 마리아는 하나님의 능력, 성령의 능력을 신뢰한 것입니다. 그래서 믿음의 여인이 된 것입니다. 이 믿음으로 여인은 기적의 사람이 되었습니다.

오늘을 사는 그리스도인에게는 기적을 둘러싼 두 가지 상이한 입장이 존재합니다. 하나는, 신비주의적 입장입니다. 이들은 늘 기적을 사모하고 기적을 경험하며 산다고 주장합니다. 하지만 이런 사람들을 만나 보면 종종 상식이 결여되어 있거나 비합리적 기대 속에 인생을 살아가는 것을 볼 수 있습니다. 이단에 빠진 사람들이 대개 이런 경향을 보입니다. 또 하나는, 이성주의적 입장입니다. 이들은 철저하게 이성을 존중하고 상식을 따라 살아갑니다. 그러나 종종 이들은 합리성과 상식의 틀에 갇힌 채로 모험도, 감격도 없이 인생을 살아갑니다. 물론 이들은 기적을 불신합니다.

그렇다면 성경적 그리스도인의 입장은 무엇일까요? 그들은 이성을 존중하면서도 이성에 묶여 있지 않고 여전히 이성을 넘어서서 기적을 경험하며 살아갑니다. 사실 성경은 첫 장부터 마지막 장까지 기적으로 가득 차 있지 않습니까? 그러나 이런 기적은 언제나 믿음을 근거로 일어납니다. 예수님도 병을 치유할 때마다 "네 믿음이 너를 구원했다"고 하시지 않습니까? 이것이 하나님이 마리아를 쓰신 이유, 그녀가 하나님의 능력을 믿은 까닭입니다.

하나님의 말씀에 순종하다
||||||||||||||||||||||||||||||||||||||||||||||||||

"대저 하나님의 모든 말씀은 능하지 못하심이 없느니라 마리아가 이르되 주의 여종이오니 말씀대로 내게 이루어지이다 하매 천사가 떠나가니라"(눅 1:37-38).

앞의 구절은 천사가 하나님의 말씀의 능력을 선언할 때 마리아가 그 말씀에 대한 순종을 고백한 내용입니다. 이것은 이 순종이 그녀에게 고난의 대가 지불을 요구할 것을 각오하면서 한 고백입니다. 생각해 보십시오. 처녀가 임신을 했습니다. 당시 사회적인 분위기로 볼 때 마리아는 어떤 조롱의 대상이 될까요? 유대인의 엄격한 전통에 따르면 돌에 맞아 죽을 수도 있습니다. 어쩌면 마리아는 이때 에스더 같은 결심을 했을 수도 있습니다. "죽으면 죽으리라"는 결심 말입니다. 소녀 마리아의 이러한 순종의 자질을 하나님이 귀하게 보신 것이 아니겠습니까?

오늘 우리가 살아가는 시대는 순종의 덕을 평가 절하하는 경향이 있습니다. 오히려 반항과 비판을 더 중요한 시대정신으로 여기기도 합니다. 그러나 히브리서 5장 8-9절을 보십시오.

"그가 아들이시면서도 받으신 고난으로 순종함을 배워서 온전하게 되셨은즉 자기에게 순종하는 모든 자에게 영원한 구원의 근원이 되시고."

이 말씀은 예수님조차 순종을 학습하셨다고 말합니다. 남아프리카의 성자 앤드류 머레이(Andrew Murray)는 "반항은 죄인의 체질이다. 그러나 순종은 고된 학습이다"라고 말하면서 예수님의 제자들이 배워야 할 제일의 교훈은 '순종의 레슨'이라고 했습니다. 마리아가 역사 속에 성모로 추앙받는 한 이유는 그녀가 고난에도 불구하고 배우고 실천한 하나님의 말씀에 대한 순종 때문임을 기억해야 할 것입니다.

아프리카 대륙의 복음화를 말할 때마다 리빙스턴(David Livingstone) 과 함께 기억되는 또 한 사람이 찰스 스터드(C. T. Studd)라는 인물입니다. 그는 영국 내 수재들의 학교로 알려진 이튼고등학교를 졸업한 후 케임브리지대학교에 들어가 영국권의 최고 인기 스포츠인 크리켓 스타 선수가 됩니다. 졸업 후 그에게는 인기와 돈, 지위가 보장되어 있었습니다. 그러나 형 조지가 질병으로 생사를 오갈 때 인생의 의미를 묵상하다가 그리스도에게 헌신해서 그의 복음을 전하는 것보다 더 중요하고 가치 있는 일은 없다는 결론에 도달합니다. 중국 선교에 10년간 헌신한 후 건강 문제로 영국으로 돌아와 잠시 쉬는 동안 그의 나이 50세에 '아프리카의 식인종들도 복음을 기다린다'는 소식을 듣고 밤잠을 이루지 못하던 그는 악화된 건강, 처리해야 할 유산 문제 등 산적한 현실적인 장애에도 불구하고 다시 아프리카 콩고로 떠날 것을 결심합니다. '그렇게까지 희생할 필요가 있느냐'는 주위의 만류에 '하나님의 아들이신 예수가 나를 위해 십자가에 희생하신 것이 사실이라면 그를 위한 어떤 희생도 지나친 희생일 수는 없다'고 대답하고, 식인종들 부족의 복음화를 위한 헌신적 사역을 다시 시작합니다. 1931년 7월, 71세를 일기로 지병인 담석증으로 소천했을 때 그의 장례식에는 7천여 명의 아프리카 성도들이 모여 "브와나 무쿠바(위대한 백인 추장), 당신은 하나님의 선물, 우리는 당신의 희생을 기억합니다"라고 외치며 그를 추모했습니다(비문의 내용). 스터드가 마지막으로 남긴 말은 "쓰임 받을 수 있어서 행복했습니다"였습니다.

한 아버지가 입대 후 첫 휴가를 나온 아들에게 군대에 가서 배운 교훈이 무엇인지를 물었습니다. 아들이 "복종입니다"라고 대답하자 아버지는, "그건 나도 너에게 가르친 교훈이 아니더냐"라고 말했습니다. 그러자 아들은, "그런데 군대가 저에게 가르친 것은 '지금 당장 복종'입니다"라고 말했습니다. 그렇습니다. 후회 없이 쓰임 받는 삶을 위해 주께서 요구하시는 응답은 '지금 당장 순종'입니다. 그렇게 할 수 있을까요?

"이때에 마리아가 일어나 빨리 산골로 가서 유대 한 동네에 이르러 사가랴의 집에 들어가 엘리사벳에게 문안하니 엘리사벳이 마리아가 문안함을 들으매 아이가 복중에서 뛰노는지라 엘리사벳이 성령의 충만함을 받아 큰 소리로 불러 이르되 여자 중에 네가 복이 있으며 네 태중의 아이도 복이 있도다 내 주의 어머니가 내게 나아오니 이 어찌 된 일인가 보라 네 문안하는 소리가 내 귀에 들릴 때에 아이가 내 복중에서 기쁨으로 뛰놀았도다 주께서 하신 말씀이 반드시 이루어지리라고 믿은 그 여자에게 복이 있도다 마리아가 이르되 내 영혼이 주를 찬양하며 내 마음이 하나님 내 구주를 기뻐하였음은 그의 여종의 비천함을 돌보셨음이라 보라 이제 후로는 만세에 나를 복이 있다 일컬으리로다 능하신 이가 큰일을 내게 행하셨으니 그 이름이 거룩하시며 긍휼하심이 두려워하는 자에게 대대로 이르는도다 그의 팔로 힘을 보이사 마음의 생각이 교만한 자들을 흩으셨고 권세 있는 자를 그 위에서 내리치셨으며 비천한 자를 높이셨고 주리는 자를 좋은 것으로 배불리셨으며 부자는 빈손으로 보내셨도다 그 종 이스라엘을 도우사 긍휼히 여기시고 기억하시되 우리 조상에게 말씀하신 것과 같이 아브라함과 그 자손에게 영원히 하시리로다 하니라"

(눅 1:39-55).

3. 마리아의 구세주 찬가

오직 주님만이 우리를 목마르지 않게, 배부르게 하십니다.
결코 그 무엇으로도 만족이 없는 세상에 그분만이
우리의 참 만족이 되십니다.

본문 39절은 이렇게 시작됩니다.

"이때에 마리아가 일어나 빨리 산골로 가서 유대 한 동네에 이르러."

위의 말씀은 나사렛에 살던 어린 소녀 마리아가 성령으로 구세주
를 잉태한 후 유다 예루살렘 남서쪽 근교에 살던, 역시 기적적으로 생
명을 잉태한 자신의 친족 엘리사벳(요한의 어머니)을 찾아가 만나는 장
면을 기록합니다. 나사렛에서 이 마을까지는 약 140킬로미터로 여러
날을 거쳐 왔을 것입니다. 이곳은 오늘날 엔 케렘(Ein Karem, 포도원의 샘)
으로 불리는 매력적인 전원 마을입니다. 제가 이스라엘을 방문할 때마
다 예루살렘에서 가까워 자주 방문하는 아름다운 마을입니다. 마을 한
코너에는 세례(침례) 요한의 탄생지이자 그의 부모인 사가랴와 엘리사

벳이 살던 것을 기념하는 '세례(침례) 요한 기념 교회', 마리아가 쉬어 물을 마신 것을 기념하는 '마리아의 샘' 그리고 마리아와 엘리사벳의 만남을 기념하는 '마리아 방문 교회'가 있습니다. 이 교회 마당에는 마리아와 엘리사벳의 만남을 기념하는 조각상이 있고, 뜰에 접한 벽면에는 마리아의 구세주 찬가, 소위 유명한 '마니피캇'(Magnificat)이 여러 나라의 말로 기록되어 있습니다.

예수님의 오실 길을 예비할 세례(침례) 요한을 잉태한 엘리사벳 그리고 구세주 예수님을 잉태한 마리아, 이 두 임신부의 만남은 역사를 만드는 기적의 만남이 아닐 수 없습니다. 엘리사벳은 마리아를 만나자마자 이렇게 축복합니다.

"엘리사벳이 마리아가 문안함을 들으매 아이가 복중에서 뛰노는지라 엘리사벳이 성령의 충만함을 받아 큰 소리로 불러 이르되 여자 중에 네가 복이 있으며 네 태중의 아이도 복이 있도다"(눅 1:41-42).

이어서 그녀는 감동 중에 고백합니다.

"내 주의 어머니가 내게 나아오니 이 어찌 된 일인가"(눅 1:43).

이 고백에 대한 화답으로 46-55절까지 마리아의 구세주 찬가가 노래로 기록됩니다. 이것은 신약성경 최초의 노래라고 할 수 있습니다. 위대한 교회 음악의 아버지 제바스티안 바흐(Sebastian Bach)가 독일 라이프치히의 성 니콜라이 교회(독일 통일 월요 기도회가 있었던 교회)에서 성모 마리아의 찬가 〈마니피캇〉이라는 제목의 초연으로 1723년 크리스마스에 주께 올려 드린 찬미가이기도 합니다. 이 노래는 신학적이고 시적이며 실로 심오한 구원의 메시지가 담겨 있는, 예수님의 사명을 찬미하는 성가입니다. 그렇다면 이 마리아 찬가의 내용은 무엇입니까?

주의 은혜를 찬미하는 노래
||||||||||||||||||||||||||||||||||||||||||||||

우선 이 노래는 "내 영혼이 주를 찬양하며"(눅 1:46)라는 말로 시작됩니다. ESV 성경은 "My soul magnifies(여기 magnifies에서 '마니피캇'이라는 제목이 나옴) the Lord"라고 기록합니다. 이어지는 47-48절을 보십시오.

> "내 마음이 하나님 내 구주를 기뻐하였음은 그의 여종의 비천함을 돌보셨음이라."

여기서 구주이신 예수님의 잉태는 전적으로 비천한 여종을 향한 주의 은혜임을 고백하는 것입니다. 은혜의 의미가 무엇입니까? '받을 자격이 없는 사람에게 베풀어지는 호의'(undeserved favor)가 아닙니까? 그런데 마리아에게 예수님의 잉태가 은혜였다면, 구세주 예수님을 우리 마음에 모신 것도 동일한 은혜가 아니겠습니까? 에베소서 2장 8절의 말씀을 기억하십시오.

"너희는 그 은혜에 의하여 믿음으로 말미암아 구원을 받았으니 이것은 너희에게서 난 것이 아니요 하나님의 선물이라."

그렇다면 이제 우리도 마리아처럼 찬미할 수 있을 것입니다. "내 마음이 하나님 내 구주를 기뻐하였음은 그의 여종의 비천함을 돌보셨음이라." 우리의 비천함, 죄인 됨을 알면서도 우리의 죄를 속량하고 구주 예수님을 마음에 품고 살게 하신 주의 은혜! 우리도 마리아처럼 찬미해야 마땅하지 않겠습니까?

주의 축복을 찬미하는 노래
||||||||||||||||||||||||||||||||||||||||||||||

"보라 이제 후로는 만세에 나를 복이 있다 일컬으리로다"(눅 1:48).

천사가 구세주 오심의 소식을 전하고 예수께서 성령으로 마리아에게 잉태되신 순간부터 그녀는 만세에 복된 여인이 되었습니다. 여기 '만세'라는 단어는 영어로 'all generations'입니다. 모든 세대, 곧 오고 오는 세대에 복의 통로가 된 것입니다. 그런데 이 복이 구세주를 믿는 모든 성도에게도 동일하게 임했습니다. 에베소서 1장 3절을 보십시오.

> "찬송하리로다 하나님 곧 우리 주 예수 그리스도의 아버지께서 그리
> 스도 안에서 하늘에 속한 모든 신령한 복을 우리에게 주시되."

그리스도인은 예수를 그리스도로 만나고 믿는 순간 하늘의 모든 신령한, 영적인 축복을 누리는 사람이 된 것입니다. 마리아처럼 말입니다. 마태복음 25장 34절에 보면 임금 되신 예수께서 세상 역사의 결산을 위해 다시 오시는 날, 오른편에 있는 당신의 양들에게 이렇게 선언하십니다.

> "그때에 임금이 그 오른편에 있는 자들에게 이르시되 내 아버지께 복
> 받을 자들이여 나아와 창세로부터 너희를 위하여 예비된 나라를 상속
> 받으라."

여기 주의 양들은 누구입니까? '내 아버지께 복 받을 자들'입니다. 그들은 믿는 순간부터 하늘의 영적 축복 속에 들어가 있는 자들이고, 또 장차 완성된 하나님 나라에서 복을 누릴 자들입니다. 지금 마리아는 자신과 자신의 영적 자녀들에게 임하는 이 주의 축복을 노래하고 있습니다. 우리는 진실로 복 받은 사람들 그리고 복 받을 사람들입니다. 어찌 이 복되신 주님을 찬양하지 않을 수 있겠습니까?

주의 위대하신 사역을 찬미하는 노래

"능하신 이가 큰일을 내게 행하셨으니 그 이름이 거룩하시며"(눅 1:49).

전능자가 마리아에게 위대한 일을 행하셨다는 것입니다. 사실 이 말씀은 누가복음 1장 35절의 계시, 곧 "성령이 네게 임하시고 지극히 높으신 이의 능력이 너를 덮으시리니"라는 말씀에 대한 응답이라고 할 수 있습니다. 지극히 높으신 하나님의 능력이 임하는 순간은 곧 위대한 일의 시작이었습니다. 아니, 그녀를 통해 오실 구세주의 위대한 사명의 시작이었습니다. 여기서 구세주의 사명은 무엇입니까?

교만한 자를 심판하려 오신다

"그의 팔로 힘을 보이사 마음의 생각이 교만한 자들을 흩으셨고"(눅 1:51).

하나님은 역사를 통해 언제나 교만한 자들을 심판하는 분이셨습니다. 구약의 유명한 느부갓네살 왕이 몰락하던 날을 기억할 것입니다. 다니엘 5장 20절은 "그가 마음이 높아지며 뜻이 완악하여 교만을 행하므로 그의 왕위가 폐한바 되며 그의 영광을 빼앗기고"라고 말씀합니다. 느부갓네살의 왕위가 폐하여지고 그의 영광을 빼앗긴 이유가 무엇입니까? 성경은 그의 마음이 높아지고, 뜻이 완악해지고, 그가 교만하게 행했기 때문이라고 말씀합니다. 그래서 교만은 패망의 선봉인 것입니다.

이러한 예는 신약에서도 찾을 수 있습니다. 성경은 헤롯 대왕의 손자, 헤롯 아그립바 1세의 최후를 어떻게 증언하고 있습니까? 사도행전 12장 23절을 보면, "헤롯이 영광을 하나님께로 돌리지 아니하므로 주의 사자가 곧 치니 벌레에게 먹혀 죽으니라"라고 기록되어 있는 것을 볼 수 있습니다. 사도행전 12장 1-2절의 말씀을 통해 우리는 그가 어떤 일을 행했는지를 알고 있습니다.

> "그때에 헤롯 왕이 손을 들어 교회 중에서 몇 사람을 해하려 하여 요한의 형제 야고보를 칼로 죽이니."

아마 헤롯 아그립바는 자기 권력의 걸림돌인 기독교 지도자를 잘 제거했다고 판단하고 그날 밤 단잠을 잤을지도 모릅니다. 그러나 이 순간을 지켜보고 계시는 분이 있었다는 것입니다. 사도행전 12장 21절에 보면 헤롯 아그립바는 좋은 날을 택해서 백성에게 연설하는 기회를 갖게 됩니다. 이날이야말로 자기의 권위를 자기가 통치하는 땅에 보여 줄 절호의 기회라고 생각했고, 그의 연설은 백성의 열렬한 환호성을 이끌어 냈습니다.

> "백성들이 크게 부르되 이것은 신의 소리요 사람의 소리가 아니라 하거늘"(행 12:22).

얼마나 좋았을까요? 얼마나 감격했을까요? 그는 이제 신의 대우를 받게 된 것입니다. 그러나 그가 한껏 높아져 신의 자리에 앉은 그날이 바로 그의 최후의 날이었습니다. 교만한 자를 대적하시는 하나님이 그를 심판하신 것입니다. 구세주의 사명은 교만한 자들의 심판입니다.

겸손한 자를 높이려 오신다

"권세 있는 자를 그 위에서 내리치셨으며 비천한 자를 높이셨고"
(눅 1:52).

이 비천한 자가 누구입니까? 자신이 비천한 자임을 알고 겸손할 수 있는 사람입니다. 베드로전서 5장 5절은, "하나님은 교만한 자를 대적하시되 겸손한 자들에게는 은혜를 주시느니라"라고 말씀합니다. 마리아에게 임한 은혜, 곧 그녀가 은혜를 입어 구세주의 어머니가 될 수 있었던 것은 그녀 자신이 비천한 여종임을 알고 있었기 때문입니다. "그의 여종의 비천함을 돌보셨음이라"(눅 1:48)라고 노래하지 않았습니까? 이 겸손이 바로 그녀를 쓰신 이유 중 하나였습니다.

지금도 주님은 마리아를 닮은 겸손한 종을 찾고 계십니다. 그런 겸손한 자를 높이고자 하십니다. 벽촌 나사렛 땅의 십 대 소녀 마리아를 쓰신 이유 중 하나는 그녀가 자신의 비천함을 알고 주님 앞에 굴복할 줄 아는 겸손한 사람이었기 때문입니다. 천사가 지금 이 시대에 와서 하나님이 쓰실 사람을 찾는다면, 우리는 천사의 주목을 받을 만한 겸손함이 있는 사람일까요? 그는 우리와 우리를 향한 주의 눈동자를 보며 "그는 정녕 비천한 자를 높이시는도다!"라고 노래할 수 있을까요?

주린 자를 배부르게 하려 오신다

"주리는 자를 좋은 것으로 배불리셨으며 부자는 빈손으로 보내셨도다"(눅 1:53).

저는 주님이 문자 그대로 이렇게 물질적으로 굶주린 자들을 채울 수 있는 분이심을 믿습니다. 그러나 저는 본문이 문자적 의미 이상의 영적인 의미를 갖는다고 생각합니다. 예수님의 산상 수훈의 팔복 중 네 번째 복이 무엇입니까? "의에 주리고 목마른 자는 복이 있나니 그들이 배부를 것임이요"(마 5:6)입니다. 누가 그분의 채우심의 대상입니까? 의에 주리고 목마른 사람들이 아닙니까? 여기서 '의'는 주님 당신을 뜻합니다. 하나님 혹은 구세주인 예수님에 대해 목마르고 굶주린 사람들을 주님은 끊임없이 당신에게로 초대하고 계시지 않습니까? 다음의 말씀을 기억합시다.

"예수께서 이르시되 나는 생명의 떡이니 내게 오는 자는 결코 주리지 아니할 터이요 나를 믿는 자는 영원히 목마르지 아니하리라"(요 6:35).

"누구든지 목마르거든 내게로 와서 마시라"(요 7:37).

오직 주님만이 우리를 목마르지 않게, 배부르게 하십니다. 결코 그 무엇으로도 만족이 없는 세상에 그분만이 우리의 참 만족이 되십니다.

두려움 많은 인생들에게 궁휼이 되려 오신다

"궁휼하심이 두려워하는 자에게 대대로 이르는도다"(눅 1:50).

이 궁휼의 약속은 마지막 절에도 반복됩니다.

"그 종 이스라엘을 도우사 긍휼히 여기시고 기억하시되"(눅 1:54).

인생의 마당에는 얼마나 많은 두려움이 지속적으로 우리를 위협하고 있는지 모릅니다. 그런데 그분이 우리를 긍휼히 여기고 돕겠다고 하십니다. 긍휼히 여김이 당신의 사명이라고 선언하십니다. 복음서에 보면 사람들은 주의 도움이 필요할 때마다 주님의 긍휼을 구했고(주여, 우리를 불쌍히 여기소서!), 그때마다 사람들은 주의 긍휼히 여김을 받을 수 있었습니다. 시각장애인 바디매오가 그렇게 주의 도움을 받았고, 한센병 환자 열 명도 그렇게 주의 도움을 받았고, 성전에 올라간 세리 역시 이 기도로 주의 긍휼히 여김을 받았습니다.

탈무드 내용 중에 이런 천지 창조 이야기가 있습니다. 하나님이 인생을 만드실 때 정의의 천사가 와서 말하기를, 사람들은 세상을 불의하게 만들어 놓을 것이라며 반대합니다. 진리의 천사도 와서 말하기를, 사람들은 세상을 거짓되게 만들어 놓을 것이라며 반대합니다. 성결의 천사도 와서 말하기를, 사람들은 세상을 추하게 만들어 놓을 것이라며 반대합니다. 하지만 긍휼의 천사는 와서, 그래도 사람을 만드셔야 한다고 주장했다고 합니다. 만일 그들이 세상을 불의하고 거짓되고 추하게 만든다면, 자신이 그런 사람들의 마음을 만져서 불의하고 거짓되고 추한 마음을 돌이켜 주 앞에 다시 의롭고 참되고 거룩한 마음으로 회복시킬 것이라고 말했다고 합니다.

그렇습니다. 이것이 바로 예수님이 이 세상에 오신 이유이기도 합니다. 그분은 하나님을 떠난 인생들을 불쌍히 여기셨습니다. 인생의 죄악을 짊어지고 십자가에서 대신 심판 받아 우리를 구원하고 우리의 인생을 회복시키고자 이 땅에 오신 날이 바로 성탄입니다. 절기와 상관없이 성탄의 의미를 다시 한 번 마음 깊이 되새기는 시간이 되기를 바랍니다.

"그때에 가이사 아구스도가 영을 내려 천하로 다 호적하라 하였으니 이 호적은 구레뇨가 수리아 총독이 되었을 때에 처음 한 것이라 모든 사람이 호적하러 각각 고향으로 돌아가매 요셉도 다윗의 집 족속이므로 갈릴리 나사렛 동네에서 유대를 향하여 베들레헴이라 하는 다윗의 동네로 그 약혼한 마리아와 함께 호적하러 올라가니 마리아가 이미 잉태하였더라 거기 있을 그때에 해산할 날이 차서 첫아들을 낳아 강보로 싸서 구유에 뉘었으니 이는 여관에 있을 곳이 없음이러라 그 지역에 목자들이 밤에 밖에서 자기 양 떼를 지키더니 주의 사자가 곁에 서고 주의 영광이 그들을 두루 비추매 크게 무서워하는지라 천사가 이르되 무서워하지 말라 보라 내가 온 백성에게 미칠 큰 기쁨의 좋은 소식을 너희에게 전하노라 오늘 다윗의 동네에 너희를 위하여 구주가 나셨으니 곧 그리스도 주시니라 너희가 가서 강보에 싸여 구유에 뉘어 있는 아기를 보리니 이것이 너희에게 표적이니라 하더니 홀연히 수많은 천군이 그 천사와 함께 하나님을 찬송하여 이르되 지극히 높은 곳에서는 하나님께 영광이요 땅에서는 하나님이 기뻐하신 사람들 중에 평화로다 하니라"(눅 2:1-14).

4. 구유에 누인 아기

성경은 지금도 말합니다.
참된 평화는 인류의 구주요, 주님이신 예수 그리스도의
복음을 통해서만 오는 것이라고 말입니다.

인류의 역사는 결정적 상황을 직면한 사람들의 반응에 의해서 만들어집니다. 우리는 물론 이런 결정적 상황의 배후에 하나님의 섭리가 있음을 믿습니다. 이런 역사적 관점을 우리는 '섭리사관'(攝理史觀)이라고 말합니다.

우리의 한국사를 이런 섭리사관에서 기록한 유일한 책이 있다면 고(故) 함석헌 선생의 《뜻으로 본 한국역사》(한길사)일 것입니다. 처음 이 책을 펴낼 때의 제목은 《성서적 입장에서 본 조선역사》(1950년)였습니다. 저의 젊은 날 중요한 영향을 끼친 책이기도 합니다. 이 책에서 그는 한민족을 수난의 여왕이라고 말합니다. 그러나 우리가 겪어 온 이 수난은 역사 속에 일하시는 하나님의 섭리에 대한 우리의 어리석은 선택들 때문임을 지적하면서, 결국 이 고난을 극복하는 새로운 역사는 하나님의 일하심에 대한 우리의 성숙한 반응을 요청한다고 말합니다.

하나님이 역사에 결정적 일을 하고자 하실 때마다 우리에게는 선택과 결단이라는 숙제가 주어져 왔습니다. 우리는 한국인의 운명을 말할 때마다 '한'(恨)이라는 단어를 사용하는데, 이는 대체로 우리의 그릇된 선택에서 비롯된 것입니다. 그렇다면 한 많은 우리 한민족의 바람직한 내일을 위해 우리가 고려해야 할 중요한 단어는 '한'이 아니라 '단'(斷)입니다. 이제 어떤 결단으로 미래를 직면할 것인가가 중요합니다.

본문은 '그때에'라는 말로 시작됩니다.

> "그때에 가이사 아구스도가 영을 내려 천하로 다 호적하라 하였으니"(눅 2:1).

여기의 '그때'는 하나님의 때에 구세주를 세상에 보내기 위해 하나님이 하신 사역의 결정적 섭리의 시간을 의미합니다. 이 단어는 6절에 한 번 더 등장합니다.

> "거기 있을 그때에 해산할 날이 차서."

우리는 구세주 예수 그리스도가 이 땅에 오신 이 역사적 시간을 중심으로 한 하나님의 준비와 사람들의 준비를 관찰함으로 오늘 우리의 준비를 돌아보고자 합니다. 그전에 먼저 하나님의 준비를 돌아봅시다.

하나님의 준비
||||||||||||||||||||

본문에서 우리는 구세주의 오심을 위한 하나님의 준비를 세 가지 관점에서 관찰할 수 있습니다.

첫째는, 로마의 황제를 통한 호적령 사건입니다. 본문 1절에 언급된 가이사 아구스도의 본명은 가이우스 옥타비우스(Gaius Octavius)입니다. 율리우스 카이사르(Gaius Julius Caesar)의 조카였던 그는 악티움 전투에서 안토니우스(Marcus Antonius)와 클레오파트라(Cleopatra)의 연합군을 대파하고 단독으로 권력을 차지한 후, 원로원에 의해 아구스도(Augustus, 존귀한 자)의 칭호를 수여받습니다(8월을 뜻하는 August는 이 단어에서 유래). 그는 그가 통치한 모든 지역에 인구 조사를 명한 것으로 보입니다. 세금 확보가 중요한 이유였습니다. 그러나 팔레스타인을 포함해서 시리아를 다스리는 총독으로 임명된 구레뇨(Quirinius)가 직접적으로 이 호적령을 시행한 것으로 보입니다.

> "이 호적은 구레뇨가 수리아 총독이 되었을 때에 처음 한 것이라"(눅 2:2, 그는 두 차례에 걸쳐 이 호적령을 시행함).

이렇게 해서 팔레스타인에 살던 모든 사람은 호적 신고를 위해 고향을 방문해야 했는데, 이것이 요셉과 마리아가 베들레헴을 찾게 된 이유입니다. 구세주 예수님의 베들레헴 탄생을 위해 하나님은 로마 황제와 수리아 총독까지 동원하신 것입니다.

둘째는, 요셉과 마리아의 정혼 사건입니다. 두 사람의 정혼이 없었더라면 요셉 혼자 베들레헴을 방문할 수도 있었을 것입니다. 그러나 요셉의 입장에서 정혼한 마리아를 홀로 나사렛에 두고 떠나기는 어려웠을 것입니다. 당시 처녀 잉태를 부덕하다고 비난할 동네 사람들의 시선도 큰 부담이었을 것입니다.

> "요셉도 다윗의 집 족속이므로 갈릴리 나사렛 동네에서 유대를 향하여 베들레헴이라 하는 다윗의 동네로 그 약혼한 마리아와 함께 호적하러 올라가니 마리아가 이미 잉태하였더라"(눅 2:4-5).

그런데 그들이 베들레헴에 도착할 때 해산의 시간이 가까워지고 있었습니다. 이것은 메시아가 베들레헴에서 출생하기 위한 섭리의 실현의 때가 아닙니까? 미가 5장 2절의 예언의 말씀을 보십시오.

> "베들레헴 에브라다야 너는 유다 족속 중에 작을지라도 이스라엘을 다스릴 자가 네게서 내게로 나올 것이라 그의 근본은 상고에, 영원에 있느니라."

바로 이 예언의 실현을 위해 하나님은 나사렛에 살던 요셉과 마리아의 정혼을 섭리하신 것입니다. 하나님의 완벽하신 준비가 아닐 수 없습니다.

셋째는, 천사들을 통한 베들레헴 지경 밖 목자들의 준비 사건입
니다.

"그 지역에 목자들이 밤에 밖에서 자기 양 떼를 지키더니"(눅 2:8).

예수님이 오셨을 당시 목자들은 천민 중에 천민이었습니다. 안식
일을 범하고(양 떼를 돌보아야 함) 냄새가 많이 나는 부정한 직업인으로,
그들은 시내에서의 통행이 자유롭지 않아 베들레헴 시내 밖에서 일반
인들과 분리되어 양을 치고 있었습니다. 그런데 이러한 사회적 루저들
이 구세주 탄생의 첫 메시지를 받도록 하나님은 천사를 통해 준비하십
니다.

"주의 사자[천사]가 곁에 서고 주의 영광이 그들을 두루 비추매 크게
무서워하는지라"(눅 2:9).

이 두려움에 사로잡힌 목자들에게 천사의 메시지가 전해집니다.

"천사가 이르되 무서워하지 말라 보라 내가 온 백성에게 미칠 큰 기쁨
의 좋은 소식을 너희에게 전하노라 오늘 다윗의 동네에 너희를 위하
여 구주가 나셨으니 곧 그리스도 주시니라"(눅 2:10-11).

당시에 황제로 등극한 아구스도가 자신이 온 세상의 구주인 것을 은근히 전하며 황제 숭배를 시작하던 때에 놀라운 소식이 전해진 것입니다. 가이사가 아니라 베들레헴에서 탄생할 아기가 구주요, 주님이라는 것입니다. 그러면서 갑자기 수많은 천군 천사들의 노래가 들려오기 시작합니다.

"지극히 높은 곳에서는 하나님께 영광이요 땅에서는 하나님이 기뻐하신 사람들 중에 평화로다 하니라"(눅 2:14).

당시 가이사 아구스도의 최고의 꿈은 그가 다스리는 곳에 '팍스 로마나'(Pax Romana), 곧 '로마의 평화'를 실현하는 것이었습니다. 그런데 목자들이 천사를 통해 받은 성탄의 메시지를 전합니다. 아구스도가 아니라, 강보에 싸여 누워 있는 아기가 진정한 평화를 가져온다고 말입니다. 지금도 수많은 가이사 아구스도의 후예들은 그들의 정치를 통한 땅의 평화를 약속하지만, 성경은 지금도 말합니다. 평화는 그런 이념이나 정치 변혁을 통해서 오는 것이 아니라고, 참된 평화는 인류의 구주요, 주님이신 예수 그리스도의 복음을 통해서만 오는 것이라고 말입니다. 그리고 1세기의 목자들 같은 천민들을 통해 전해진 복음 안에만 참된 평화가 있다고 말입니다. 이렇게 천사들과 목자들을 준비하신 하나님, 얼마나 완벽한 성탄의 준비입니까!

이스라엘로 성지 순례를 가면 베들레헴 시내에서 동쪽으로 약 2킬로미터 지점에 베이트 사호르(Beit Sahour)라는 곳이 있는데, 이곳이 전통적으로 '목자들의 들'로 알려진 곳입니다. 이곳에서 4-6세기경에 목자들이 사용한 것으로 보이는 동굴들이 발견되었고, 비잔틴 시대의 수도원 유적지가 발굴되었습니다. 1954년, 이곳에 캐나다 그리스도인들이 아름다운 '목자들의 들판 교회'(The Shepherd's Field Chapel)를 지었는데, 지금도 많은 순례자들이 이 교회를 방문해서 〈천사들의 노래가〉(새찬송가 125장)를 비롯한 성탄 캐럴을 부르는 것을 보게 됩니다.

그런데 이렇게 하나님이 구세주 탄생을 예비하시는 동안 사람들은 어떤 준비로 그분을 맞이했을까요?

사람들의 준비
||||||||||||||||||||||

한마디로 하면, 사람들은 아무것도 준비하지 않았습니다.

> "첫아들을 낳아 강보로 싸서 구유에 뉘었으니 이는 여관에 있을 곳이 없음이러라"(눅 2:7).

베들레헴 시내는 호적하러 온 사람들로 붐비고 있었을 것입니다. 여관에는 있을 곳이 없다 했습니다. 아마 요셉과 마리아는 여러 여관의 문을 두드리고 다녔을 것입니다. 그러나 그들을 받아 줄 여관은 없었습니다. 돈도 넉넉하지 않고, 게다가 임신부를 데리고 여관 문을 두드리는 이 젊은이에게 호의적인 여관은 존재하지 않았던 것입니다. 이 임신부의 배 안에는 인류의 구세주요, 만왕의 왕이신 아기 예수가 있었는데 말입니다. 요한복음 1장 10-11절의 말씀 그대로였습니다.

"그가 세상에 계셨으며 세상은 그로 말미암아 지은바 되었으되 세상이 그를 알지 못하였고 자기 땅에 오매 자기 백성이 영접하지 아니하였으나."

그들은 메시아를 알아볼 만한 영적 통찰력의 결여로, 혹은 자기 일에 대한 분주함으로, 혹은 영적 무관심으로 그를 거절하고 있었을 것입니다. 요셉과 마리아는 별수 없이 말이나 짐승들의 거처인 구유 동굴의 한 모퉁이를 일시적 거처로 사용할 수밖에 없었습니다. 그곳 구유에서 구세주인 아기 예수가 태어나신 것입니다.

그렇다면 오늘 이 시대는 어떨까요? 만일 예수 그리스도가 지금 우리의 마음 문을 두드리고 계시다면 말입니다. 실제로 요한계시록 3장 20절은 주님이 지금도 우리의 마음 문을 두드리고 계시다고 말씀하지 않습니까?

"볼지어다 내가 문 밖에 서서 두드리노니 누구든지 내 음성을 듣고 문을 열면 내가 그에게로 들어가 그와 더불어 먹고 그는 나와 더불어 먹으리라."

이 말씀은 본래 초대 소아시아의 일곱 교회 중에 하나인 라오디게아교회 교인들에게 하신 말씀이었습니다. 그들의 영적 상태는 차지도 덥지도 않은 미지근한 상태였습니다. 주님은 그들을 토하여 내치고 싶다고 하십니다. 요한계시록 3장 17절을 보십시오.

"네가 말하기를 나는 부자라 부요하여 부족한 것이 없다 하나 네 곤고한 것과 가련한 것과 가난한 것과 눈먼 것과 벌거벗은 것을 알지 못하는도다."

이들은 마음이 지극히 세속화되어 주님을 마음 문 밖에 세워 둔 채로 주님과의 교제를 상실한 상태였습니다. 아마도 '시인과 촌장'이 〈가시나무〉에서 묘사한 그런 마음의 상태가 아니었을까 싶습니다.

내 속엔 내가 너무도 많아 당신의 쉴 곳 없네
내 속엔 헛된 바램들로 당신의 편할 곳 없네
…
바람만 불면 외롭고 또 괴로워
슬픈 노래를 부르던 날이 많았는데
내 속엔 내가 너무도 많아서 당신의 쉴 곳 없네

해마다 성탄이 되면 자주 인용되는 크리스마스 연극 이야기가 있습니다. 이 연극은 처음 캐나다에서 무대에 올랐다고 합니다. 이 이야기의 주인공은 랄프(한국에서는 덕구)라는 이름을 가진 지적 장애아입니다. 이 아이가 연극에 너무 참여하고 싶어 해 허락을 해 놓고 연극 팀은 고민에 빠졌습니다. 도대체 무슨 역할을 맡길 수 있을지가 문제였습니다. 그때 누군가가 여관 주인 역할이 어떻겠느냐고 제안을 합니다. 요셉과 마리아가 "방 있어요?" 하고 물을 때 "방 없어요"라고만 하면 되는 역할이었습니다. 한마디면 섭섭해 할 것 같아 두 번 반복하기로 했습니다. "방 없어요. 방 없어요." 랄프는 열심히 연습했습니다. 그런데 실제 상황에서 큰 문제가 발생합니다. 요셉과 마리아가 문을 두드리며 "방 있어요?"라고 묻자 랄프는 씩씩하게 "방 없어요"라고 대답합니다. 요셉이 다시 "제 아내가 임신 중인데 정말 방이 없나요?"라고 하자 랄프는 한참 눈물을 글썽이다가 원고에 없는 대답을 해 버립니다. "방 있어요. 제 방에 오세요."

"주님, 제 누추한 마음의 구유에 오세요."

이것이 오늘 우리의 마음 문을 두드리시는 구세주를 향한 우리의 응답이어야 하지 않을까요? 우리가 이렇게 고백할 때 주님은 다음과 같은 말씀으로 약속을 주십니다.

> "영접하는 자 곧 그 이름을 믿는 자들에게는 하나님의 자녀가 되는 권세를 주셨으니"(요 1:12).

아직 예수님을 구주로 영접하지 못했거나 그분과의 교제에 소홀해진 사람이 있다면, 다시 한 번 예수님을 인생의 주인으로 모시는 복된 날을 맞기를 바랍니다.

"천사들이 떠나 하늘로 올라가니 목자가 서로 말하되 이제 베들레헴으로 가서 주께서 우리에게 알리신바 이 이루어진 일을 보자 하고 빨리 가서 마리아와 요셉과 구유에 누인 아기를 찾아서 보고 천사가 자기들에게 이 아기에 대하여 말한 것을 전하니 듣는 자가 다 목자들이 그들에게 말한 것들을 놀랍게 여기되 마리아는 이 모든 말을 마음에 새기어 생각하니라 목자들은 자기들에게 이르던 바와 같이 듣고 본 그 모든 것으로 인하여 하나님께 영광을 돌리고 찬송하며 돌아가니라"(눅 2:15-20).

5. 메시아 만남이 가져온 변화

소명은 우리 일상의 삶을 변혁해서 평범한 일,
때로는 비천해 보이는 일에도 거룩함의 광채를 부여합니다.

성탄의 주연은 언제나 예수 그리스도이십니다. 그리고 성탄의 메시지
가 선포되는 곳, 성탄의 드라마나 콘서트가 연주되는 곳에서의 대표적
조연들은 동방 박사와 목자들일 것입니다. 그런데 동방 박사와 목자들
의 예수님 만남은 여러 면에서 대조된 모습을 하고 있습니다. 우선 동
방 박사들은 페르시아의 대표적 엘리트 그룹에 속한 제사장 가문의 사
람들이었습니다. 일종의 천문학과 점성술, 마술을 연구한다고 할 수
있는 사람들이었고, 궁궐에서 왕을 보좌하기도 했습니다. 그들은 지혜
로운 현자들로 통하고 있었습니다. 그들은 성경을 연구하던 중 메시아
탄생의 징조를 알게 된 종교적인 사람들이었고, 페르시아에서 유대 나
라 그 멀리까지 많은 시간과 경비를 소요하며 올 정도로 메시아를 만
나고 싶어 한 진지한 구도자들이었습니다.

반면 1세기 팔레스타인의 목자들은 천민 중에도 천민이었습니다.

그들은 대부분 예루살렘에 사는 귀족들에게 고용된 삯꾼 목자였습니다. 그들이 기르는 양 떼는 예루살렘 성전의 희생 제물로 수요가 컸다고 합니다. 유대 땅에 건기가 찾아오면 목자들은 양들에게 초목을 찾아 주기 위해 이곳저곳으로 떠돌아다녀야 했는데, 양 떼를 지키기 위해 많은 위험을 극복해야 했습니다. 맹수들의 공격을 대비해야 했고, 다른 지역의 목자들로부터 양들을 빼앗기지 않기 위해 싸우기도 다반사였습니다. 그러다 보니 목자들은 부정직하고, 도벽과 싸움이 심하고, 양들의 오염된 냄새를 안고 사는 더러운 사람들로 취급되었습니다. 그래서인지 누가복음 2장 8절에 보면 예수님이 나시던 밤에도 그들은 베들레헴 지경 밖(시외)에서 분리되어 자기 양 떼를 지키고 있었습니다. 그들은 결코 종교적인 사람들이 아니었습니다. 그런데 갑자기 천사의 출현을 경험합니다. 그리고 메시아인 아기 예수를 만나면서 그들의 인생은 변화됩니다. 메시아 만남이 가져온 목자들의 변신, 이것이 이 장에서 다루어질 관심 주제입니다. 그들은 예수님을 만나고 어떻게 변화되었을까요?

믿음의 사람이 되다
||||||||||||||||||||||||||||||||||

"천사들이 떠나 하늘로 올라가니 목자가 서로 말하되 이제 베들레헴으로 가서 주께서 우리에게 알리신바 이 이루어진 일을 보자 하고"(눅 2:15).

그들은 천사가 전한 하늘의 메시지를 믿었습니다. 무슨 메시지였습니까? 누가복음 2장 10절에 의하면, 그것은 큰 기쁨의 좋은 소식이었습니다.

"천사가 이르되 무서워하지 말라 보라 내가 온 백성에게 미칠 큰 기쁨의 좋은 소식을 너희에게 전하노라."

지금까지 인류에게 전해진 모든 뉴스 중에 가장 위대한 굿 뉴스, 곧 복음의 소식이었습니다. 누가복음 2장 11-12절을 보십시오.

"오늘 다윗의 동네에 너희를 위하여 구주가 나셨으니 곧 그리스도 주 시니라 너희가 가서 강보에 싸여 구유에 뉘어 있는 아기를 보리니 이 것이 너희에게 표적이니라 하더니."

이 복음의 소식의 핵심은 예수 그리스도가 베들레헴 땅에 구주와 주님으로 오셨다는 것입니다. 목자들은 본래 이런 소식을 기다려 온 사람들이 아니었고, 이런 소식을 받아들일 준비도 안 된 사람들이었습니다. 그러나 고단한 인생을 살아왔던 그들은 뜻밖에 밤하늘을 가득 채우며 빛나는 찬양과 함께 들려온 이 메시지를 단순한 마음으로 받고 믿었습니다. 그 믿음의 증거가 무엇입니까? 본문 16절을 보십시오.

"빨리 가서 마리아와 요셉과 구유에 누인 아기를 찾아서."

천사의 메시지를 받고 믿은 그들은 빨리 확인하고 싶었던 것입니다. 귀로 듣고 마음으로 믿은 것을 빨리 눈으로 보고 싶어 한 것입니다. 그래서 목자들의 들판에서 약 2킬로미터 떨어진 지금의 베들레헴 시내(구유 동굴)로 와서 아기로 오신 예수님을 만나게 됩니다. 지금 그 자리에는 '예수 탄생 기념 교회'(The Church of the Nativity)가 서 있습니다. 작고 좁은 입구 문을 통과하면 그리스정교회가 관리하는 성소가 있고, 그 앞 제단을 돌아 계단을 걸어 내려가면 별 표시로 아기 예수의 탄생 지점을 알리는 구유 동굴(폭 3.5미터, 길이 13미터)이 보존되어 있습니다. 여기서 목자들은 아기로 오신 구주를 만납니다.

이렇게 메시아를 만난 목자들은 성탄 사건의 빛나는 조연 배우들로 등극합니다. 들에서 양을 치고 밤하늘을 올려다보며 살아온 단순한 목자들의 단순한 응답이 가져온 믿음의 기적입니다. 로마서 10장 17절은 "그러므로 믿음은 들음에서 나며 들음은 그리스도의 말씀으로 말미암았느니라"라고 말씀합니다. 믿음의 순간, 그들은 과거를 떠나 새로운 미래를 향한 믿음의 인생들이 된 것입니다. 믿지 않으면 우리의 인생은 과거에 묶이게 됩니다.

괌에 가면 탈로포포(Talofofo) 폭포와 요코이 동굴(Yokoi's Cave)이라는 곳이 있습니다. 1945년, 제2차 세계대전이 끝나고 일본이 항복했다는 소식을 괌 섬 전체에 알렸음에도 이를 믿지 못하고 낮에는 굴속에 머물러 있다가 밤에는 밖으로 나와 식량을 수집하며 무려 28년을 어둠 속에 살아온 '요코이'라는 이름의 일본 군인 이야기가 있습니다. 믿지 못하면 과거에 묶이는 것입니다. 그러나 믿으면 새 날이 기다리고 있습니다. 십자가에 우리의 죄를 짊어지고 돌아가신 분 그리고 새 생명을 주고자 부활하신 분, 그분을 구주와 주님으로 믿는 믿음이 우리를 새 날의 인생으로 만들어 주는 것입니다.

베들레헴의 목자들, 그들은 천사가 전해 준 복음의 소식을 듣고 믿음으로 믿음의 사람이 되어 새 인생을 살게 되었습니다. 당신은 어떻습니까? 당신은 과거의 사람입니까, 아니면 미래의 사람입니까? 우리에게 전해진 복음을 참으로 믿고 받은 사람이라면, 우리는 비로소 메시아를 만난 자로 미래를 향해 걸을 수 있습니다.

증거의 사람이 되다
||||||||||||||||||||||||||||||||

"보고 천사가 자기들에게 이 아기에 대하여 말한 것을 전하니"(눅 2:17).

NIV 성경은 이 구절의 '전하니'라는 단어를 'they spread the word'(말씀을 흩어 전했다)라고 번역했습니다. 이어지는 18절은 "듣는 자가 다 목자들이 그들에게 말한 것들을 놀랍게 여기되"라고 기록합니다. 그들은 이제 증인이 된 것입니다. 성탄 사건의 최초의 증인이라 할 수 있습니다. 목자들이 전도자가 된 것입니다. 한 신학자는 오늘의 교회의 법정에 "판사(판단하는 사람)도, 검사(고발하는 사람)도 많은데 복음의 변호인과 증인은 적다"고 말합니다. 사도행전 1장 8절의 지상 명령을 기억할 것입니다. 주님의 마지막 명령입니다.

"오직 성령이 너희에게 임하시면 너희가 권능을 받고 예루살렘과 온 유대와 사마리아와 땅끝까지 이르러 내 증인이 되리라 하시니라."

증인이 되는 것이 어려운 일입니까? 보고 들은 것을 그대로 말하면 됩니다. 내게 찾아온 예수, 내가 경험한 예수를 보고 듣고 경험한 대로 말하면 되는 것입니다. 구약에서 기근의 때에 사마리아 성에 먹을 것, 마실 것, 입을 것이 지천으로 준비된 것을 발견한 한센병 환자들의 고백을 기억하십시오.

"오늘은 아름다운 소식이 있는 날이거늘 우리가 침묵하고 있도다 만일 밝은 아침까지 기다리면 벌이 우리에게 미칠지니 이제 떠나 왕궁에 가서 알리자 하고"(왕하 7:9).

이것이 증인입니다. 신약에서 복음을 받은 바울도 같은 고백을 하고 있습니다.

"만일 복음을 전하지 아니하면 내게 화가 있을 것이로다"(고전 9:16).

앞서 소개한 예수 탄생 기념 교회와 연관된 흥미로운 역사를 나누고 싶습니다. 그리스정교회인 예수 탄생 기념 교회 바로 옆에 지어진 '성 캐서린 성당'(Chapel of St. Catherine)은 1881년에 가톨릭교회에 의해 지어진 예배당으로(여기서 성탄 이브 예배가 전 세계에 중계됨), 이곳 지하에는 성 제롬(Jerome) 동굴이 있고, 그 앞에는 예수님의 탄생 후 베들레헴 지경에서 헤롯에 의해 죽임을 당한 아기들의 유해를 안치한 동굴이 있습니다. 서기 366-384년까지 재위한 교황은 다마수스(Damasus)였는데, 제롬은 그의 친구요, 비서로 차기 교황 후보였습니다. 그런데 교황 선거에서 뜻밖에 낙선한 그는 깊은 분노와 실망 속에 베들레헴에 오게 됩니다. 하지만 여기서 수많은 아기가 예수님을 대신해서 죽어 간 흔적을 보고 그는 깊은 충격을 받고 회개하게 됩니다. 이 아기들은 예수님을 위해 목숨을 바쳤는데 자신은 교황의 지위만을 탐하고 있었다고 말입니다. 아기의 유골 하나를 갖고 그는 예수님 탄생 동굴 근처에 방(굴)을 준비하고 기도합니다. "주님, 저의 남은 인생 동안 주님을 위해 복음을 전할 수 있는 일을 가르쳐 주십시오." 그리고 성경(히브리어, 헬라어)을 당시 보편어였던 라틴어로 번역하기 시작합니다. 이 번역을 우리는 벌게잇(Vulgate, 불가타) 역본이라고 합니다. 이 성경을 읽고 수많은 사람이 예수를 믿게 해 달라고 기도하며 번역한 이 성경은 문자 그대로 세상의 큰 빛이 됩니다.

오늘 우리는 어떻게 이 복음을 전하는 증거의 사람이 될 수 있을까요? 목자들이 할 수 있었다면, 우리도 할 수 있습니다.

찬양의 사람이 되다
||||||||||||||||||||||||||||||||

"목자들은 자기들에게 이르던 바와 같이 듣고 본 그 모든 것으로 인하여 하나님께 영광을 돌리고 찬송하며 돌아가니라"(눅 2:20).

아기 메시아를 만난 목자들은 믿음의 사람이 된 후 그 메시아를 증거하는 사람이 되었습니다. 그리고 결과적으로 그들은 하나님께 영광을 돌리고, 하나님을 찬양하는 사람이 되었습니다. 그들이 그 후로는 어떤 변화의 삶을 살았는지 성경은 기록하지 않습니다. 그러나 그들은 목자의 이미지를 역사 속에서 변화시켰습니다. 더 이상 목자는 천한 사람이 아니라 고귀한 하나님의 사람이 되었습니다. 교회사는 영적 지도자들을 목사, 목자로 부르기 시작했습니다.

저는 본문에 등장하는 목자들이 아기 예수님을 만나고 나서도 그들이 지금까지 해 오던 목자 일을 계속했을 것이라고 생각합니다. 우리가 예수님을 만났다고 반드시 직업을 바꾸어야 하는 것은 아닙니다. 그러나 예수를 만난 사람들의 직업에 대한 관점은 변해야 합니다. 여기 베들레헴의 목자들은 더 이상 생존을 위한 목양이 아니라, 그들이 기르는 양들이 예루살렘 성전에서 하나님을 위한 제물로 쓰인다는 거룩한 자부심을 가지고 목양을 했을 것입니다. 그리고 전보다 더 부지런하고 성실하게 양을 돌보는 자들이 되었을 것입니다. 그들은 찬송하며 일하는 자들이 되었습니다. 더 이상 자신들의 직업을 부끄러워하지 않았을 것입니다. 그들의 직업은 이제 거룩한 소명이 된 것입니다.

종교 개혁자 마틴 루터(Martin Luther)는 이런 글을 남겼습니다. "하나님이 보시기에는 들에서 하는 목자 일이나 노동이 수도사나 사제의 일과 조금도 다르지 않은 성직이다." 심지어 루터는 결혼 생활에 대해 기록하며 "남자가 아기 기저귀를 갈 때 하나님과 천사들이 미소를 짓는다"고 했습니다. 또한 성경 번역자 윌리엄 틴들(William Tyndale)은 "우리의 소원이 하나님을 기쁘시게 하는 것이라면 물 긷는 것과 설거지, 구두 고치는 일들이 말씀 전하는 일과 모두 하나이다"라고 했습니다.

소명은 우리 일상의 삶을 변혁해서 평범한 일, 때로는 비천해 보이는 일에도 거룩함의 광채를 부여합니다. 그것이 하나님의 부르심을 받아 그분을 만난 사람들의 변화이고, 이런 사람들은 이제 일상의 일로 하나님께 영광을 돌리는 것입니다. 저는 목자들에게 일어난 변화가 이런 변화였을 것이라고 믿습니다. 진실로 하나님께 영광을 돌리는 삶의 변화가 일어난 것입니다.

조지 허버트(George Herbert)는 이런 기도 시를 남겼습니다.

나를 가르치소서, 나의 하나님, 나의 왕이시여

모든 일 가운데 당신을 볼 수 있도록

내가 어떤 일을 하든 당신을 위해 하게 하소서

…

당신이 모든 것에 함께하시는 이상

어떤 것도 너무 비천한 것은 없습니다

'당신을 위해서'란 이름의 빛깔과 어우러져

밝고 깨끗하게 되지 않을 것이 어디 있겠나이까

작곡가 헨델(Georg Friedrich Händel)이 그 유명한 〈메시아〉(The Messiah) 작곡을 드디어 끝마쳤을 때, 악보 마지막에 그는 'SDG'라는 단어를 첨부했습니다. 무슨 뜻일까요? 'Soli Deo Gloria'(하나님께 영광을)입니다. 이것이 변화된 목자들의 삶이요, 모든 그리스도인의 삶의 이유인 것입니다.

증인이 되는 것이 어려운 일입니까?
보고 들은 것을 그대로 말하면 됩니다.
내게 찾아온 예수, 내가 경험한 예수를
보고 듣고 경험한 대로 말하면 되는 것입니다.

"할례할 팔 일이 되매 그 이름을 예수라 하니 곧 잉태하기 전에 천사가 일컬은 바러라 모세의 법대로 정결 예식의 날이 차매 아기를 데리고 예루살렘에 올라가니 이는 주의 율법에 쓴바 첫 태에 처음 난 남자마다 주의 거룩한 자라 하리라 한 대로 아기를 주께 드리고 또 주의 율법에 말씀하신 대로 산비둘기 한 쌍이나 혹은 어린 집비둘기 둘로 제사하려 함이더라 예루살렘에 시므온이라 하는 사람이 있으니 이 사람은 의롭고 경건하여 이스라엘의 위로를 기다리는 자라 성령이 그 위에 계시더라 그가 주의 그리스도를 보기 전에는 죽지 아니하리라 하는 성령의 지시를 받았더니 성령의 감동으로 성전에 들어가매 마침 부모가 율법의 관례대로 행하고자 하여 그 아기 예수를 데리고 오는지라 시므온이 아기를 안고 하나님을 찬송하여 이르되 주재여 이제는 말씀하신 대로 종을 평안히 놓아 주시는도다 내 눈이 주의 구원을 보았사오니 이는 만민 앞에 예비하신 것이요 이방을 비추는 빛이요 주의 백성 이스라엘의 영광이니이다 하니 그의 부모가 그에 대한 말들을 놀랍게 여기더라 시므온이 그들에게 축복하고 그의 어머니 마리아에게 말하여 이르되 보라 이는 이스라엘 중 많은 사람을 패하거나 흥하게 하며 비방을 받는 표적이 되기 위하여 세움을 받았고 또 칼이 네 마음을 찌르듯 하리니 이는 여러 사람의 마음의 생각을 드러내려 함이니라 하더라 또 아셀 지파 바누엘의 딸 안나라 하는 선지자가 있어 나이가 매우 많았더라 그가 결혼한 후 일곱 해 동안 남편과 함께 살다가 과부가 되고 팔십사 세가 되었더라 이 사람이 성전을 떠나지 아니하고 주야로 금식하며 기도함으로 섬기더니 마침 이때에 나아와서 하나님께 감사하고 예루살렘의 속량을 바라는 모든 사람에게 그에 대하여 말하니라 주의 율법을 따라 모든 일을 마치고 갈릴리로 돌아가 본 동네 나사렛에 이르니라"(눅 2:21-39).

6. 축복의 통로가 된 사람들

기도로 믿음의 공동체를 지키는 사람이 되십시오.
그런 사람이 또한 축복의 통로가 될 것입니다.

세상에는 인간이 정한 문화적 설정이 참 많습니다. 하지만 이런 문화를 선용하는 것은 그리스도인의 책임입니다. 그래서 개혁신학자들은 그리스도인의 중요한 책임 중 하나가 문화의 변혁자로 사는 것이라고 보았습니다. 문화는 성경적으로 중립적입니다. 문화의 선한 요소는 얼마든지 수용되고 발전되어야 합니다. 그러나 인간의 타락이 가져온 문화의 악한 요소는 경계되고 변혁되어야 합니다. 그런 의미에서 우리는 더욱 하나님의 뜻을 실현하고 복음의 역사를 전진시키는 삶을 살아가도록 기도해야 할 것입니다.

본문 21-24절은 아기 예수께서 탄생 후 유대인의 남자로서 통과하신 두 가지 의식을 보여 주고 있습니다. 유대 문화의 옷을 입고 이 땅에 오신 구세주 예수님은 유대 문화와 유대 율법이 요구하는 바에 순종하십니다. 우리도 문화가 성경을 거스르지만 않는다면 그 문화를 존중해야 할 필요가 있음을 이를 통해 배우게 됩니다.

유대 땅에 인간이자 남자 아기로 오신 예수님은 두 가지 의식을 통과하셔야 했습니다. 하나는 할례 의식이고, 또 하나는 정결 예식입니다.

"할례할 팔 일이 되매 그 이름을 예수라 하니 곧 잉태하기 전에 천사가 일컬은 바러라"(눅 2:21).

유대 율법에 의하면 할례는 하나님의 백성으로 구별하는 육체적 표현의 의식이었습니다. 탄생 후 8일은 창조의 새로운 사이클이 시작되는 날입니다. 아기 예수님은 아마도 요셉이나 베들레헴 지역의 제사장에 의해 이 할례 의식을 받으신 것으로 보입니다. 그리고 그날, 이미 천사에 의해 요셉에게 계시된 대로 '예수', 곧 '구원자'라는 이름을 받으십니다. 그분이 하나님의 백성과 연대화되어 그들을 구원하는 삶이 시작된 것입니다. 그리고 이어 탄생 40일이 되던 날(출산으로 말미암은 부정이 끝나는 날), 요셉과 마리아는 아기 예수를 데리고 베들레헴에서 예루살렘 성전으로 올라갑니다.

"모세의 법대로 정결 예식의 날이 차매 아기를 데리고 예루살렘에 올라가니 이는 주의 율법에 쓴바 첫 태에 처음 난 남자마다 주의 거룩한 자라 하리라 한 대로 아기를 주께 드리고"(눅 2:22-23).

이어지는 24절에 보면 산비둘기 한 쌍 혹은 어린 집비둘기 둘로 제물을 드리려 했다고 했습니다. 여기에는 두 가지 의미가 있습니다. 출산을 한 마리아와 그녀를 도운 요셉에게 이 두 가지 제물은 그들을 깨끗하게 구별하는 정결의 예물인 동시에, 하나님이 주신 아기를 다시 하나님에게 드리는 구속의 예물이었습니다. 아기 예수는 이 정결 예식으로 자신을 주께 드리고 구속자의 삶을 시작하십니다.

요셉과 마리아가 이 정결 예식을 위해 예루살렘 성전에 들어가는 순간, 거기서 그들을 축복하기 위해 하나님이 예비하신 두 사람을 만나게 됩니다. 곧 시므온과 안나였습니다. 이 두 사람이 축복의 통로가 된 비밀은 무엇일까요?

경건하게 늙어 간 사람들
||||||||||||||||||||||||||||||||||||||||||

"예루살렘에 시므온이라 하는 사람이 있으니 이 사람은 의롭고 경건하여 이스라엘의 위로를 기다리는 자라 성령이 그 위에 계시더라"(눅 2:25).

먼저, 시므온에 대한 가장 중요한 정보는 그가 '의롭고 경건한 사람'이었다는 것입니다. '의'는 하나님과의 바른 관계를 뜻하는 말이고, '경건'은 하나님을 향한 바른 자세, 바른 태도를 뜻하는 말입니다. 그는 한마디로 경건한 사람이었습니다. 그가 아기 예수를 만났을 때 그의 나이가 정확히 얼마였는지는 알지 못합니다. 그러나 본문 28-29절을 보십시오.

"시므온이 아기를 안고 하나님을 찬송하여 이르되 주재여 이제는 말씀하신 대로 종을 평안히 놓아 주시는도다."

무슨 말입니까? '아기 메시아를 보았으니 저는 죽어도 좋습니다'라는 고백입니다. 그러니까 이제 죽을 나이가 된 사람이었다는 것입니다. 안나의 경우에는 결혼한 후 남편과 함께 7년을 살고 과부가 된 것으로 되어 있습니다(눅 2:36). 당시 이스라엘 여인들이 많은 경우 (마리아처럼) 13-15세에 결혼이 이루어진 것으로 미루어볼 때 그녀는 20대 초반에 과부가 된 것입니다. 그리고 본문은 이어서 그렇게 "과부가 되고 팔십사 세가 되었더라"(눅 2:37)라고 말씀합니다. 한마디로 안나는 고령의 여인이라는 것입니다.

그런데 이들이 모두 경건하게 늙을 수 있었던 이유는, 그들에게 경건한 꿈이 있었던 까닭입니다. 이 두 사람은 모두 메시아를 만날 꿈을 가지고 기다리고 있었던 것입니다. 본문 25절은 시므온에 대해 "이스라엘의 위로를 기다리는 자"라고 했습니다. 메시아를 기다리는 자라는 말입니다. 본문 26절에 의하면, 그는 "그리스도를 보기 전에는 죽지 아니하리라" 하는 성경의 지시를 받았습니다. 안나에 대한 설명도 다르지 않습니다. "예루살렘의 속량을 바라는 모든 사람에게 그에 대하여 말하니라"(눅 2:38)라고 했습니다. 역시 메시아의 오심을 그녀가 기대하고 증언했다는 것입니다. 두 사람 모두 메시아의 오심을 꿈꾸고 있었습니다.

꿈은 인생을 아름답고 가치 있게 만드는 유일한 동기입니다. 제2차 세계대전의 영웅 더글라스 맥아더(Douglas MacArthur)가 전쟁의 승자가 되어 미국 고향에 돌아왔을 때의 이야기입니다. 누군가가 "장군님은 아직도 별로 늙지 않으셨네요"라고 했을 때, 그는 이런 대답을 했다고 합니다. "사람이 얼마의 세월을 살았다고 자동적으로 노인이 되는 것은 아닙니다. 신이 주신 꿈을 포기했을 때 그는 노인이 되는 것입니다. 세월은 우리의 피부에 주름살을 만들지만, 우리의 영혼에 주름살을 만드는 것은 꿈의 상실입니다." 그래서 유대인 랍비 시드니 그린버그(Sydney Greenberg)는 "당신이 아직도 꿈을 꾸고 있다면 청년이다. 그러나 더 이상 꾸어야 할 꿈이 없다면 당신은 노인이다"라고 말합니다. 시므온과 안나를 경건하고 아름다운 노년으로 만든 비밀은 그들 안에 살아 있는 메시아의 꿈이었습니다. 그들은 마침내 메시아를 만나고 증언하는 축복의 통로가 될 수 있었습니다. 당신은 어떤 꿈을 꾸고 있습니까?

성령으로 인도된 삶을 산 사람들
||||||||||||||||||||||||||||||||||||||||||||||||||||||||||||||

본문의 기록자인 누가가 시므온의 행적을 기록한 내용 중 인상적인 것

은 성령의 인도를 강조하고 있다는 것입니다. "성령이 그 위에 계시더라"(25절), "성령의 지시를 받았더니"(26절), "성령의 감동으로 성전에 들어가매"(27절). 누가는 나중에 사도행전을 기록하는데, 사도행전의 별명은 '성령행전'입니다. 진지한 그리스도인과 그렇지 못한 육적 그리스도인의 결정적 차이는 성령의 인도입니다. 바울 사도가 이를 강조하고 있지 않습니까!

> "육에 속한 사람은 하나님의 성령의 일들을 받지 아니하나니 이는 그것들이 그에게는 어리석게 보임이요, 또 그는 그것들을 알 수도 없나니 그러한 일은 영적으로 분별되기 때문이라"(고전 2:14).

그러나 여기서 우리의 묵상이 멈추어서는 안 됩니다. 성령으로 인도되는 사람들의 구체적인 삶의 증거는 무엇일까요? 시므온과 안나에게서 배우는 두 가지는 찬송과 감사입니다.

다시 본문으로 돌아가서 시므온의 행적을 살펴봅시다. 그가 아기 예수의 일행을 성전에서 맞이하자마자 한 일이 무엇입니까? 본문 28절 이하를 주목하십시오.

> "시므온이 아기를 안고 하나님을 찬송하여 이르되."

시므온은 하나님을 찬송했습니다. 이어지는 29-32절 말씀이 그 찬송의 내용입니다. 이 시므온의 찬송을 라틴어 역본의 첫 글자를 따서 〈눈크 디미티스〉(Nunc Dimittis)라고 합니다. 마리아의 노래처럼 이것도 유명한 신약성경의 찬송에 속합니다. 먼저 본문 29-30절의 고백을 보십시오.

> "주재여 이제는 말씀하신 대로 종을 평안히 놓아 주시는도다 내 눈이 주의 구원을 보았사오니."

그리고 이어지는 메시아 증언을 들어 보십시오.

> "이방을 비추는 빛이요 주의 백성 이스라엘의 영광이니이다"(눅 2:32).

벌써부터 그 메시아가 이방의 빛이심을 찬송하고 있지 않습니까? 이제는 안나에 대한 증언을 살펴봅시다.

> "마침 이때에 나아와서 하나님께 감사하고"(눅 2:38).

같은 성령의 인도가 안나에게는 감사로 나타났습니다. 바울 사도는 에베소서 5장 18절에서 "술 취하지 말라 이는 방탕한 것이니 오직 성령으로 충만함을 받으라"라고 권면합니다. 저는 이어지는 19절 이하를 성령 충만의 결과라고 믿습니다.

"시와 찬송과 신령한 노래들로 서로 화답하며 너희의 마음으로 주께 노래하며 찬송하며"(엡 5:19).

성령 충만한 사람들은 마음의 샘에서 샘솟는 찬송을 입으로 읊조리며 살아갑니다. 그런데 바울은 거기에 멈추지 않고 "범사에 우리 주 예수 그리스도의 이름으로 항상 아버지 하나님께 감사하며"(엡 5:20)라고 기록합니다. 성령으로 인도되는 사람들의 마음에는 항상 감사가 깃들어 있습니다. 그래서 시므온과 안나처럼 늘 찬송하고 감사합니다. 그리하여 그들은 축복의 통로가 될 수 있었습니다.

"시므온이 그들에게 축복하고"(눅 2:34, 이 축복 중에는 메시아를 거절할 사람들로 인한 마리아의 고난도 예언됨).

그러나 아기 예수는 궁극적으로 축복의 사람이십니다. 우리도 그분의 제자로 또한 축복의 사람으로 살아야 합니다. 사람들을 만날 때 우리 입술에서는 과연 축복이 흘러나옵니까, 아니면 불평이 흘러나옵니까? 날마다 성령으로 충만해서 축복의 통로로 살아가는 인생이 되기를 기도합시다.

믿음의 공동체를 지키는 사람들

시므온과 안나의 또 다른 공통점은 이들이 성전 중심의 삶을 살았다는 것입니다. 다시 말하면, 이들은 성전 지킴이로 살았던 사람들이었습니다. 다시 시므온에 대한 증언을 보십시오.

"성령의 감동으로 성전에 들어가매"(눅 2:27).

그는 성령의 감동으로 성전 생활을 하다가 메시아이신 아기 예수님을 만나는 은혜를 경험하게 된 것입니다. 이제는 안나에 대한 증언을 보십시오.

"과부가 되고 팔십사 세가 되었더라 이 사람이 성전을 떠나지 아니하고 주야로 금식하며 기도함으로 섬기더니"(눅 2:37).

성전을 지키고 섬기는 중에 안나도 메시아이신 아기 예수님을 만나면서 축복의 증인, 축복의 통로가 된 것입니다. 물론 신약에 와서 이 성전의 개념은 신학적으로 발전됩니다. 구약처럼 성전은 건물에만 한정되지 않습니다. 그리스도인 개개인의 몸이 성전이며, 그들이 모인 공동체가 확장된 성전입니다. 에베소서 2장 21-22절을 보십시오.

"그의 안에서 건물마다 서로 연결하여 주 안에서 성전이 되어 가고 너희도 성령 안에서 하나님이 거하실 처소가 되기 위하여 그리스도 예수 안에서 함께 지어져 가느니라."

위의 말씀을 보면, 구약의 성전이 신약의 교회 공동체 개념으로 발전한 것을 볼 수 있습니다. 그러나 구약 시대의 성전이 하나님 백성의 삶의 중심이었던 것처럼 신약 시대에도 여전히 교회 공동체는 우리가 하나님의 뜻을 이루어 가는 삶의 중심이 되어야 합니다. 우리는 교회를 통해 복음을 전하고 하나님 나라를 이루어 가야 합니다. 그래서 저는 초대 교부들의 고백, "교회를 어머니처럼 섬기지 못하는 사람은 하나님을 아버지로 부를 자격이 없다"는 말에 100퍼센트 공감하고 동의합니다. 교회는 어머니 같은 존재입니다. 불완전한 사람들이 모여 형성하기에 모든 것을 완벽하게 할 수는 없습니다. 그래도 사랑하고 감싸고 품어야 합니다. 교회를 세워야 합니다. 교회가 흔들리거나 무너지면 선교의 전선이 와해됩니다.

문제는 믿음의 공동체인 교회를 어떻게 지켜야 하느냐입니다. 그 대답을 안나가 들려주고 있습니다. 그녀는 주야로 금식하며 기도함으로 섬겼다고 했습니다. 저는 평생의 목회를 통해 말 많이 하는 사람들이 교회를 정말 유익하게 하는 것을 본 일이 없습니다. 아무리 말이 하고 싶어도 그 말을 삼키고, 대신 기도하십시오. 그동안 한국 교회는 수많은 안나 같은 여인들의 기도로 지켜져 왔습니다. 그들이 바로 교회의 파수꾼입니다. 진정한 교회의 청지기들입니다. 찰스 스펄전(Charles Haddon Spurgeon)은 자신의 교회의 부흥의 비결을 묻는 사람에게 지금 교회 아래층에 내려가 보라고, 거기서 기도하는 사람들이 바로 그 비결이라고 했습니다. 기도로 믿음의 공동체를 지키는 사람이 되십시오. 그런 사람이 또한 축복의 통로가 될 것입니다.

"그의 부모가 해마다 유월절이 되면 예루살렘으로 가더니 예수께서 열두 살 되었을 때에 그들이 이 절기의 관례를 따라 올라갔다가 그 날들을 마치고 돌아갈 때에 아이 예수는 예루살렘에 머무셨더라 그 부모는 이를 알지 못하고 동행 중에 있는 줄로 생각하고 하룻길을 간 후 친족과 아는 자 중에서 찾되 만나지 못하매 찾으면서 예루살렘에 돌아갔더니 사흘 후에 성전에서 만난즉 그가 선생들 중에 앉으사 그들에게 듣기도 하시며 묻기도 하시니 듣는 자가 다 그 지혜와 대답을 놀랍게 여기더라 그의 부모가 보고 놀라며 그의 어머니는 이르되 아이야 어찌하여 우리에게 이렇게 하였느냐 보라 네 아버지와 내가 근심하여 너를 찾았노라 예수께서 이르시되 어찌하여 나를 찾으셨나이까 내가 내 아버지 집에 있어야 될 줄을 알지 못하셨나이까 하시니 그 부모가 그가 하신 말씀을 깨닫지 못하더라 예수께서 함께 내려가사 나사렛에 이르러 순종하여 받드시더라 그 어머니는 이 모든 말을 마음에 두니라 예수는 지혜와 키가 자라 가며 하나님과 사람에게 더욱 사랑스러워 가시더라"(눅 2:41-52).

7. 예수 따라감의 과제

주님이 기뻐하시는 주님과의 동행을 갈망한다면,
우리가 혹시 주님과의 동행을 잃어버린 것은 아닌지를
먼저 확인해야 할 것입니다.

우리는 예수님을 만나고 그분을 우리 삶의 주인으로 믿고 영접하는 순간부터 그분을 따르는 자들이 됩니다. 본문에는 예수님의 육신적 부모가 등장하지만, 예수님이 하나님이라는 교리적 관점에서 보면 그들도 예수님을 따라야 할 사람들입니다. 하늘 아버지인 하나님께서 예수님의 인간적 성숙의 시기를 요셉과 마리아에게 일시적으로 맡기신 것으로 볼 수 있습니다.

본문은 이러한 시기에 예수님이 그 부모와 함께하며 성숙해 가는 모습을 증거합니다. 이런 성숙의 마당이 바로 나사렛 땅이었습니다. 예수님은 공생애를 통해 '나사렛 사람' 혹은 '나사렛 예수'(Yeshua ha Notzri)로 불리셨습니다. 히브리 사람들은 그리스도인들을 '노츠림'(Notzrim)으로 불렀습니다. 본래 나사렛이라는 단어는 히브리어 '네체르'(netzer)와 관련이 있는 말인데, '가지'라는 뜻을 갖고 있습니다. 그런데 이사야 선지자는 이사야 11장 1절에서 메시아의 출생을 예고하며 "이새의 줄기에서 한 싹이 나며 그 뿌리에서 한 가지가 나서 결실할 것이요"라고 말합니다. 바로 이 가지인 네체르가 된 곳이 나사렛입니다.

누가복음 2장 39절은 나사렛을 구세주의 본 동네라고 칭합니다.

> "주의 율법을 따라 모든 일을 마치고 갈릴리로 돌아가 본 동네 나사렛에 이르니라."

이 나사렛이 요셉과 마리아가 정혼하고 부부가 되어 예수님을 키운 곳입니다. 오늘날 우리가 성지 순례로 나사렛을 방문하면 마리아의 집터 위에 '수태 고지 교회'(The Church of the Annunciation)가 있고, 또 나란히 요셉의 집터, 목공소가 있던 자리에 '성 요셉 교회'(St. Joseph Church)가 있습니다. 나사렛 시내의 시장 입구에는 천사 가브리엘을 기념하는 '가브리엘 교회'도 있고, '마리아의 우물'도 있습니다. 전승에 의하면, 이 우물이 마리아가 사용한 우물이라고 합니다. 바로 이런 동네 나사렛에서 예수님은 소년기와 사춘기를 보내셨습니다.

그런데 본문은 이 나사렛에서 예수님이 성장하시는 동안 그분을 따르는 이들이 주목해야 할 두 가지 과제를 남깁니다. 이것은 예수 따라감의 두 가지 과제라고 할 수 있습니다. 이 두 가지 과제란 과연 무엇일까요?

예수 잃어버리지 않기
||||||||||||||||||||||||||||||||||||

첫 번째 과제는, 예수를 잃어버리지 않는 것입니다. 본문은 유월절을 맞아 예수님의 가족이 함께 예루살렘을 여행하는 이야기로 시작됩니다.

> "그의 부모가 해마다 유월절이 되면 예루살렘으로 가더니 예수께서 열두 살 되었을 때에 그들이 이 절기의 관례를 따라 올라갔다가"(눅 2:41-42).

유대인들은 율법에 따라 1년에 세 번(유월절, 오순절, 장막절) 예루살렘에 올라가 경배하는 것이 관례였습니다. 그중에서도 특히 유월절은 가장 중요한 절기여서, 이때에는 예루살렘의 통행 인구가 평소의 세 배를 넘어 예수님 당시에는 10만이 넘는 인파가 북적거렸습니다. 그런데 이 시기에 예루살렘에 갔다가 예수님을 잃어버리는 사고가 발생합니다. 일종의 미아 사고였습니다. 도대체 그 이유가 무엇입니까?

성경은 본문 44절에서 흥미 있는 원인을 말씀합니다.

> "동행 중에 있는 줄로 생각하고."

우리 말씀의 '생각하다'(nomizo)라는 말을 최근 역본에서는 'thinking /thought'라는 단어로 옮기고 있지만, KJV 성경이나 NASB 성경은

'supposing/supposed'라는 단어를 선택합니다. 이는 '가정하다'라는 말로, 동행하고 있는 것으로 가정했다는 것입니다. 이 가정이 문제였습니다. 확인하지 않고 가정한 것입니다.

오늘 우리도 예수님의 부모처럼 예수님이 우리와 함께 계신 것을 확인하지 않은 채 가정만 하고 있는 것은 아닌지 모르겠습니다. 사실 예수님은 더 이상 우리와 함께 계신 것이 아닌데도 말입니다. 우리가 그분과의 동행을 상실한 것은 아닐까요? 만일 그렇다면, 왜 그렇게 되었을까요? 그분과의 동행보다 더 중요하게 생각되는 어떤 것들이 우리의 시선을 끌고 있기 때문은 아닐까요? 예루살렘의 화려한 구경거리, 거대한 인파의 군중 심리가 우리의 관심을 돌려놓은 것은 아닐까요? 존 버니언(John Bunyan)이 쓴 《천로역정》의 '허영의 도시'처럼 우리의 시선을 자극하는 육신의 정욕, 안목의 정욕, 이생의 자랑이 우리 관심의 우선순위를 뒤집어 놓은 것은 아닐까요? 새로운 해, 새로운 인생, 아니 주님이 기뻐하시는 주님과의 동행을 갈망한다면, 우리가 혹시 주님과의 동행을 잃어버린 것은 아닌지를 먼저 확인해야 할 것입니다.

며칠 후 다시 예루살렘 성전으로 돌아와 예수님을 찾은 요셉과 마리아가 "어찌하여 우리에게 이렇게 하였느냐"(눅 2:48)라고 물었을 때 예수님의 대답은 무엇입니까?

"예수께서 이르시되 어찌하여 나를 찾으셨나이까 내가 내 아버지 집에 있어야 될 줄을 알지 못하셨나이까"(눅 2:49).

예수님의 우선순위는 아버지의 집, 아버지와의 교제였습니다. 예수님을 따르는 우리의 우선순위 또한 아버지의 집에 거함, 아버지와의 교제, 아버지와의 동행이기를 기도합시다.

예수 닮아 가기
||||||||||||||||||||||||

두 번째 과제는, 예수를 닮아 가는 것입니다. 그냥 의식 없이 예수님을 따라만 가는 것이 아니라, 그분의 발자취, 그분의 전인적 삶을 모방하는 것입니다. 예수님의 나사렛에서의 삶을 본문은 한마디로 '순종의 삶'이라고 증언합니다.

"예수께서 함께 내려가사 나사렛에 이르러 순종하여 받드시더라 그 어머니는 이 모든 말을 마음에 두니라"(눅 2:51).

여기서 순종은 단지 부모에 대한 순종만이 아니라, 부모를 통한 하나님에 대한 순종이었습니다. 그리고 이런 순종이 가져온 예수님의 전인적 성숙의 모습을 본문 52절이 증언합니다.

"예수는 지혜와 키가 자라 가며 하나님과 사람에게 더욱 사랑스러워 가시더라."

여기 우리가 닮아 가야 할 예수님의 성숙의 네 가지 차원이 있습니다.

신체적 성숙

본문은 "예수는 … 키가 자라 가며"(눅 2:52)라고 말씀합니다. 이에 앞서 누가복음 2장 40절은 "아기가 자라며 강하여지고"라고 말씀합니다. 예수님도 육체적으로 건강하게 성숙해 가셨다는 것입니다. 어린아이 시절에는 물론 건강한 성장이 중요합니다. 그렇다면 다 자란 성인들에게는 이 말씀이 어떤 의미일까요? 성경은 그리스도인의 몸을 성전이라고 가르칩니다. 건강 관리는 곧 성전 관리입니다.

성경은 우리의 몸을 산제사로 드려 주의 뜻을 이루어 드리기 위한 거룩한 도구가 되게 해야 한다고 가르칩니다. 그리스도인들이 건강에 관심을 가져야 할 이유는 장수하고 만수무강하기 위해서가 아닙니다. 몸으로 하나님께 영광을 돌리기 위해서입니다. 오늘날 건강은 우상이 되어 있습니다. 그러나 기억하십시오. 건강은 중요하지만, 건강이 우리 삶의 최종적 목적은 아닙니다. 건강은 수단일 따름입니다. 건강하게 살기 위해 건강이 중요할 따름입니다. 고린도전서 6장 19-20절을 기억하십시오.

"너희 몸은 너희가 하나님께로부터 받은바 너희 가운데 계신 성령의 전인 줄을 알지 못하느냐 너희는 너희 자신의 것이 아니라 값으로 산 것이 되었으니 그런즉 너희 몸으로 하나님께 영광을 돌리라."

몸은 우리의 주인이 아니라 종인 것을 기억하십시오. 우리는 몸을 잘 관리해서 하나님께 영광 돌리는 삶을 추구할 수 있어야 합니다.

정신적 성숙

본문은 또한 십 대인 예수님의 성숙을 증언하며 이렇게 말씀합니다.

"예수는 지혜와 키가 자라 가며"(눅 2:52).

앞선 40절에서도 "지혜가 충만하며"라고 기록합니다. 사람이 키와 신체는 자라는데 지성이 함께 자라지 못한다면 그것은 정상적인 성숙이 아닙니다.

예수님은 그 부모와 함께 예루살렘에 가서 성전을 방문해 그곳에 있던 선생들과 대화를 나누십니다. 그들의 말을 듣고 질문을 하십니다. 인간의 정신적 성숙에서 질문만큼 중요한 것은 없습니다. 우리의 질문에는 지혜가 깃들어 있습니다. 유대인의 교육법 중에 하나는 자녀나 학생들을 질문을 잘하는 사람으로 키우는 것입니다. 본문 47절을 보십시오.

"듣는 자가 다 그 지혜와 대답을 놀랍게 여기더라."

앞의 말씀에서 우리는 인간 예수로 오신 그분의 정신적 성숙의 모습을 볼 수 있습니다. 성경이 가르치는 지혜는 지식과 구별됩니다. 단순한 지식이나 정보는 지혜를 뜻하지 않습니다. 지혜는 지식이나 정보를 사용해서 바른 판단을 할 줄 아는 것입니다. 다시 말하면, 지혜는 바른 판단력입니다. 현대 교육의 맹점은 지식이나 정보의 중요성은 가르치지만, 지혜의 중요성은 가르치지 못하는 것입니다. 우리와 다음 세대가 거룩한 지혜 안에서 자라 가도록 기도합시다. 예수님처럼 말입니다.

사회적 성숙

본문은 또한 소년 예수님이 "사람에게 더욱 사랑스러워 가시더라"(눅 2:52)라고 증언합니다. 우리는 종종 교회에서는 열심을 내지만 사회나 직장에서는 적응하지도, 기여하지도 못하고 동료들에게도 인정받지 못하는 무기력한 그리스도인들을 만나게 됩니다. 한마디로 사회적 성숙이 없는 사람들입니다. 그러나 본문은 예수님이 성장 과정에서 하나님뿐 아니라 동료 인간들에게도 사랑스러운 존재로 성숙해 가셨다고 말씀합니다. 다르게 말하면, 사람들에게도 신뢰와 존경을 받으셨다는 것입니다. 그래서 예수님은 산상 수훈(마 5-7장)에서 "너희는 교회에서 빛과 소금이 되어야 한다"고 하시지 않고, "너희는 세상에서 빛과 소금이 되어야 한다"고 말씀하신 것입니다. 이는 우리의 존재 이유를 증명해야 할 곳이 세상 한복판이어야 한다고 하신 것입니다. 그래서 예수님은 당신이 자라 온 고향 나사렛 가정에서부터 부모에게 순종의 삶을 사셨습니다.

> "예수께서 함께 내려가사 나사렛에 이르러 순종하여 받드시더라 그 어머니는 이 모든 말을 마음에 두니라"(눅 2:51).

저는 틀림없이 소년 예수님이 아버지 요셉을 도와 목공 일을 할 때도 그분이 만든 공예품들은 우수한 질을 자랑했을 것이라고 믿습니다. 오늘 당신이 하는 일을 당신의 고객, 당신의 직장 동료들이 믿으며 신뢰하고 있습니까? 여기에 사회적 성숙의 중요성이 존재합니다.

영적 성숙

계속해서 본문은 예수님이 하나님과의 관계에서도 사랑스러워 가셨다고 말씀합니다. 앞선 40절은 "하나님의 은혜가 그의 위에 있더라"라고 말씀합니다. 그분에게 하나님과의 관계는 언제나 삶의 우선순위였습니다. 그래서 예루살렘에 가서도 성전을 찾아 선생들과 하나님의 말씀을 토론하셨던 것입니다. 그것이 그분의 즐거움이었습니다.

마가복음 1장에서 병자들을 고치고 기적을 행하심으로 예수님의 인기가 충천하던 시절, 그분이 아침 일찍 일어나자마자 행하신 일이 무엇이었습니까?

"새벽 아직도 밝기 전에 예수께서 일어나 나가 한적한 곳으로 가사 거기서 기도하시더니"(막 1:35).

조용히 집중할 수 있는 곳을 찾아 아버지 하나님과 교제하고 기도하는 일이었습니다. 그분의 영적 우선순위를 볼 수 있는 대목이 아닙니까? 그래서 그분에게는 늘 하나님의 은혜가 충만했고, 그래서 그 은혜를 나누는 삶을 사실 수 있었던 것입니다. 요한복음 1장 16절의 증언을 보십시오.

"우리가 다 그의 충만한 데서 받으니 은혜 위에 은혜러라."

이러한 은혜를 사모하십시오. 그리하여 당신 안에 주의 은혜가 충만하고, 그래서 그 넘치는 은혜를 이웃들에게 나누는 삶이기를 축복합니다. 신체적, 정신적 차원뿐 아니라 사회적, 영적 차원에서도 성숙해서 주 예수님을 닮아 가는 매일의 삶이기를 축복합니다. 그 무엇보다 주님을 신실하게 따르고 그 주님을 닮아 가는 영적 성숙의 진보가 이루어지기를 축복합니다.

우리는 예수님을 만나고
그분을 우리 삶의 주인으로 믿고 영접하는 순간부터
그분을 따르는 자들이 됩니다.

"요한이 모든 사람에게 대답하여 이르되 나는 물로 너희에게 세례[침례]를 베풀거니와 나보다 능력이 많으신 이가 오시나니 나는 그의 신발 끈을 풀기도 감당하지 못하겠노라 그는 성령과 불로 너희에게 세례[침례]를 베푸실 것이요 손에 키를 들고 자기의 타작마당을 정하게 하사 알곡은 모아 곳간에 들이고 쭉정이는 꺼지지 않는 불에 태우시리라 … 백성이 다 세례[침례]를 받을새 예수도 세례[침례]를 받으시고 기도하실 때에 하늘이 열리며 성령이 비둘기 같은 형체로 그의 위에 강림하시더니 하늘로부터 소리가 나기를 너는 내 사랑하는 아들이라 내가 너를 기뻐하노라 하시니라"(눅 3:16-17, 21-22).

=== 8. 예수 그리스도의 밥티스마

세례(침례)는 세상을 뒤로하고
그리스도를 따르는
그리스도인이 된 것을 선포하는 의식입니다.

우리가 하나의 공동체에 속할 때는 언제나 입회식이라는 절차가 있습니다. 한 사람이 예수와 상관없이 살다가 예수를 믿고 그분의 제자가 될 때, 우리는 예수님의 명하심을 따라 '밥티스마'(baptisma), 곧 세례(침례)를 베풀고 그를 예수 그리스도의 공동체인 교회의 한 지체로 영입합니다. 수년 전 필그림하우스 침례소에서 유대인 형제의 침례식이 있었습니다. 남자임에도 그가 눈물을 주체하지 못하고 흘리며 "예수는 나의 구주와 주님이십니다"라고 고백하던 그 감격을 잊을 수 없습니다. 그 순간은 그가 자신의 육신의 형제들과 유대인 사회에서 절연되어 살아야 하는, 고난의 시작을 알리는 순간인 동시에 새로운 영적 형제들과 한 가족, 한 지체가 되어 믿음의 발걸음을 옮기는 삶의 시작이기도 했습니다.

분문에는 예수께서 이 밥티스마를 베푸심에 대한 요한의 예언과 예수님이 또한 요한에게 친히 세례(침례)를 받으시는 장면이 소개되고 있습니다. 사실상 예수께서는 세례(침례)를 받으심으로 '하나님 백성 공동체'의 한 지체로서의 사역을 출발하시는 것입니다. 그리고 우리는 여기서 친히 밥티스마의 진정한 의미를 배울 수 있습니다. 우리가 본격적인 신앙생활을 시작하며 경험하는 밥티스마의 참의미는 무엇일까요?

성령의 변혁의 밥티스마
||||||||||||||||||||||||||||||||||||||||

"요한이 모든 사람에게 대답하여 이르되 나는 물로 너희에게 세례[침례]를 베풀거니와 나보다 능력이 많으신 이가 오시나니 나는 그의 신발끈을 풀기도 감당하지 못하겠노라 그는 성령과 불로 너희에게 세례[침례]를 베푸실 것이요"(눅 3:16).

여기 물의 밥티스마와 성령의 밥티스마가 비교되고 있습니다. 요한의 물의 세례(침례)는 외적인 죄 사함의 표징이었음에 반해 예수님의 성령의 세례(침례)는 내적인 변혁의 사역이었습니다. 누가복음의 기자인 누가는 사도행전 1장 5절에서 이렇게 말합니다.

"요한은 물로 세례[침례]를 베풀었으나 너희는 몇 날이 못 되어 성령으로 세례[침례]를 받으리라 하셨느니라."

요한의 세례(침례)는 회개한 사람들에 대한 죄 사함의 외적 표징이었고, 예수님의 세례(침례)를 준비시키는 사건이었습니다. 그것은 예수 믿은 사람들의 내적 변화의 준비였던 것입니다. 구약에도 이미 이런 메시아로 말미암은 변혁의 시대가 올 것이 예언되어 있었습니다.

> "맑은 물을 너희에게 뿌려서 너희로 정결하게 하되 곧 너희 모든 더러운 것에서와 모든 우상 숭배에서 너희를 정결하게 할 것이며 또 새 영을 너희 속에 두고 새 마음을 너희에게 주되 너희 육신에서 굳은 마음을 제거하고 부드러운 마음을 줄 것이며"(겔 36:25-26).

위의 말씀에서 25절이 요한의 세례(침례)에 대한 예언이라면(맑은 물로 더러움을 씻는 것), 26절은 예수님의 성령 세례(침례)의 본질을 보여 줍니다. 그것은 우리 안에 새 영이 거하시고 새 마음이 심어지는 내적인 변혁을 말하는 것입니다. 이런 변혁은 우리가 참으로 예수를 믿고 그분에게 속하는 순간부터 일어나는 사건입니다. 고린도전서 12장 13절에서의 바울 사도의 증언을 보십시오.

> "우리가 유대인이나 헬라인이나 종이나 자유인이나 다 한 성령으로 세례[침례]를 받아 한 몸이 되었고 또 다 한 성령을 마시게 하셨느니라."

그렇습니다. 참으로 예수 믿는 우리는 다 성령으로 세례(침례) 받아 성령을 마시고 사는 존재가 된 것입니다. 사도 베드로는 이런 변혁을 하나님의 신기한 능력으로 우리가 신의 성품에 동참한 자가 된 것이라고 말합니다.

"그의 신기한 능력으로 생명과 경건에 속한 모든 것을 우리에게 주셨으니 … 이로써 … 세상에서 썩어질 것을 피하여 신성한 성품에 참여하는 자가 되게 하려 하셨느니라"(벧후 1:3-4).

진정한 성령에 의한 세례(침례)는 우리에게 이런 변혁의 시작을 알리는 것입니다. 이런 변혁이 시작된 사람이 새사람인 것입니다. 에베소서 4장 23-24절의 약속이 그것입니다.

"오직 너희의 심령이 새롭게 되어 하나님을 따라 의와 진리의 거룩함으로 지으심을 받은 새사람을 입으라."

형식적 세례나 침례가 아닌, 참으로 예수 그리스도를 인격적으로 영접한 사람들 안에 시작된 내적 변혁이야말로 우리가 성령으로 세례(침례) 받은 증거라고 할 수 있습니다. 우리 안에는 과연 이런 변혁이 있었는지를 돌아봐야 할 것입니다.

추수하는 불의 밥티스마
||||||||||||||||||||||||||||||||||||||||

본문 16절은 "그는 성령과 불로 너희에게 세례[침례]를 베푸실 것이요"
라고 말씀합니다. 이 말씀을 헬라어 역본으로 보면 '성령과 불' 앞에 하
나의 전치사(en)만이 등장합니다. 그것은 성령 세례(침례)와 불 세례(침례)
가 하나인 것을 보여 줍니다. 성령 세례(침례)와 불 세례(침례)는 별개의
세례(침례)가 아니라는 것입니다. 실제로 오순절 날 성령이 임하실 때
마가의 다락방에 있던 그들은 모두 불의 체험을 하지 않습니까? 이 불
로 당신의 참 백성을 모아 정결하게 하사 복음의 한 공동체가 되게 하
시는 것입니다.

> "마치 불의 혀처럼 갈라지는 것들이 그들에게 보여 각 사람 위에 하나
> 씩 임하여 있더니"(행 2:3).

불은 이중의 기능을 감당합니다. 정화의 기능과 심판의 기능입니
다. 불로 정결하게 하기도 하고, 불로 더러운 것을 태우기도 합니다. 본
문 17절이 이런 불의 이중의 기능을 증언합니다.

> "손에 키를 들고 자기의 타작마당을 정하게 하사 알곡은 모아 곳간에
> 들이고 쭉정이는 꺼지지 않는 불에 태우시리라."

이것이 바로 추수할 때 벌어지는 일이 아닙니까? 예수께서는 역사의 때가 찬 시각에 이 추수를 위해 오신 분이었습니다. 요한복음 4장에 보면 예수께서 제자들에게 "너희 눈을 들어 밭을 보라 희어져 추수하게 되었도다"(요 4:35)라고 말씀하시지 않습니까? 예수님은 불로 깨끗하게 하시기도 하고, 불로 태우기도 하십니다. 그것이 바로 추수하는 불의 밥티스마입니다. 예수님을 받아들이는 이들에게 그분은 구원의 주님이시지만, 그분을 거절하는 이들에게는 심판의 주님이십니다.

누가복음 12장에 가면 예수님께서는 이런 이중의 사역이 한 가정 안에도 나타날 것을 예언하십니다.

"내가 불을 땅에 던지러 왔노니 이 불이 이미 붙었으면 내가 무엇을 원하리요"(눅 12:49).

이후 51절에서 주님은 "내가 세상에 화평을 주려고 온 줄로 아느냐 내가 너희에게 이르노니 아니라 도리어 분쟁하게 하려 함이로라"라고 말씀하십니다. 이어서 주님은 복음을 받아들인 가족과 그렇지 못한 이들 사이에 분쟁을 각오하라고 하십니다. 불이 정화와 생명의 기능도 하지만 파괴와 소멸의 기능도 있는 것처럼, 예수님의 불의 밥티스마로 우리는 하나가 되기도 하고 서로 갈라서기도 합니다. 이것은 추수의 준비입니다. 결국 추수의 날 우리는 알곡이 되어 그분 앞에 모이거나, 혹은 가라지가 되어 영원한 불에 던져져 태움을 받게 될 것입니다. 당신은 그 추수의 날을 준비하며 살아가고 있습니까?

새 삶, 새 사역을 선포하는 밥티스마
||||||||||||||||||||||||||||||||||||||||||||||||||

예수님은 세례(침례)를 주시는 분이지만, 동시에 세례(침례)를 받으시는 분이기도 합니다. 본문 21-22절은 예수님의 세례(침례) 장면의 증언입니다. 이때 예수님의 나이는 30세로, 이는 그분의 공생애의 시작을 알리는 사건이었습니다. 그래서 성경학자들은 이 세례(침례)를 '대제사장으로서의 밥티스마'라고 칭하기도 합니다.

구약에 보면 제사장의 공식적인 사역은 30세에 정결례를 받음으로 시작됩니다. 이 정결례를 받는 욕조를 유대인들은 '미크바'(mikvah, 또는 미크베)라고 합니다. 최근 세례(침례) 요한의 고향인 예루살렘 근교 엔케렘에서 이 미크바가 발견되었는데, 고고학자들에 의해 2천 년 이상 된 것으로 고증되었습니다. 그 크기는 길이 3.5미터, 너비 2.4미터, 깊이 1.8미터로 한 사람이 잠기기에 충분한 욕조입니다. 제사장이 취임할 때 그리고 부정한 체험을 한 후 정결함이 필요할 때 성전에 들어가기 전 이 미크바에서 정결례를 받아 온 것입니다.

예수님은 대제사장으로서 인류를 위한 속죄의 사역을 시작하며 요단 강으로 가서 요한에게 세례(침례)를 받으셨습니다. 이것은 대제사장적 속죄의 사역의 시작이었습니다.

"백성이 다 세례[침례]를 받을새 예수도 세례[침례]를 받으시고 기도하
실 때에 하늘이 열리며"(눅 3:21).

일반적으로 세례 혹은 침례는 죄로부터의 정결함을 전제로 합니
다. 그렇다면 예수님은 왜 밥티스마를 자원해서 받으셨을까요? 성경
은 그분에 대해 죄가 없었다고 증언합니다.

"우리에게 있는 대제사장은 우리의 연약함을 동정하지 못하실 이가
아니요 모든 일에 우리와 똑같이 시험을 받으신 이로되 죄는 없으시
니라"(히 4:15).

히브리서 기자가 증언하는 것처럼, 주님은 죄로부터의 정결을 위
해 밥티스마를 받으신 것이 아니라, 우리의 연약함을 동정하시어 우리
의 자리에서 우리가 받을 세례(침례)를 대신 받으신 것입니다. 그래서
이 세례(침례)를 '모범 세례(침례)'(exemplary baptism)라고도 합니다. 주님
은 우리의 모범이 되기 위해 세례(침례)를 받으셨다는 말입니다.

밥티스마-세례(침례)의 본질적 의미는 무엇입니까? 로마서 6장
4절이 그 의미를 가장 잘 드러내고 있습니다.

"그러므로 우리가 그의 죽으심과 합하여 세례[침례]를 받음으로 그와
함께 장사되었나니 이는 아버지의 영광으로 말미암아 그리스도를 죽

은 자 가운데서 살리심과 같이 우리로 또한 새 생명 가운데서 행하게
하려 함이라."

여기서 중요한 단어는 '합하다'(united with Him)입니다. 우리는 예수
를 믿는 순간 그리스도의 죽으심, 장사지내심 그리고 그의 부활에 연
합해 동일시되는 것입니다. 그분의 죽으심과 장사지내심에 연합하여
우리도 죽었고, 그분이 다시 사실 때 우리도 그 부활에 연합하여 다시
살게 되는 것입니다. 우리가 세례(침례) 받을 때 물속에 들어가는 것은
주님의 죽으심과 장사지내심에 연합하는 것이며, 물 밖으로 다시 나올
때 우리는 예수 그리스도의 부활의 새 생명을 받고 새사람이 된 것을
선포하고 고백하는 것입니다.

초대 교회의 세례(침례)는 교회당이 아닌 강가와 같은 밖에서 행해
졌습니다. 그러다 보니 세례(침례)를 받을 때 많은 사람이 보게 되었습
니다. 때로는 불신자들도 보았습니다. 이처럼 세례(침례)는 사람들에게
우리가 세상을 뒤로하고 그리스도를 따르는 그리스도인이 된 것을 선
포하는 의식입니다. 초대 교회 당시 많은 그리스도인이 이러한 믿음의
고백으로 인한 박해를 감수해야 했지만, 그럼에도 그들은 자신들의 신
앙을 고백했습니다. 하나님이 기뻐하심을 믿었기 때문입니다.

본문 22절을 보면 세례(침례) 받으시는 예수님에게 성령이 비둘기
처럼 임하십니다. 그리고 하늘 아버지의 음성이 들려옵니다. 삼위 하
나님(아들 예수님, 비둘기 같은 성령, 아버지의 음성)의 완벽한 임재를 보여 주

는 장면입니다.

　"너는 내 사랑하는 아들이라 내가 너를 기뻐하노라."

　그렇습니다. 하나님의 아들의 사역이 시작되는 순간입니다. 동일한 주의 음성이 오늘도 새 삶, 새 사역을 시작하는 우리에게 동일하게 들려옴을 믿으십시오.

우리가 세례(침례) 받을 때 물속에 들어가는 것은
주님의 죽으심과 장사지내심에 연합하는 것이며,
물 밖으로 다시 나올 때 우리는
예수 그리스도의 부활의 새 생명을 받고
새사람이 된 것을 선포하고 고백하는 것입니다.

"예수께서 가르치심을 시작하실 때에 삼십 세쯤 되시니라
사람들이 아는 대로는 요셉의 아들이니 요셉의 위는 헬리
요 … 그 위는 에노스요 그 위는 셋이요 그 위는 아담이요
그 위는 하나님이시니라"(눅 3:23, 38).

9. 족보 있는 인생으로 자라 가기

모든 그리스도인 부모의 가장 중요한 가정적 첫째 사명은,
자녀들을 어려서부터 구원받은 하나님의 자녀로
자라 가게 하는 일입니다.

우리나라에서는 자기 가문이 명문가임을 자랑할 때 '뼈대 있는 집안'
이라는 말을 사용합니다. 이 말의 어원은 신라 시대까지 거슬러 올라
갑니다. 신라 시대에는 왕족의 혈통을 구분할 때 성골(거룩한 뼈대) 혹은
진골(진짜 뼈대)이라는 말을 사용했는데, 양쪽 부모가 다 왕족 출신일 때
는 성골이라 했고, 한쪽만 왕족 출신일 때는 진골이라 했습니다.

이런 전통을 아직도 유지하고 있는 곳이 북한이 아닐까 생각합니
다. 출신 성분이 좋아야 그 사회에서 출세가 보장되는 곳이기 때문입
니다. 그래서 옛날로 갈수록 중요한 것이 족보입니다. 봉건 사회일수
록 인정받는 족보를 지닌 출신이어야 미래를 향한 꿈을 펼쳐 볼 수 있
습니다.

족보는 옛날 사회생활의 출발점이었다고 할 수 있습니다. 동시에
족보는 그 가문에서 후손을 향한 기대였다고도 할 수 있습니다. 그래

서 어른들은 자식들에게 이런 말을 주문처럼 반복합니다. "너는 뼈대 있는 집안 출신임을 잊지 마라." 다시 말하면, 족보 있는 인생이라는 말입니다.

본문이 시작되는 23절부터 본문이 끝나는 38절까지는 예수님의 족보가 기록되고 있습니다. 사복음서를 읽어 보면 예수님의 족보는 마태복음과 누가복음에만 나옵니다. 그런데 마태복음과 누가복음의 족보에는 몇 가지 차이가 있습니다. 마태복음의 족보는 아브라함에게서 시작해 예수님에게로 '내려오고' 있는 반면, 누가복음의 족보는 예수님에게서 시작해 아담과 하나님에게까지 '올라가고' 있습니다. 마태복음이 유대인의 조상인 아브라함에게서 시작해 유대인이 최고로 존경하는 다윗을 거친 왕의 족보임을 강조한다면, 누가복음은 아담으로 거슬러 올라가는 아담의 후손, 곧 인간의 족보임을 강조합니다. 마태복음은 철저히 유대인의 족보를 통해 예수님이 오신 것을 강조하지만, 누가복음은 유대인을 넘어 아담의 후손으로 오신 그분은 이방인의 조상도 되심을 강조합니다.

본문 23절이 예수님을 소개할 때 "사람들이 아는 대로는 요셉의 아들이니 요셉의 위는 헬리요"라고 한 것을 주목해 보십시오. '사람들이 아는 대로'라는 표현은 법적으로는 요셉의 아들이라는 말이지만, 예수님은 마리아의 성령 잉태를 통해 오셨기 때문에 헬리는 마리아의 아버지로 보아야 하고, 따라서 마리아의 족보를 따르는 것도 요셉의 족보를 따르는 마태복음과의 차이라고 할 수 있습니다. 그렇다면 이 족보가 시사하는 예수님을 따르는 제자들의 족보 있는 인생은 어떤 삶으로 자라 감을 의미하는 것일까요?

하나님의 자녀로 자라 가게 해야 한다
||||||||||||||||||||||||||||||||||||||||||||||||||||||||||||||

누가의 예수님 족보는 결국 궁극적으로 하나님까지 거슬러 올라갑니다. 그것은 예수님을 따르는 제자들에게도 우리의 삶의 뿌리가 하나님이신 것을 알게 합니다. 바울 사도는 에베소서 2장 3절에서 우리의 정체성을 본래 '본질상 진노의 자녀'였다고 말합니다. 예수님을 알기 전의 우리는 악한 영인 사탄의 지배를 받고 있었다는 것입니다. 그런 의미에서 예수님도 유대인들에게 "너희는 너희 아비 마귀에게서 났으니"(요 8:44)라고 하신 것입니다. 그런데 로마서 8장 15절을 보십시오.

> "너희는 다시 무서워하는 종의 영을 받지 아니하고 양자의 영을 받았으므로 우리가 아빠 아버지라고 부르짖느니라."

우리는 성령의 도우심으로 예수님을 영접하고 이제 하나님의 양자가 되어 그분을 아빠, 아버지로 부르게 되었습니다. 갈라디아서 4장 6절도 동일한 사실을 증언합니다.

"너희가 아들이므로 하나님이 그 아들의 영을 우리 마음 가운데 보내
사 아빠 아버지라 부르게 하셨느니라."

하나님의 아들, 그리스도의 영이 우리 마음에 오심으로 하나님과
상관없이 살던 우리가 하나님을 아버지로 부르는 그분의 자녀, 곧 양
자가 되었다는 것입니다. 이것은 우리 인생 최고, 최대의 사건이 아닐
수 없습니다.

그렇다면 우리가 우리 자녀들에게 물려줄 수 있는 최대의 유산은
무엇입니까? 우리 자녀들을 어려서부터 하나님의 자녀로 키우는 것입
니다. 그러기 위해서는 우리 자녀들이 어려서부터 예수님을 자신들의
구주와 주님으로 영접하게 해야 합니다. 무디 신학교 학장이던 조지
스위팅(George Sweeting) 박사는 "하나님에게는 손자가 없다"는 유명한
말을 했습니다. 부모가 하나님의 자녀라고 해서 그의 자녀들이 자동적
으로 하나님의 자녀가 되지는 않는다는 것입니다. 우리가 예수님을 만
나고 하나님의 자녀가 된 것처럼, 우리 자녀들도 개인적으로 예수님을
만나는 경험을 하게 해야 합니다. 요한복음 1장 12절의 말씀을 기억하
십시오.

"영접하는 자 곧 그 이름을 믿는 자들에게는 하나님의 자녀가 되는 권
세를 주셨으니."

그래서 우리는 예수님의 구주 되심을 증언하는 성경을 어려서부터 자녀들에게 가르쳐야 합니다. 디모데후서 3장 15절을 보십시오.

"또 어려서부터 성경을 알았나니 성경은 능히 너로 하여금 그리스도 예수 안에 있는 믿음으로 말미암아 구원에 이르는 지혜가 있게 하느니라."

그러므로 모든 그리스도인 부모의 가장 중요한 가정적 첫째 사명은, 자녀들을 어려서부터 구원받은 하나님의 자녀로 자라 가게 하는 일입니다.

하나님을 예배하는 자로 키워야 한다

"그 위는 에노스요 그 위는 셋이요 그 위는 아담이요 그 위는 하나님이시니라"(눅 3:38).

하나님을 제외하면 아담의 자손이 셋으로 되어 있고, 셋의 후손이 에노스로 되어 있습니다. 창세기에 보면 우리가 아는 대로 아담의 자손은 가인과 아벨입니다. 그런데 아벨은 죽고 가인은 살인자가 되었습니다. 이제 아담의 진정한 믿음을 계승할 사람이 사라진 것입니다. 이때 하나님이 허락하신 선물이 셋이라는 존재입니다. 셋(Seth)은 '대신한 자' 혹은 '새로운 기초'라는 의미입니다. 그가 죽은 아벨을 대신해서 새로운 세대의 기초가 된 것입니다. 그다음에 주어진 자손이 '에노스'입니다. 그런데 창세기 4장 26절을 보십시오.

> "셋도 아들을 낳고 그의 이름을 에노스라 하였으며 그때에 사람들이
> 비로소 여호와의 이름을 불렀더라."

구약학자 앨런 로스(Allen Ross)는 그의 창세기 강해에서 이 에노스가 '여호와의 이름을 불렀다'는 표현이 가장 오래된 여호와 예배의 묘사라고 했습니다. 에노스에게서 여호와 하나님을 향한 예배가 회복된 것입니다. 히브리서 11장 4절은 "믿음으로 아벨은 가인보다 더 나은 제사를 하나님께 드림으로"라고 기록합니다. 이러한 아벨의 제사 정신 혹은 예배 정신이 아벨을 거쳐 에노스에게 계승된 것입니다.

그렇다면 이런 하나님 백성의 족보 정신에 의해 오늘 우리는 우리의 자녀들을 하나님을 예배하는 자로 키우고 있는 것일까요? 예배는 하나님의 계시에 대한 피조물인 인간의 응답을 의미합니다. 예배를 영어로 'worship'이라고 하는데, 이 단어의 어근은 'worth', 곧 '가치'라는 뜻입니다. 예배는 하나님의 하나님 되신, 혹은 예수님의 예수님 되신 가치를 아는 자들만이 드릴 수 있는 행위입니다.

우리말로 'worthy'라는 단어는 '합당하다'로 번역됩니다. 예컨대,

요한계시록 4장 11절에서 이십사 장로들이 천국에서 하나님을 예배하며 고백하기를 "우리 주 하나님이여 영광과 존귀와 권능을 받으시는 것이 합당하오니[worthy, 가치가 있으시오니]"라고 찬양합니다. 요한계시록 5장 12절에서도 만만 천천의 천사들이 예수님을 경배하며 "죽임을 당하신 어린양은 능력과 부와 지혜와 힘과 존귀와 영광과 찬송을 받으시기에 합당하도다[worthy, 가치가 있으시도다]"라고 찬양합니다. 주 예수님의 대속의 가치, 그 희생의 위대한 가치를 아는 자들만이 이런 예배의 고백을 드릴 수 있는 것입니다.

이 세상에, 아니 이 우주에 하나님보다 더 높은 가치는 존재하지 않는다고 믿는다면 우리는 무엇보다 그 하나님을 예배하고 찬양하는 일에 우선순위를 두지 않을 수 없습니다. 그리고 정말 그렇게 하고자 한다면, 무엇보다 먼저 부모 된 우리가 신실한 예배자로 살면서 자녀에게 예배의 모범을 보여야 합니다. 그리고 그 무엇보다 자녀가 하나님을 예배하는 자로 자라 가도록 키워야 합니다. 자녀가 입시를 앞두고 있다 해도 예배는 희생되지 않아야 합니다. 예배를 망각하고 그들이 대학에 입학한들 하나님이 기뻐하시겠습니까? 그들의 대학 생활이, 아니 그 후 그들의 인생이 하나님의 복을 누릴 수 있겠습니까?

우리 인생의 목적이 하나님의 이름을 높이고 그분의 이름을 찬양하기 위한 것이라면, 예배는 인생의 액세서리가 아닙니다. 예배는 피조물인 인생들의 존재의 이유이고, 존재의 목적입니다. 가장 오래된 그리스도인들의 신앙 고백이 무엇입니까? '사람의 존재의 목적은 하나님을 영화롭게 하고 그를 즐거워한다'는 것입니다. 무엇으로 그렇게 할 수 있습니까? 그것이 바로 예배입니다. 당신은 이 예배를 당신의 자녀들에게 삶의 우선순위로 가르치고 있습니까?

하나님의 법도 아래 자라나게 해야 한다
||||||||||||||||||||||||||||||||||||||||||||||||||||||||||||||||||||

"예수께서 가르치심을 시작하실 때에 삼십 세쯤 되시니라"(눅 3:23).

예수님은 본래 하나님이시고, 메시아로 오셨고, 그분 안에는 분명 신성이 있었지만, 그분은 이 땅에 오자마자 바로 사역을 시작하지 않으셨습니다. 적어도 30세가 되기까지 준비하신 것입니다. 무엇보다 중요한 것은, 30세는 제사장이 사역을 시작하는 나이("곧 삼십 세 이상으로"[민 4:3])였다는 사실입니다. 인류의 속죄를 위한 대제사장으로서 주님은 하나님의 법도를 존중하고 때를 기다리셨다는 것입니다. 그리고 이미 살펴본 것처럼, 그분은 요셉의 아들로서 순종의 도리를 다하셨습니다. 주님의 어린 시절을 증언하는 누가복음 2장 39절을 보십시오.

"주의 율법을 따라 모든 일을 마치고 갈릴리로 돌아가 본 동네 나사렛에 이르니라."

예수님은 신실하게 하나님의 율법의 법도를 따라 살아가셨음을 알 수 있습니다.

우리는 종종 신문이나 TV를 통해 특별한 재능을 지닌 천재적인 아이들을 만나게 됩니다. 그러나 이 아이들의 미래가 반드시 밝은 성공을 보장하지는 못한다는 통계가 나오고 있습니다. 오히려 교육 전문가들은 준비되지 않은 아이들에게 소위 천재 교육을 강요하는 것은 과잉 학습 장애를 촉발한다고 경고합니다. 심하면 자폐 증세, 학습 거부증, 친구들과 어울리지 못하는 사회 부적응자로 만들 수 있다고 말합니다.

최근 교육계에서는 '놀이도 교육'임을 강조하고 있습니다. 놀면서 긍정적이고 적극적인 인생의 태도를 배우게 하는 것이 바람직하다는 것입니다. 또한 학교 교육 이상으로 자연 교육, 사회 교육, 관계 교육이 전인적 성장의 열쇠라고 가르치고 있습니다. 그렇다면 서둘러 우리 자녀들을 천재나 성자로 만들려 하기보다 인간 성숙의 발달 과정을 성실하게 밟아 나가도록 하는 것이 성경적 교육의 열쇠라고 할 만합니다.

본문에서 예수님의 족보를 소개할 때 그 족보의 뿌리가 하나님에 이어서 아담이었다면, 또 하나의 건강한 아담이 되게 하는 것이 우리 자녀 교육의 목표가 되어야 할 것입니다. 유대인들은 하나님이 부모들에게 자녀를 맡기실 때 동시에 토라(율법)를 주셨다고 말합니다. 창세기에서 에덴동산의 먹을 수 있는 나무의 열매와 먹지 말아야 할 나무의 열매는 곧 해야 할 일과 하지 말아야 할 일을 경계하는 토라의 율법이라고 말합니다. 유대인들은 만 13세가 되면 성인식을 하는데, '바르 미츠바'(Bar Mitzvah)라고 합니다. 율법의 아들, 율법의 딸이 된다는 뜻입니다. 의식의 절정에서 율법을 읽고 성인됨을 선포하면 참여한 축하객들이 축의금을 전달합니다. 이 적지 않은 돈(3-5만 달러)을 율법의 정신을 따라 저축하고 관리하며 이제 돈 관리를 통해 인생 관리를 배우게 되는 것입니다. 이후 30세가 되면 그들은 그 돈으로 본격적인 인생 도전을 시작합니다. 오늘날 유대인들의 영향력이 우연이 아닌 이유를 알 수 있는 대목입니다.

유대인들처럼 그대로 할 필요는 없지만, 오늘 우리도 이렇게 하나님의 법도를 따라 자녀를 키운다면 놀라운 도전이 되지 않을까 생각합니다. 지금은 그 어느 때보다 우리 자녀들을 말씀의 법도를 따라 키우겠다는 부모들의 결단이 필요한 시기입니다.

하나님의 아들, 그리스도의 영이 우리 마음에 오심으로
하나님과 상관없이 살던 우리가
하나님을 아버지로 부르는 그분의 자녀,
곧 양자가 되었습니다.

"예수께서 성령의 충만함을 입어 요단 강에서 돌아오사 광야에서 사십 일 동안 성령에게 이끌리시며 마귀에게 시험을 받으시더라 이 모든 날에 아무것도 잡수시지 아니하시니 날수가 다하매 주리신지라 마귀가 이르되 네가 만일 하나님의 아들이어든 이 돌들에게 명하여 떡이 되게 하라 예수께서 대답하시되 기록된바 사람이 떡으로만 살 것이 아니라 하였느니라 마귀가 또 예수를 이끌고 올라가서 순식간에 천하만국을 보이며 이르되 이 모든 권위와 그 영광을 내가 네게 주리라 이것은 내게 넘겨준 것이므로 내가 원하는 자에게 주노라 그러므로 네가 만일 내게 절하면 다 네 것이 되리라 예수께서 대답하여 이르시되 기록된바 주 너의 하나님께 경배하고 다만 그를 섬기라 하였느니라 또 이끌고 예루살렘으로 가서 성전 꼭대기에 세우고 이르되 네가 만일 하나님의 아들이어든 여기서 뛰어내리라 기록되었으되 하나님이 너를 위하여 그 사자들을 명하사 너를 지키게 하시리라 하였고 또한 그들이 손으로 너를 받들어 네 발이 돌에 부딪치지 않게 하시리라 하였느니라 예수께서 대답하여 이르시되 주 너의 하나님을 시험하지 말라 하였느니라 마귀가 모든 시험을 다 한 후에 얼마 동안 떠나니라"(눅 4:1-13).

10. 예수의 시험, 우리의 시험

예수님의 승리는 그분이 성령의 충만함으로
시험 중에도 성령에 이끌리고 계셨다는 것입니다.
하나님의 말씀으로 무장되어 있으셨다는 것입니다.

인생을 살아가는 사람이라면 누구나 시험(test)을 치르게 됩니다. 학생 시절에도 그렇고, 사회인이 되어 직장생활을 하면서도 시험을 치르게 됩니다. 이런 시험을 좋아하고 즐기는 사람은 거의 없을 것입니다. 그렇다고 이런 시험이 인생살이에 전혀 불필요한 것이라고 확신하는 사람 또한 별로 없을 것입니다. 왜 그렇습니까? 시험을 치르고 나면 대부분은 자신이 어떤 부분에 취약한지를 발견하게 되는데, 그 부분을 집중적으로 보완하도록 노력하고 나면 인생의 성적표가 업그레이드되기 때문입니다. 그러므로 대부분의 학교생활이나 직장 생활에서의 시험은 그 의도가 교육적이고 긍정적입니다. 하나님이 당신의 자녀들의 삶의 여정에 시험을 허용하시는 이유도 동일하게 교육적입니다.

그러나 성경을 보면 하나님의 백성의 삶의 여정에 종종 교육이 아닌 파괴적 의도로 사탄, 마귀가 간섭하는 경우들을 보게 됩니다. 그 대표적인 예로 구약의 욥의 경우를 성찰해 봅시다. 어느 날 사탄이 하나님께 나아와 욥을 참소하는 것으로 욥기 1장이 열리게 됩니다. "하나님, 저 욥이 하나님을 경외하는 이유는 하나님이 복(소유물)을 넘치도록 주신 까닭입니다. 저 욥도 복이 달아나면 다른 이들처럼 하나님을 욕하는 자가 될 것입니다." 그때 하나님이 말씀하십니다. "그럼 그의 몸에는 손을 대지 말고 네 뜻대로 해 보거라." 그래서 시험이 시작됩니다. 하나님이 욥의 인생에 사탄을 통한 시험을 허용하신 이유가 무엇입니까? 궁극적으로는 이 시험을 통해 욥을 더 순결하고 강한 신앙인으로 만들어 하나님께 영광을 돌리게 하기 위해서가 아닙니까?

사도 요한은 요한일서 2장 16절에서 우리가 세상에서 경험하는 모든 시험을 세 가지 유형으로 나누어 말합니다.

"이는 세상에 있는 모든 것이 육신의 정욕과 안목의 정욕과 이생의 자랑이니 다 아버지께로부터 온 것이 아니요 세상으로부터 온 것이라."

곧 육신의 정욕, 안목의 정욕, 이생의 자랑입니다. 처음 사람 아담과 하와도 이 세 가지 시험에 직면하지 않았습니까? 성경은 이들이 선악을 알게 하는 나무를 보았을 때 "먹음직도 하고 보암직도 하고 지혜롭게 할 만큼 탐스럽기도"(창 3:6) 했다고 기록합니다. 육신의 정욕(먹음직)과 안목의 정욕(보암직) 그리고 이생의 자랑(지혜롭게 할 만큼 탐스러움)의 시험이었습니다. 그런데 흥미롭게도 둘째 아담 혹은 마지막 아담으로 이 땅에 오신 구주 예수님도 이 세 가지 시험을 치르는 것으로 공생애를 시작하십니다. 그분의 시험은 우리를 대신한 시험이기도 했습니다. 그러므로 우리는 예수의 시험에서 우리 인생의 시험을 어떻게 직면할 것인가를 그분에게 배워야 합니다. 그렇다면 예수님이 받으시고 우리도 겪을 대표적인 세 가지 시험은 무엇입니까?

먹는 것의 시험 – 육신의 정욕에 대한 시험

"예수께서 성령의 충만함을 입어 요단 강에서 돌아오사 광야에서 사십 일 동안 성령에게 이끌리시며 마귀에게 시험을 받으시더라 이 모든 날에 아무것도 잡수시지 아니하시니 날수가 다하매 주리신지라"(눅 4:1-2).

예수님이 광야에서 40일간 먹을 것으로 말미암은 굶주림의 시험을 겪으신 것은 일찍이 하나님이 이스라엘 백성에게 광야에서 40년간의 시험을 겪게 하신 것을 연상시킵니다.

"네 하나님 여호와께서 이 사십 년 동안에 네게 광야 길을 걷게 하신 것을 기억하라 이는 너를 낮추시며 너를 시험하사 네 마음이 어떠한지 그 명령을 지키는지 지키지 않는지 알려 하심이라"(신 8:2).

예수님에게는 40년을 40일로 줄여서 겪게 하신 시험이었습니다. 계속해서 본문 3-4절을 보십시오.

> "마귀가 이르되 네가 만일 하나님의 아들이어든 이 돌들에게 명하여 떡이 되게 하라 예수께서 대답하시되 기록된바 사람이 떡으로만 살 것이 아니라 하였느니라."

사실 신성을 가진 예수님은 돌을 명해서 떡이 되게 할 능력을 가지고 계셨습니다. 그러나 40일의 금식 기간을 온전히 거치지 않고 하나님이 주신 능력을 남용해서 서둘러 기적을 행하시는 것은 오히려 하나님이 기뻐하지 않으실 일임을 주님은 아셨습니다. 먹는 것의 문제를 해결하고자 하나님이 기뻐하지 않으시는 방법을 사용하는 것은 이미 그분이 하나님의 뜻을 벗어나 있음을 보여 주시는 것입니다. 마태복음 4장 4절에는 예수님이 이렇게 대답하신 것으로 되어 있습니다.

> "사람이 떡으로만 살 것이 아니요 하나님의 입으로부터 나오는 모든 말씀으로 살 것이라 하였느니라."

물질적 욕구의 해결보다 더 중요한 것은 하나님의 말씀에 대한 순종이라는 것입니다. 사실 이스라엘이 광야를 행진하는 동안 그들은 끊임없이 이 물질적 욕구인 양식의 필요에 직면해야 했습니다. 그런데 그들이 하나님의 말씀에 순종하는 동안 어떤 일이 일어났습니까? 하늘에서 만나가 내리지 않았습니까? 그렇다고 그들에게 1년의 양식, 혹은 10년의 양식이 주어졌습니까? 아닙니다. 그날그날의 양식을 거두게 하셨습니다. 만일 그들에게 1년의 양식을 주셨다면 다시 그들은 10년의 양식을 구했을 것이고, 10년의 양식이 주어졌다면 그들은 다시 100년의 양식을 구했을 것입니다. 이것이 바로 타락한 인생의 육신의 정욕이요, 물질의 탐욕입니다.

그래서 예수님은 우리에게 "무엇을 먹을까 무엇을 마실까 무엇을 입을까 하지 말라"(마 6:31)고 하십니다. 그러면서 우리에게 "먼저 그의 나라와 그의 의를 구하라"(마 6:33)고 하십니다. 말씀이 가르치는 하나님 나라의 가치에 우선순위를 두는 것을 배우라고 하십니다. 그리고 그날의 필요를 위해 "날마다 일용할 양식을 주시옵고"(눅 11:3)라고 기도하라고 가르치십니다. 바울 사도처럼 물질적 자족을 배우지 못한다면, 우리는 평생 물질의 시험에서 자유하지 못할 것입니다.

> "어떠한 형편에든지 나는 자족하기를 배웠노니 … 배부름과 배고픔과 풍부와 궁핍에도 처할 줄 아는 일체의 비결을 배웠노라"(빌 4:11-12).

이 승리를 배우도록 기도합시다!

보는 것의 시험 – 안목의 정욕에 대한 시험
||||||||||||||||||||||||||||||||||||||||||||||||||||||||||||||||

예수님이 겪으신 세 가지 시험은 각각 다른 장소에서 행해진 것으로 보입니다. 첫 번째 시험은 황량한 유대 광야에서 그리고 두 번째 시험은 소위 시험 산(The Mt. of Temptation) 높은 곳에서 있었던 것으로 보입니다. 이 시험 산은 현재의 여리고 도심지에서 볼 수 있게 높이 솟아 있는데, 아랍어로는 'Jebel Quarantel'(카렌탈 산), 라틴어로는 'Mons Quarantana'(사십 일 산)로 불립니다. 이 산은 요단 평원에서 해발 약 300미터 높이로 솟아 있는데, 나무가 전혀 없는 석회암 산입니다. 산 중턱에는 그리스정교회에서 B.C. 5세기경에 세운 수도원이 자리하고 있는데, 전승에 의하면 이곳이 예수님이 둘째 시험을 받으신 곳입니다. 그 자리에 서면 여리고 도성이 한눈에 들어오는데, 사탄, 마귀는 예수님에게 당시 중동에서 가장 오래된 이 야자수의 도성 여리고의 화려한 성읍을, 혹은 천하만국이라 했으니 신통력으로 당시 세계의 수도인 로마의 환상을 보여 드렸을지 모릅니다.

> "마귀가 또 예수를 이끌고 올라가서 순식간에 천하만국을 보이며 이르되 이 모든 권위와 그 영광을 내가 네게 주리라 이것은 내게 넘겨준 것이므로 내가 원하는 자에게 주노라"(눅 4:5-6).

이 두 번째 시험이 바로 안목의 정욕에 의한 시험이라고 할 수 있습니다. 《천로역정》을 따라가 보면 크리스천이 순례의 여정에서 '허영의 도시'에 들어서서 이 시험에 직면합니다. 이 허영의 거리는 우리의 시각을 유혹하는 온갖 허영의 상품들을 진열하고 순례자들을 유혹합니다. 성(性)의 유혹도 그중의 하나입니다. 남자들은 시각의 유혹에 약점을 지니고 있습니다. 이 보암직한 시험으로 얼마나 많은 아담의 후예들이 넘어져 왔는지요. 성은 하나님의 아름다운 선물로, 가정을 이룬 부부가 하나님을 섬기도록 주어진 축복입니다. 그러나 곡해된 성의 남용은 가정과 사회 질서를 파괴하기도 하고, 소돔과 고모라 또는 로마 폼페이의 최후처럼 한 문명을 무너뜨리기도 합니다.

사탄은 "네가 만일 내게 절하면 다 네 것이 되리라"(눅 4:7) 하며 이 쾌락과 감각이 우리의 즐거움이 되리라고 속삭입니다. 이때 우리가 할 말은 무엇입니까? "사탄아 물러가라"(마 4:10)고 외쳐야 합니다. 그러면서 "주 너의 하나님께 경배하고 다만 그를 섬기라"(눅 4:8)고 외쳐야 합니다. 하나님보다 더 생각하고 집착하는 것이 우상입니다. 우리는 포스트모던의 우상인 해방된 성의 탐닉을 경계하고 극복해야 합니다.

어떻게 극복이 가능합니까? 하나님께 올인(all in)하면 됩니다. 존 파이퍼(John Piper) 목사는 하나님을 최고의 가치로 삼으라고, 하나님을 즐거워하는 최고의 쾌락에 빠지라고 말합니다. 하나님이 최고로 사랑할 만한 대상이 되면 됩니다. 그리고 그 하나님 안에서 선물로 주어진 배우자를 즐거워하면 됩니다. 잠언 5장 18-19절 말씀을 기억합시다.

"네 샘으로 복되게 하라 네가 젊어서 취한 아내를 즐거워하라 … 그의 품을 항상 족하게 여기며 그의 사랑을 항상 연모하라."

안목의 정욕의 시험에 승리하는 그리스도인이 되십시오.

높아짐의 시험 – 이생의 자랑에 대한 시험
||||||||||||||||||||||||||||||||||||||||||||||||||||||||||||||||||

세 번째 시험은 예루살렘 성전의 남동쪽에 위치한 모서리, 곧 기드론 계곡이 가장 깊게 내려다보이는(약 137미터) 로열 전망대(Royal Porch)에서 이루어진 사건으로 보입니다.

"또 이끌고 예루살렘으로 가서 성전 꼭대기에 세우고 이르되 네가 만일 하나님의 아들이어든 여기서 뛰어내리라"(눅 4:9).

마귀가 한 일입니다. 그리고 그는 성경을 인용해서 이렇게 말합니다.

"하나님이 너를 위하여 그 사자들을 명하사 너를 지키게 하시리라 … 그들이 손으로 너를 받들어 네 발이 돌에 부딪치지 않게 하시리라"(눅 4:10-11).

얼마나 스펙터클한 모험입니까? 번지 점프처럼 성전 꼭대기에서 뛰어내릴 때 땅에 그 발이 닿기 전 천사들이 예수님의 발을 살짝 들어 올리는 연출이 일어난다면, 예수님은 메시아로 곧장 추앙받게 되실 것입니다. 이는 예수님의 영웅심, 명예욕을 자극하고 높아짐의 충동을 조장하는 시험이었습니다. 이것이 바로 사도 요한이 경계한 이생의 자랑의 시험이 아니겠습니까?

여기 이생의 자랑(요일 2:16)을 대부분의 영어 번역은 'the pride of life'라고 옮기고 있습니다. 그런데 한 번역(Moffatt)은 'the proud display of life'(인생에 대한 교만한 자기 과시)라고 옮겼습니다. 이 말에는 권력의 높아짐, 명예의 높아짐, 인기의 높아짐 등이 다 포함될 것입니다. 이처럼 스스로 자신을 높이라고 충동하는 것이 우리 시대의 한 경향이 되고 있습니다.

현대 심리학자들은 이런 자기주장의 행위를 '필요한 자기주장의 덕'(self assertive behaviour)이라고 가르칩니다. 그러나 성경은 이렇게 불필요하게 자기를 높이는 행위는 오히려 자기 인생의 시험거리가 된다고 가르칩니다. 존 파이퍼는 그의 책《돈, 섹스 그리고 권력》(생명의말씀사 역간)에서 이런 무모한 권력의 추구를 자기 파괴적 힘의 함정이라고 말합니다. 존 파이퍼의 말을 들어 보십시오. 그는 "모든 인간은 영광을 동경하며 권력이 영광의 일부가 될 수 있기 때문에 이런 권력을 얻음으로 이런 존경을 받으려는 유혹을 받는다. 우리는 존경을 받고 칭송을 받고 싶어 하기에 박수를 받게 해주는 권력에 굴복하게 된다 … 따라서 많은 사람에게 주목과 존경을 받고 싶어 하는 열망은 때로 돈이나 성을 갈망하는 열망보다 더 간절할 수 있다"고 경고합니다. 이에 대한 예수님의 해결책이 무엇이었습니까? "주 너의 하나님을 시험하지 말라"(눅 4:12)였습니다.

결국 예수님의 승리는 그분이 성령의 충만함으로 시험 중에도 성령에 이끌리고 계셨다는 것(눅 4:1)입니다. 그리고 무엇보다 하나님의 말씀으로 무장되어 있으셨다는 것입니다(항상 마귀에게 말씀으로 응답). 그런데 주의할 것은, 우리가 하나님의 음성을 듣고자 할 때 사탄의 음성도 함께 들려온다는 것입니다(눅 4:10-11, 천사들을 통해 지키신다는 약속은 사실이지만 뛰어내리는 무모한 모험을 하라고 말씀하지는 않으심). 사탄도 성경을 인용할 줄 압니다. 그래서 분별이 필요합니다. 성경을 통전적으로 이해하고 일상에서 늘 말씀을 붙들고 사는 것이 중요합니다. 그러면 예수님이 마귀를 물리치신 것처럼 우리도 승리할 것입니다.

우리는 예수의 시험에서
우리 인생의 시험을 어떻게 직면할 것인가를
그분에게 배워야 합니다.

"예수께서 그 자라나신 곳 나사렛에 이르사 안식일에 늘 하시던 대로 회당에 들어가사 성경을 읽으려고 서시매 선지자 이사야의 글을 드리거늘 책을 펴서 이렇게 기록된 데를 찾으시니 곧 주의 성령이 내게 임하셨으니 이는 가난한 자에게 복음을 전하게 하시려고 내게 기름을 부으시고 나를 보내사 포로 된 자에게 자유를, 눈먼 자에게 다시 보게 함을 전파하며 눌린 자를 자유롭게 하고 주의 은혜의 해를 전파하게 하려 하심이라 하였더라 책을 덮어 그 맡은 자에게 주시고 앉으시니 회당에 있는 자들이 다 주목하여 보더라 이에 예수께서 그들에게 말씀하시되 이 글이 오늘 너희 귀에 응하였느니라 하시니"(눅 4:16-21).

11. 예수의 사명, 우리의 사명

복음은 우리의 눈을 열어 주님과 주님이 준비하신
새 세상을 보게 합니다.

오늘날 소위 경영 이론가들로 회자되는 매우 익숙한 이름들이 있습
니다. 로버트 그린리프(Robert Greenleaf), 스티븐 코비(Stephen Covey),
피터 드러커(Peter Drucker), 존 맥스웰(John Maxwell), 켄 블랜차드(Ken
Blanchard) 등입니다. 이들은 동기부여 작가요, 연사로서 우리 시대의
많은 사람이 건강한 리더십을 창출하는 일에 적지 않은 기여를 했습
니다.

이들이 지닌 또 하나의 공통점은, 대부분 성경의 영향을 받은 기독
교적 세계관을 갖고 그리스도인으로 혹은 친 기독교적 마인드를 갖고
글을 쓰고 강연을 해 왔다는 것입니다. 이들을 통해 지난 20-30여 년
간 전 세계 모든 기업, 학교, 관공서 등에서 소위 '사명 선언문'(mission
statement) 작성 운동이 있어 왔습니다. 이들은 모두 성경, 특히 성경의
주인이신 예수 그리스도의 영향을 받은 것이라고 할 수 있습니다. 심

지어 로리 베스 존스(Laurie Beth Jones)의 《최고경영자 예수》(한언 역간)라는 책도 출간되었습니다. 예수님에게 이런 칭호를 붙이는 것이 신학적으로는 적절해 보이지 않지만, 이는 예수님의 삶이 인간 경영에도 그만큼 지대한 영향을 끼친 것을 반증합니다.

본문은 예수님이 요단 강에서 세례(침례)를 받고 광야에서 시험을 받으신 후 주님의 고향과도 같았던 나사렛에 돌아와 회당 예배에 참여하시면서 일어난 사건을 보여 줍니다. 지금도 성지 나사렛에서 수태고지 교회를 향해 언덕을 오르다 보면 작은 골목에 전승에 따라 예수님이 참여해서 회당 설교를 하신 그 작고 아담한 '나사렛 회당'이 보존되어 있습니다. 바로 이곳이 예수님이 공생애 첫 설교를 하면서 당신의 사명 선언문을 공적으로 발표하신 곳입니다.

본문이 시작되는 16절을 보십시오.

"예수께서 그 자라나신 곳 나사렛에 이르사 안식일에 늘 하시던 대로 회당에 들어가사 성경을 읽으려고 서시매."

본문 17절에 보면 주님이 찾으신 성경은 이사야의 말씀이었습니다.

"주의 성령이 내게 임하셨으니 이는 가난한 자에게 복음을 전하게 하시려고 내게 기름을 부으시고 나를 보내사 포로 된 자에게 자유를, 눈먼 자에게 다시 보게 함을 전파하며 눌린 자를 자유롭게 하고 주의 은혜의 해를 전파하게 하려 하심이라 하였더라"(눅 4:18-19).

이것이 바로 예수님의 사명 선언인 동시에 예수님을 따라 사는 제자들의 사명 선언입니다. 구체적으로는 네 가지로 선언됩니다.

가난한 자에게 복음을 전하는 일
||||||||||||||||||||||||||||||||||||||||||||||||||

여기 '가난한 자'란 일차적으로는 문자 그대로 물질적으로 가난하고 배고픈 사람들을 의미한다고 보아야 합니다. 우리가 잘 아는 오병이어의 기적은 배고픈 사람들에게 물질적 필요를 공급하는 기적이었습니다. 예수님은 이 기적을 통해 그들의 필요를 공급하신 후에 하나님 나라의 복음을 증거하셨습니다. 한국 교회 선교 초기의 모습도 이와 다르지 않습니다. 선교사들은 굶주린 민중들에게 쌀을 공급하며 복음을 전했습니다. 그래서 소위 'rice christian'(쌀을 얻기 위해 믿음을 갖는 교인)이라는 단어도 생겨났습니다. 하지만 생존은 일차적으로 인간의 권리이고, 이 필요를 공급하는 것은 하나님 마음에 합한 일입니다.

그러나 여기서 '가난한 자'의 의미를 물질적 가난으로만 보는 것은 좁은 의미의 성경 해석입니다. 소위 해방신학자들은 문자적으로 물질적 필요에만 해석을 국한시키고 있지만, 본문의 근원인 이사야 선지자의 의도도 물질적 가난을 넘어서고 있는 것으로 보입니다. 이사야 61장 1절을 보면, "가난한 자에게 아름다운 소식을 전하게 하려 하심이라"에 이어 곧바로 "나를 보내사 마음이 상한 자를 고치며"라고 언급됩니다. 그렇다면 선지자는 메시아의 사명의 대상을 그냥 물질적인 가난뿐이 아닌 영적인 가난, 마음의 가난을 포함한 것으로 보았다는 것입니다.

실제로 예수님도 산상 수훈에서 팔복의 교훈을 가르치며 가장 먼저 "심령이 가난한 자는 복이 있나니"(마 5:3)라고 말씀하셨습니다. 그런데 마태복음이나 누가복음에 기록된 가난한 자를 뜻하는 원어 '프토코이'(ptochoi, 프토코스[ptochos]의 복수형)는 누군가를 의존하지 않고는 생존이 불가능한 절대 가난을 뜻하는 말로, 정신적 가난이나 영적 가난을 뜻할 때 더 많이 사용되는 단어입니다. 복음은 자신의 영적 파탄 상태를 인정하고 하나님의 도움 없이는 생존이 불가능함을 고백하는 이들에게 비로소 기쁜 소식이 될 수 있습니다. 죄인의 실존은 '나는 나 자신을 구원할 수 없음을 인정해, 내가 아닌 메시아 예수를 믿고 영접할 때'만 구원을 얻는다는 것, 이것이 기독교 신앙이 존재하는 일차적 필요가 아닙니까? 복음은 마음이 가난한 자들을 위한 기쁜 소식입니다. 메시아 예수는 가난한 자들에게 복음을 전하러 오셨고, 그것은 우리, 곧 주의 구원을 체험한 그리스도인들이 아직도 살아 존재하는 이유이기도 합니다.

포로 된 자를 자유하게 하는 일
||||||||||||||||||||||||||||||||||||||||||||||||

본문에 언급된 인간 실존의 양상들은 모두 죄의 결과라고 할 수 있습니다. 왜 우리의 마음이 상하고 병들었을까요? 한 걸음 더 나아가, 우리가 참된 존재의 자유를 상실하고 죄에 포로 된 이유가 무엇 때문일까요? 여기서 포로 됨은 문자 그대로 전쟁 포로가 된 사람들, 감옥에 갇힌 사람들을 뜻할 수도 있지만, 성경은 포로 됨의 의미를 훨씬 더 영적이고 실존적인 의미로 사용하고 있습니다. 바울 사도의 실존적 고백을 성찰해 보십시오.

> "내가 원하는바 선은 행하지 아니하고 도리어 원하지 아니하는바 악을 행하는도다"(롬 7:19).

이렇게 죄에 포박된 실존은 오늘날 종종 '중독'(addiction)이라는 말로 표현되곤 합니다. 해야 할 것은 하지 못하고 하지 말아야 할 것에 끌려 다니는 무기력한 실존, 이것을 우리는 중독이라고 말합니다.

우리는 문자 그대로 모든 것에 중독될 수 있습니다. 때로 그 중독은 아름답고 매력적인 것으로 포장되어 우리를 사로잡습니다. 패션 중독, 가구 중독, 음식 중독, 알코올 중독, 쇼핑 중독, 드라마 중독, 트로트 중독, 일중독, 커피 중독, 뉴스 중독, 인터넷 중독…. 그런가 하면 보기만 해도 혐오적인 중독들이 있습니다. 거짓말 중독, 화내기 중독, 욕 중독,

때리기 중독, 도박 중독, 마약 중독, 질투 중독, 자살 환상 중독, 가십 중독…. 이것을 그만두면 죽을 것 같은 답답함(금단 현상)이 생깁니다. 그러나 이런 사람들이 참으로 자유를 얻도록 메시아 예수님이 오셨다는 것입니다.

> "그러므로 아들이 너희를 자유롭게 하면 너희가 참으로 자유로우리라"(요 8:36).

눈먼 자를 보게 하는 일
||||||||||||||||||||||||||||||||||||||

죄는 우리의 자유를 빼앗아 갈 뿐 아니라 우리의 눈을 멀게 합니다. 그러면 우리는 방향 감각을 상실하고 방황하게 됩니다. 그런데 메시아 되신 예수님이 눈먼 자들에게 다시 보게 함을 언약하십니다. 예수님은 실제로 이 땅에 계실 때 문자 그대로 눈먼 자들을 안수해 보게 하는 기적을 베풀기도 하셨습니다. 복음을 받은 사람들 중에 많은 의사가 일어나 실제로 시각장애인들에게 시력을 찾아 주는 섬김을 베풀어 왔습니다. 그러나 복음서를 읽어 보면, 예수님은 육신적 어둠을 치유하면서도 인간의 영적 어둠에 더 큰 관심을 가지셨습니다. 요한복음 9장에서 날 때부터 맹인 된 자를 치유하실 때, 이 장의 마지막이 어떤 말씀으로 끝나고 있는지를 주목해 보십시오.

"바리새인 중에 예수와 함께 있던 자들이 이 말씀을 듣고 이르되 우리도 맹인인가 예수께서 이르시되 너희가 맹인이 되었더라면 죄가 없으려니와 본다고 하니 너희 죄가 그대로 있느니라"(요 9:40-41).

예수님을 믿지 못하고, 예수님을 통해 죄 사함을 받지 못하고 사는 자들이 진짜 맹인이라는 말씀입니다. 삼중고의 인생을 산 헬렌 켈러(Helen Keller)는 말합니다.

맹인으로 태어나는 것보다 더 비참한 것은 무엇인가? 그것은 눈을 가지고 있으되 미래를 보지 못하는 것이다.

오래전, 한국 코미디계의 원로 고(故) 구봉서 장로님과 미국 전도 여행을 같이 간 적이 있습니다. 제가 기내에서 자꾸 졸고 있자 그분이 저를 깨우며 이렇게 말했습니다.

"목사님, 제가 성경 퀴즈 하나 내겠습니다."

"예, 뭡니까?"

"부활하신 예수님이 부활하자마자 하신 말씀이 뭐였겠습니까?"

"'평강이 있을지어다' 하지 않으셨습니까?"

"목사님, 저를 잘 보세요. 틀림없이 이렇게 말씀하셨을 거예요."

"뭐라고요?"

"너, 나 보이니?"

우리는 한참을 웃었지만 그 말이 잊히지 않습니다. 인생의 미래도 목적도, 삶의 주인 되신 하나님도 보지 못하고 사는 영적 맹인들이 얼마나 많습니까? 그런데 메시아이신 주님이 우리의 '영적 개안'(spiritual eye opening)을 위해 오셨다는 것입니다. 복음은 우리의 눈을 열어 주님과 주님이 준비하신 새 세상을 보게 합니다.

눌린 자를 자유롭게 하는 일

|||||||||||||||||||||||||||||||||||||||||

우리네 인생 마당에는 온갖 눌린 인생을 사는 이웃들이 있습니다. 포로 된 자들이 우리 시대의 언어로 중독 인생이라면, 눌린 자들은 학대 인생이라고 할 수 있습니다. 학대(abuse)란 자신의 의지와 상관없이 어릴 적부터 타인에 의해 정신적, 신체적으로 괴롭힘을 당한 사람들, 혹은 심리적, 물리적 힘의 강박 혹은 폭력적 억압에 의해 상처받은 사람들을 의미합니다. 몇 해 전 우리 사회의 큰 화두가 되었던 정인이 사건도 바로 그런 사례라고 할 수 있습니다. 우리는 이런 학대가 기독교적 배경을 가진 가정에서 일어난 상황에 대해 할 말을 잃어버리고 말았습니다. 이것은 교회에 출석하거나 교회적 배경을 갖는다고 해서 그것이 진정한 믿음의 삶을 보장하지는 못한다는 경고를 우리 모두에게 던지고 있습니다. 우리 사회, 우리 교회가 이웃에게 쉽게 폭력을 행사하는 어둠의 문화를 만들고 있었다는 것을 우리는 뼈저리게 반성하고 회개

해야 할 것입니다.

예수님은 당신의 사명 선언을 통해 우리가 할 일이 이런 눌린 자들을 자유롭게 하는 일이라고 말씀하십니다. 달리 말하면, 이것은 이런 눌린 자들의 배후에 어둠의 권세, 어둠의 제도, 어둠의 임금이 있다는 것을 전제하는 말씀입니다. 메시아 되신 예수님은 이런 어둠의 권세와 맞서서 "사탄아 물러가라"(마 4:10)고 꾸짖고 선포하십니다. 이제 우리는 예수님의 생애를 통해 그분이 어떻게 이런 어둠의 권세들을 박멸하고 사람들을 자유하게 하시는지 보게 될 것입니다. 그러나 이 일은 예수님만 하실 일이 아니라, 그분의 제자 된 우리 모두가 할 일이라는 것입니다. 그래서 주님은 잠시 후 당신이 불러 훈련한 제자들을 다시 세상으로 보내며 이렇게 말씀하십니다.

"예수께서 열두 제자를 불러 모으사 모든 귀신을 제어하며 병을 고치는 능력과 권위를 주시고 하나님의 나라를 전파하며"(눅 9:1-2).

하나님 나라의 사역은 이렇게 포로 된 자, 눌린 자들을 복음을 통해 치유하는 사역이어야 한다는 것입니다. 그렇게 하시는 이유가 무엇입니까?

"주의 은혜의 해를 전파하게 하려 하심이라"(눅 4:19).

여기서 '은혜의 해'라는 말은 구약 시대에 안식년을 일곱 번 보내고 그 다음 해인 50년째를 희년(the year of Jubilee)이라고 부른 데서 유래한 말입니다. 희년이 되면 주인은 종들을 조건 없이 놓아 주고, 땅도 돌려줍니다. 이는 곧 노예가 자유를 얻고, 빚을 탕감 받고, 땅이 안식하는 해를 의미했습니다. 메시아 되신 예수님이 오심으로 이런 치유와 자유를 선포하는 새로운 시대가 시작되었다는 것입니다. 본문 21절을 보십시오.

"이에 예수께서 그들에게 말씀하시되 이 글이 오늘 너희 귀에 응하였느니라."

즉, 예수님은 이사야 선지자가 예언한 은혜의 때가 메시아 되신 당신의 오심으로 시작된 것을 선포하신 것입니다. 바울은 고린도후서 6장 2절에서 "보라 지금은 은혜 받을 만한 때요 보라 지금은 구원의 날이로다"라고 선언합니다. 그렇다면 우리 예수의 제자들이 감당해야 할 사명이란 명확하지 않습니까? 가난한 이웃들에게 복음을 전하고, 그들의 상처를 치유하고, 그들이 중독과 학대에서 자유로워지도록 섬기는 것, 이것이 넓은 의미의 복음 사역에 다 포함된다는 의미가 아닙니까? 문제는 이 사명, 이 사역에 우리 자신을 드릴 준비가 얼마나 되어 있느냐일 것입니다.

메시아 예수는 가난한 자들에게 복음을 전하러 오셨고,
그것은 우리, 곧 주의 구원을 체험한 그리스도인들이
아직도 살아 존재하는 이유이기도 합니다.

"갈릴리의 가버나움 동네에 내려오사 안식일에 가르치시매 그들이 그 가르치심에 놀라니 이는 그 말씀이 권위가 있음이러라 회당에 더러운 귀신 들린 사람이 있어 크게 소리 질러 이르되 아 나사렛 예수여 우리가 당신과 무슨 상관이 있나이까 우리를 멸하러 왔나이까 나는 당신이 누구인 줄 아노니 하나님의 거룩한 자니이다 예수께서 꾸짖어 이르시되 잠잠하고 그 사람에게서 나오라 하시니 귀신이 그 사람을 무리 중에 넘어뜨리고 나오되 그 사람은 상하지 아니한지라 다 놀라 서로 말하여 이르되 이 어떠한 말씀인고 권위와 능력으로 더러운 귀신을 명하매 나가는도다 하더라 이에 예수의 소문이 그 근처 사방에 퍼지니라 예수께서 일어나 회당에서 나가사 시몬의 집에 들어가시니 시몬의 장모가 중한 열병을 앓고 있는지라 사람들이 그를 위하여 예수께 구하니 예수께서 가까이 서서 열병을 꾸짖으신대 병이 떠나고 여자가 곧 일어나 그들에게 수종드니라 해 질 무렵에 사람들이 온갖 병자들을 데리고 나아오매 예수께서 일일이 그 위에 손을 얹으사 고치시니 여러 사람에게서 귀신들이 나가며 소리 질러 이르되 당신은 하나님의 아들이니이다 예수께서 꾸짖으사 그들이 말함을 허락하지 아니하시니 이는 자기를 그리스도인 줄 앎이러라"(눅 4:31-41).

12. 예수의 권위, 우리의 권위

예수님의 권위는 말씀의 권위요, 사역의 권위였습니다.
그러나 한 걸음 더 나아가,
그분의 권위는 사랑의 권위였습니다.

오늘날 우리가 사는 시대를 포스트모던 시대라고 합니다. 이 시대의
현저한 특성을 하나 꼽는다면 권위주의(authoritarianism)를 청산해 가고
있다는 것입니다. 우리는 더 이상 권위주의의 지배를 받는 국가나 사
회, 공동체를 원하지 않습니다. 과거 봉건 사회나 전제 사회에서 우리
는 권위 혹은 '권세의 남용과 횡포'(권세 부리기, 갑질)를 경험해 왔기 때
문입니다. 하지만 이 시대를 살아가는 우리가 오해하지 말아야 할 중
요한 사실이 있습니다. 그것은, 권위주의 사회는 바람직하지 않지만,
그것이 권위(authority)가 필요하지 않게 된 것을 의미하지는 않는다는
것입니다.

　로마서 13장 1절은 시대와 함께 폐기될 수 없는 하나님의 말씀입
니다. "각 사람은 위에 있는 권세들에게 복종하라 권세는 하나님으로
부터 나지 않음이 없나니 모든 권세는 다 하나님께서 정하신 바라"라

고 하지 않았습니까? 한 국가, 한 사회, 한 공동체를 지탱하기 위해서는 여전히 권위가 필요하다는 것입니다. 그리고 그런 권위의 원천은 하나님이라는 것입니다. 우리 사회의 기본을 형성하는 가정이 흔들리는 중요한 요인은, 오늘날 가정에 부모의 권위가 부재하기 때문입니다. 사실상 오늘 우리 시대의 모든 혼란은 하나님이 세우신 권위들을 부정하고 저항하는 데서 비롯된다고 할 수 있습니다.

본문을 보면, 예수님의 공적 생애가 펼쳐지면서 예수님을 접촉한 사람들은 공통적으로 그분에게서 권위를 느끼게 되었습니다. 그러면서 피할 수 없는 영향을 받게 되었습니다. 사실상 예수님의 권위는 바로 영향력이었습니다. 그래서 존 맥스웰 같은 리더십 권위자도 리더십의 핵심을 '영향력'(influence)이라고 정의했습니다. 지난 2천 년 이상 인류의 역사 안에서 수많은 지도자들에게 지속되어 온 예수님의 영향력의 비밀은 무엇일까요? 그 영향력은 예수님의 권위와 무관하지 않을 것입니다. 그렇다면 중요한 질문이 있습니다. 예수님의 권위는 도대체 어디에서 비롯된 것일까요?

지금도 성지 순례로 가버나움에 가 보면 그 입구에 'The Town of Jesus'(예수님 타운)라는 간판이 붙어 있습니다. 이 동네 한복판에는 가버나움 회당의 흔적이 고스란히 남아 있으며, 그 옆으로는 베드로의 집터가 고고학적 발굴로 보존되어 있습니다. 이 가버나움 회당을 중심으로 예수님의 가버나움 사역에 드러나 있는 그분의 권위의 비밀을 찾아보겠습니다. 예수님의 권위, 우리도 사모해야 할 그 리더십의 비밀은 무엇일까요?

말씀의 권위
||||||||||||||||||

"갈릴리의 가버나움 동네에 내려오사 안식일에 가르치시매 그들이 그
가르치심에 놀라니 이는 그 말씀이 권위가 있음이러라"(눅 4:31-32).

이것은 아마 가버나움 회당에서의 예수님의 설교를 들은 사람들이
느낀 말씀의 권위였을 것입니다. 그분은 하나님의 아들이셨음에도 언
제나 구약의 말씀에 근거해서 말씀을 전하셨습니다. 나사렛 회당에서
첫 설교를 하면서 주님은 이사야의 말씀에 근거해서 그 말씀의 실현을
위해 오신 것을 천명하셨습니다. 주님은 당신이 전하는 말씀이 당신의
주관에 근거한 것이 아니라, 하나님의 말씀인 것을 드러내고자 하신
것입니다. 설교의 유형에도 여러 가지가 있는데, 종교 개혁자들이 그
렇게 하기를 원했고 최근 역사 속에서 행해진 복음주의자들의 강해 설
교가 바로 그런 말씀 자체의 권위를 드러내고자 하는 설교로 간주됩니
다. 바울 사도도 그렇게 설교하기를 원했습니다.

"바울이 자기의 관례대로 그들에게로 들어가서 세 안식일에 성경을
가지고 강론하며 뜻을 풀어 그리스도가 해를 받고 죽은 자 가운데서

다시 살아나야 할 것을 증언하고 이르되 내가 너희에게 전하는 이 예수가 곧 그리스도라 하니"(행 17:2-3).

그는 철저하게 말씀에 근거해서 그 뜻을 풀어내고자 하는 설교를 했습니다. 이런 설교가 위대한 역사를 가져오는 이유는, 말씀 자체가 가진 능력을 드러내기 때문입니다.

하나님이 위대한 전도자 빌리 그레이엄(Billy Graham) 목사의 설교를 축복하신 이유는, 그의 설교에 어떤 심오한 철학적 깊이가 있어서가 아니라, 말씀 그대로를 단순하고 명쾌하게 증거한 까닭이었습니다. 그의 설교의 특성은 '성경이 말하기를'(The Bible says), '하나님의 말씀이 말하기를'(The word of God says)이었습니다. 이것이 그에게 말씀의 권위, 혹은 말씀의 권세가 함께한 까닭입니다. 설교뿐 아니라 단순히 성경을 가지고 전도하는 사람들의 전도를 통해 영혼들이 주님 앞에 돌아오는 이유 또한 말씀의 권세가 함께하는 까닭입니다. 다시 히브리서 4장 12절의 말씀에 대한 증언을 상기합시다.

"하나님의 말씀은 살아 있고 활력이 있어 좌우에 날 선 어떤 검보다도 예리하여 혼과 영과 및 관절과 골수를 찔러 쪼개기까지 하며 또 마음의 생각과 뜻을 판단하나니."

이것이 말씀의 능력, 말씀의 권위입니다. 우리가 이 말씀을 가까이

하며 말씀에 사로잡힐수록, 말씀의 권위가 우리 삶에 드러나는 것입니다. 지금은 고인이 된 달라스 윌라드(Dallas Willard) 박사가 필그림하우스를 방문했을 때, 미국에서 그 고령의 연세에 비행기를 타고 한국까지 오는 것이 힘들지 않았느냐고 묻자 그분은 빙그레 웃으며 이렇게 대답했습니다. "하나도 힘들지 않았습니다. 저는 비행기를 타자마자 성경 암송을 시작합니다. 에베소서, 빌립보서, 골로새서, 빌레몬서와 같은 신약의 짧은 서신들 혹은 산상 수훈 같은 말씀은 다 외워 두었기 때문에 외운 말씀을 되새김질하며 묵상하다 보니 벌써 한국에 도착해 있었습니다." 그분의 조용하고 다정한 미소와 깊은 지혜는 모두 말씀이 빚은 그분의 인격이었습니다. 이런 말씀의 권위야말로 우리가 흠모할 권위가 아니겠습니까?

사역의 권위
||||||||||||||||||

본문 33절을 보면 회당 예배 중 귀신 들린 사람이 소리 질러 예배를 방해하는 사건이 일어납니다. 이후 귀신(악한 영들)이 예수를 알아보고 우리를 멸하려 왔느냐고 소리칩니다. 이어지는 35-36절을 보십시오.

"예수께서 꾸짖어 이르시되 잠잠하고 그 사람에게서 나오라 하시니 귀신이 그 사람을 무리 중에 넘어뜨리고 나오되 그 사람은 상하지 아니한지라 다 놀라 서로 말하여 이르되 이 어떠한 말씀인고 권위와 능력으로 더러운 귀신을 명하매 나가는도다 하더라."

본문 36절에 다시 '권위'라는 단어가 나옵니다. 이 권위는 귀신을 명하여 제압하는 말씀의 권위였지만, 동시에 귀신, 곧 악한 영들을 다스리는 예수님의 사역의 권위를 드러내고 있습니다. 하나님의 일을 하는 사역자들의 권위는 스스로를 높이려는 데서 주어지는 것이 아니라, 사역 자체를 통해서 입증되는 것입니다. 사역자의 존재(being)는 사역자의 행위(doing)로 입증되는 것입니다. 사역자의 행위는 본문에서처럼 기적의 행위일 수도 있고, 인격적 행위일 수도 있고, 불가능해 보이는 사역의 성취일 수도 있습니다. 그런 사역 중에 함께하시는 하나님의 임재와 능력을 보고 사람들은 사역자를 따르는 것입니다.

본문 36절에는 '권위'(exousia)와 '능력'(dynamei)이라는 단어가 나옵니다. 권위가 외적으로 드러나는 표징이라면, 능력은 내적인 임재를 뜻하는 말입니다. 진정한 외적 권위는 내적 능력에서 비롯되는 것입니다. 그리고 성경에서 이 능력은 언제나 성령과 연관되어 있습니다. 누가복음을 기록한 의사 누가는 사도행전 1장 8절에서 "오직 성령이 너희에게 임하시면 너희가 권능을 받고"라고 기록합니다. 성령의 임재와 충만함이 없이 성령의 능력은 주어지지 않습니다. 그러므로 영적 권위를 사모하는 사람이라면 먼저 성령의 충만함을 사모해야 합니다. 에베소서 5장 18절의 말씀을 기억하십시오.

"술 취하지 말라 이는 방탕한 것이니 오직 성령으로 충만함을 받으라."

술에 취하면 술의 지배를 받습니다. 그래서 술 취하지 말고 성령으로 충만하라고 말씀합니다. 성령의 지배, 곧 성령의 다스림을 받는 사람이 되라고 말씀합니다. 강원도 예수원에서 사역하셨던 고(故) 대천덕(Archer Torrey) 신부님은 교파를 초월해서 많은 사람이 따르고 좋아했던 분으로 이 땅에 적지 않은 영향을 남겼습니다. 그분이 이런 영향력을 남길 수 있었던 가장 중요한 이유는, 우리가 그분에게서 성령의 다스림을 볼 수 있었기 때문입니다. 그분은 평소에 무엇보다 성령의 임재와 충만을 사모했습니다. 그분의 권위는 성령의 권위였고, 그것이 그분의 사역의 권위로 나타난 것입니다.

사랑의 권위
||||||||||||||||||

예수님의 권위는 말씀의 권위요, 사역의 권위였습니다. 그러나 한 걸음 더 나아가, 그분의 권위는 사랑의 권위였습니다. 예수님을 따라간 모든 사역자 중에 역사에 아름다운 흔적을 남긴 사람들의 공통점은 그들이 사랑의 사도, 사랑의 사람이었다는 것입니다. 본문 38절을 보면, 가버나움 회당에서 말씀을 증거한 후 귀신 들린 사람을 치유하신 주님은 이어서 회당에서 나와 시몬 베드로의 집으로 들어가십니다.

"예수께서 일어나 회당에서 나가사 시몬의 집에 들어가시니 시몬의 장모가 중한 열병을 앓고 있는지라 사람들이 그를 위하여 예수께 구하니."

이때 예수님의 반응은 무엇이었습니까?

"예수께서 가까이 서서 열병을 꾸짖으신대 병이 떠나고 여자가 곧 일어나 그들에게 수종드니라"(눅 4:39).

예수님은 신성을 지니셨기에 얼마든지 먼 거리에서도 말씀 한마디로 고칠 수 있는 분이셨습니다. 그런데 본문은 예수께서 시몬의 장모에게 가까이 가서 그 곁에 서셨다고 기록합니다. 그분의 인간에 대한 애틋한 관심과 사랑의 표현이 아니겠습니까? 거기에서 끝나지 않았습니다. 본문 40절을 보십시오.

"해 질 무렵에 사람들이 온갖 병자들을 데리고 나아오매 예수께서 일일이 그 위에 손을 얹으사 고치시니."

여기 '일일이'(each person)라는 단어는 한 사람, 한 사람 위에 손을 얹고 기도하며 고치셨다는 말입니다. 각 사람을 향한 예수님의 개인적 관심과 애정을 의사 누가는 놓치지 않고 기록합니다. 이런 예수님의 사랑이 사람들로 하여금 모든 것을 내려놓고 그분을 따르게 한 것입니다.

예수님이 이 세상을 떠날 때가 가까웠을 때, 그분은 제자들을 다락방에 모아 놓고 마지막 설교를 하셨습니다. 그런데 설교만 하신 것이 아니라, 제자들의 발을 일일이 씻겨 주셨습니다. 이 위대한 장이 시작되는 요한복음 13장 1절의 말씀이 무엇입니까?

"유월절 전에 예수께서 자기가 세상을 떠나 아버지께로 돌아가실 때가 이른 줄 아시고 세상에 있는 자기 사람들을 사랑하시되 끝까지 사랑하시니라."

주님은 당신의 사람들을 '끝까지' 사랑하셨습니다. 그리고 그날 다락방에서 제자 사랑의 구체적 표현으로 그들의 더럽혀진 발을 일일이 씻긴 후 수건으로 닦아 주고 다시 설교를 이어 가다 마지막 설교의 결론을 내리십니다.

"새 계명을 너희에게 주노니 서로 사랑하라 내가 너희를 사랑한 것같이 너희도 서로 사랑하라 너희가 서로 사랑하면 이로써 모든 사람이 너희가 내 제자인 줄 알리라"(요 13:34-35).

우리나라의 섬 여행을 하다 보면 곳곳에서 미신이나 무당의 흔적이 자주 발견됩니다. 아마 유일한 예외가 있다면 신안 천사의 섬 중에 하나인 증도일 것입니다. 증도는 3무(無), 곧 무당이 없고, 제사가 없고, 술집이 없는 섬입니다. 이 섬의 복음화율이 90퍼센트 이상이기 때문입니다. 무엇이 이 섬을 복음의 섬으로 만들었습니까? 한 여인, 문준경 전도사님이 이 섬에 쏟아 부은 사랑입니다. 그 사랑이 이러한 변화를 가져온 것입니다. 그녀의 영향으로 민족 복음화의 전도자가 된 고(故) 김준곤 목사님은 그녀를 마을의 사제, 만민의 목자였다고 말합니다. 그녀의 집은 목민 센터였고, 귀신 들린 여인들, 반신불수 되어 오갈 데 없는 여인들의 숙소였다고 합니다. 또한 그녀는 병원이 없던 그곳에서 바람주머니 속에 온갖 약을 갖고 다니며 치료한 동네 병든 사람들의 의사요, 간호사였고, 재앙이 있는 집마다 그녀를 불러 기도를 청할 정도로 거룩한 상담자였다고 합니다. 그러다 보니 그 섬에서 그녀를 존중하지 않는 사람이 없었습니다. 그녀의 사랑의 권위가 미신의 섬을 천사의 섬, 예수의 섬으로 바꾼 것입니다. 이런 사랑의 권위가 오늘 우리에게도 필요하지 않을까요? 예수님의 본래의 권위, 사랑의 권위 말입니다.

하나님의 일을 하는 사역자들의 권위는
스스로를 높이려는 데서 주어지는 것이 아니라,
사역 자체를 통해서 입증되는 것입니다.

"무리가 몰려와서 하나님의 말씀을 들을새 예수는 게네사렛 호숫가에 서서 호숫가에 배 두 척이 있는 것을 보시니 어부들은 배에서 나와서 그물을 씻는지라 예수께서 한 배에 오르시니 그 배는 시몬의 배라 육지에서 조금 떼기를 청하시고 앉으사 배에서 무리를 가르치시더니 말씀을 마치시고 시몬에게 이르시되 깊은 데로 가서 그물을 내려 고기를 잡으라 시몬이 대답하여 이르되 선생님 우리들이 밤이 새도록 수고하였으되 잡은 것이 없지마는 말씀에 의지하여 내가 그물을 내리리이다 하고 그렇게 하니 고기를 잡은 것이 심히 많아 그물이 찢어지는지라 이에 다른 배에 있는 동무들에게 손짓하여 와서 도와 달라 하니 그들이 와서 두 배에 채우매 잠기게 되었더라 시몬 베드로가 이를 보고 예수의 무릎 아래에 엎드려 이르되 주여 나를 떠나소서 나는 죄인이로소이다 하니 이는 자기 및 자기와 함께 있는 모든 사람이 고기 잡힌 것으로 말미암아 놀라고 세베대의 아들로서 시몬의 동업자인 야고보와 요한도 놀랐음이라 예수께서 시몬에게 이르시되 무서워하지 말라 이제 후로는 네가 사람을 취하리라 하시니 그들이 배들을 육지에 대고 모든 것을 버려두고 예수를 따르니라"(눅 5:1-11).

13. 사람을 취하리라

우리가 하나님의 사람이 되기 위해서는
자신의 죄인 됨을 발견하는 과정이 필요합니다.
진정한 회심에서 빠질 수 없는 것이
바로 자신의 죄인 됨의 자각입니다.

예수의 제자가 된다는 것은 예수를 따르는 사람이 되어 하나님 나라의 미션을 수행하는 것입니다. 누가복음 5장에 들어가기에 앞서 누가복음 4장의 마지막 부분은 예수님이 가버나움에서 사역하시는 모습을 집중적으로 조명하고 있습니다. 그분은 회당에서 말씀을 전하기도 하셨고, 마을에서는 병든 자들을 고치기도 하셨습니다. 그러자 더 많은 병자가 예수님을 찾아와 만나고 기도 받기를 요청하게 되었습니다. 그런데 누가복음 4장 43절에 보면 예수께서 그 한 마을에만 머물러 사역하기를 거절하십니다. 그 이유가 무엇입니까?

"예수께서 이르시되 내가 다른 동네들에서도 하나님의 나라 복음을 전하여야 하리니 나는 이 일을 위해 보내심을 받았노라 하시고."

예수님이 메시아로서 오신 목적이 여기에 분명하게 기록됩니다. 모든 마을, 모든 도시, 모든 민족에게 하나님 나라의 복음을 전하시는 것이었습니다. 그래서 한 마을, 한 도시, 한 국가에만 편향적으로 모든 시간, 모든 자원을 낭비할 수 없으셨습니다. 이어지는 말씀을 보십시오.

"갈릴리 여러 회당에서 전도하시더라"(눅 4:44).

그리고 이어서 누가는 5장의 말씀을 기록합니다. 5장의 첫 번째 사건은 예수님의 수제자, 시몬 베드로를 부르시는 장면입니다. 왜 그를 제자로 부르십니까? 하나님 나라의 복음을 전하는 동역자로서 그가 필요하셨던 것입니다.

예수님과 시몬 베드로가 만나는 장면에서 결정적으로 일어난 중요한 사건이 무엇입니까? 시몬 베드로는 예수가 누구인가를 고기를 잡는 사건을 통해 경험하게 됩니다. 그리고 그분의 제자가 되기 위한 부르심을 받습니다. 그리고 어떤 일이 일어납니까?

"세베대의 아들로서 시몬의 동업자인 야고보와 요한도 놀랐음이라 예수께서 시몬에게 이르시되 무서워하지 말라 이제 후로는 네가 사람을 취하리라 하시니"(눅 5:10).

여기에 예수님의 제자들의 미션이 있습니다. 무엇입니까? "사람을 취하리라." 하나님과 상관없이 살던 사람들에게 하나님 나라의 복음을 전해서 그들을 하나님 나라의 백성으로 삼는 일, 이것이 바로 사람을 취하는 일, 곧 전도의 궁극적 목적입니다. 본문에서 시몬 베드로가 예수님을 만나고 경험한 사건은 바로 한 사람이 하나님의 사람 혹은 하나님 나라의 일꾼이 되기 위해 필요한 경험이었던 것입니다. 그렇다면 우리가 사람을 취하는 하나님의 사람이 되기 위해 먼저 경험해야 할 일들은 무엇일까요?

예수의 주 되심에 대한 발견의 필요성
||||||||||||||||||||||||||||||||||||||||||||||||||||||||||||

본문은 게네사렛 호숫가에서 일어난 일입니다. 게네사렛은 긴네렛(Kinnereth)이라고도 하는데, 그 뜻은 '수금'이란 의미입니다. 이 호수(바다)의 보다 넓게 쓰이는 명칭이 갈릴리인데, 이 호수의 지형적 형태가 수금처럼 생겼습니다. 예수께서 여기서 어부인 시몬 베드로의 배에 오르시게 되었습니다. 이 배에 올라 한동안 말씀하시던 예수님은 베드로에게 무엇이라고 말씀하십니까?

> "말씀을 마치시고 시몬에게 이르시되 깊은 데로 가서 그물을 내려 고기를 잡으라"(눅 5:4).

왜 이런 명령을 하셨습니까?

"시몬이 대답하여 이르되 선생님 우리들이 밤이 새도록 수고하였으되 잡은 것이 없지마는 말씀에 의지하여 내가 그물을 내리리이다"(눅 5:5).

이후 이어지는 말씀을 보면 그물이 찢어지도록 고기가 많이 잡히는 기적이 일어납니다. 그때 베드로의 고백이 무엇이었습니까?

"시몬 베드로가 이를 보고 예수의 무릎 아래에 엎드려 이르되 주여 나를 떠나소서 나는 죄인이로소이다"(눅 5:8).

우선 여기서 베드로가 예수님을 향해 '주'라고 고백한 것을 주목하십시오. 베드로는 평생을 어부로 살았던 사람입니다. 그리고 지금까지 이 갈릴리 바다에서 생업을 이어 오고 있었습니다. 그런데 이 어부 같아 보이지 않는 사람(사실은 목수 출신)이 고기가 어디에 많이 모여 있는지를 알고 그 깊은 곳으로 가서 그물을 내리게 한 것입니다. 베드로는 이분을 향해 '주'(Kyrie)라고 고백합니다. 그가 바다의 깊은 곳을 꿰뚫어 보고 아시는 분, 우리가 기다려 온 메시아, 하나님의 아들, 거룩한 신성을 가지신 주의 임재 앞에 서게 된 것입니다. 예수님의 제자 중 그 누구도 이 발견 없이, 이 고백 없이 그분의 참된 제자가 된 이는 없습니다.

소위 자유주의적 신학의 영향을 받은 사람일수록 '역사적 인간 예수'를 강조합니다. 그러나 참된 회심을 경험한 복음주의자들일수록 '예수의 신성, 예수의 주 되심'을 더 강조합니다. 당신은 어떻습니까? 예수의 주 되심을 발견했습니까? 그분의 신성을, 그분이 하나님이심을 믿습니까? 바로 이 지점이 예수의 제자도가 출발하는 순간입니다. 그리고 그 고백의 순간 우리도 하나님의 사람, 하나님의 일꾼이 되는 것입니다.

자신의 죄인 됨에 대한 자각의 필요성

우리가 하나님의 사람이 되기 위해서는 자신의 죄인 됨을 발견하는 과정이 필요합니다. 진정한 회심에서 빠질 수 없는 것이 바로 자신의 죄인 됨의 자각입니다. 시몬 베드로가 예수님을 향해 '주여'라고 부르짖은 다음 순간의 고백이 무엇이었습니까?

"나를 떠나소서 나는 죄인이로소이다"(눅 5:8).

사실 이 고백이 문맥에 부합한 고백은 아니지 않습니까? 예수님의 능력에 놀라 그분을 찬양하는 것이 더 자연스러운 고백이 아닙니까? 그런데 그는 '나는 죄인입니다'라고 말합니다. 왜, 어째서 이런 고백을 하게 되었을까요? 우선 시몬 베드로의 이 고백은 자기 앞에 계신 분이 자신의 주이심을, 하나님이심을 발견한 다음의 고백이었던 것을 잊지 마십시오. 지금 그는 하나님 앞에 선 것입니다. 그리고 이 신의 현존에서 자신의 실존을 발견한 것입니다.

저 바다의 깊은 곳을 꿰뚫어 보고 아시는 주님이 우리의 마음속을 보지 못하실까요? 저 고기 떼의 행방을 아시는 분이 우리 인생의 과거와 현재를 모르실까요? 그래서 절로 나온 실존의 고백이 이것입니다. "주님, 저는 죄인입니다!" 가끔 큰 무대나 방송국에서 설교할 때가 있습니다. 그럴 때면 저에게 화장을 하라고 합니다. 왜 그렇게 해야 하느냐고 반문하면 성능 좋은 스크린과 조명이 잘된 곳에서는 얼굴의 작은 점이나 티까지 여지없이 노출되기 때문이랍니다. 마치 엑스레이 광선이 모든 것을 노출시키는 것처럼 말입니다. 그러나 전지전능하신 절대자, 하나님의 엑스레이 앞에 선다면 우리가 조금 화장하고 커버한들 그것으로 우리의 실존이 가려지겠습니까? 차라리 "이 죄인 됨이 나의 본모습입니다. 저를 용서해 주십시오!" 하는 것이 필요하고도 타당한 우리의 실존적 고백이 아니겠습니까?

선지자 이사야의 경험을 반추해 보십시오. 이사야 6장 1절은 이렇게 시작됩니다.

"웃시야 왕이 죽던 해에 내가 본즉 주께서 높이 들린 보좌에 앉으셨는데 그의 옷자락은 성전에 가득하였고."

선지자 이사야는 국가적 위기를 맞아 성전 보좌 앞에 나아갔습니다. 그때 주의 보좌를 옹위하는 천사들의 찬양이 들리고 있었습니다.

"서로 불러 이르되 거룩하다 거룩하다 거룩하다 만군의 여호와여 그의 영광이 온 땅에 충만하도다 하더라"(사 6:3).

거룩하신 하나님, 영광의 하나님 앞에 그가 홀연히 서게 된 것입니다. 다음 순간 선지자의 고백을 들어 보십시오.

"그때에 내가 말하되 화로다 나여 망하게 되었도다 나는 입술이 부정한 사람이요 나는 입술이 부정한 백성 중에 거주하면서 만군의 여호와이신 왕을 뵈었음이로다 하였더라"(사 6:5).

이 대목을 유진 피터슨(Eugene H. Peterson)은 《메시지》(복있는사람 역간)에서 이렇게 번역합니다.

내가 말했다. 재앙이다! 재앙의 날이다! 이제 나는 죽은 목숨이다! 나는 이제껏 하나같이 더러운 말을 일삼았다 … 다 썩어 빠진 말들, 불경스런 말들을 쏟아 놓았다. 그런데 내가 여기서 하나님을 대면하다니!

인간이 거룩하신 하나님을 대면하는 순간, 온갖 오염된 말로 더럽

혀진 죄인 됨의 자각이 깨어난 것입니다. 그런데 이 자각이야말로 역설적으로 우리가 하나님의 사람으로 다시 태어나는 순간이 되는 것입니다.

주의 말씀에 대한 순종의 중요성
||||||||||||||||||||||||||||||||||||||||||||||||||||||

우리가 하나님의 사람이 되기 위한 경험의 마지막 요소는 주의 말씀에 대한 순종의 중요성입니다. 다시 본문 4절로 돌아가 예수께서 시몬 베드로에게 명하시던 음성을 들어 보십시오.

"깊은 데로 가서 그물을 내려 고기를 잡으라."

베드로는 무엇을 하던 사람입니까? 어부가 아닙니까? 갈릴리는 그의 어장이 아닙니까? 그 바다에서 그는 잔뼈가 굵어 온 사람이 아닙니까? 그는 예수님께 이렇게 말할 수도 있었을 것입니다. "나는 지금껏 이 바다에서 살아온 사람이라오. 보아하니 당신은 뱃사람도 아닌 듯한데, 당신이 뭘 안다고 바다낚시에 대해 충고를 하시오?" 하지만 베드로는 이렇게 반응하지 않았습니다. 그는 "말씀에 의지하여 내가 그물을 내리리이다"(눅 5:5)라고 말했습니다. 이 말씀에 대한 순종이 그날 그물이 찢어지도록 고기가 잡히는 만선의 기적을 가져다주었습니다. 여기에 시몬 베드로의 제자도의 출발이 있습니다. 말씀에 대한 조건 없는 순종이 그가 하나님의 사람이 되게 하는 출발점이었습니다. 이 경험 후에 예수께서는 시몬에게 더 큰 도전장을 내미십니다.

"예수께서 시몬에게 이르시되 무서워하지 말라 이제 후로는 네가 사람을 취하리라"(눅 5:10).

같은 본문을 마태복음은 어떻게 전달합니까?

"말씀하시되 나를 따라오라 내가 너희를 사람을 낚는 어부가 되게 하리라 하시니"(마 4:19).

풀어서 설명하면 이런 내용일 것입니다. "시몬, 너는 지금까지 물고기 잡는 일을 생업으로 해 왔다. 그것도 중요한 일이었다. 그러나 나는 그보다 더 중요한 소명의 자리로 너를 부르고 싶다. 너는 고기만 낚을 것이 아니라, 사람을 낚는 어부가 되어야 한다. 하나님도, 메시아도 모르고 사는 사람들에게 하나님 나라의 복음을 전해서 그들을 하나님 나라의 일꾼이 되게 하는 일에 너를 부르고 싶다. 지금까지 하던 모든 일을 내려놓고 나를 따라올 수 있겠니?" 이러한 예수님의 도전에 대한 베드로의 대답은 무엇입니까?

"그들이[시몬과 야고보와 요한] 배들을 육지에 대고 모든 것을 버려두고 예수를 따르니라"(눅 5:11).

배와 그물은 어부들의 밥줄입니다. 그런데 그 모든 것을 버려두고 예수를 따르기 시작합니다. 예수의 제자가 된 것입니다. 하나님의 사람이 된 것입니다. "사람을 취하리라"는 말씀에 순종한 것입니다.

성경의 국가 이스라엘은 2천 년 동안 나라를 갖지 못한 채 생존해 왔습니다. 유대의 역사가 요세푸스(Flavius Josephus)가 기록한 《유대전쟁사》에 의하면 A.D. 70년, 113년 그리고 133년 세 차례에 걸친 로마와의 전쟁으로 유대 민족은 유대 땅에서 뿌리가 뽑힌 채 다시는 예루살렘에 돌아오지 못하도록 전 세계에 강제로 흩어지게 되었습니다. 그들은 디아스포라의 민족이 되어 전 세계에 흩어진 채로 박해의 대상이 되었고, 히틀러에 의해 600만 명이 학살당하는 비극을 경험하게 됩니다. 그럼에도 불구하고 소위 시온주의 운동으로 팔레스타인, 그들의 옛 땅에 마침내 복귀해서 그들만의 국가를 부활시키는 기적을 일구어 냅니다. 뿐만 아니라 세계에서 가장 많은 노벨상 수상자를 배출하고, 전 세계에서 가장 우수한 법률가와 과학자들을 배출한 이유가 무엇이라 생각합니까? 그들은 어디를 가든 회당을 중심으로 여호와 하나님을 경배하며 민족의 정체성을 키웠습니다. 무엇보다 사람을 키우는 일에 집중합니다. 그들의 교과서는 성경과 탈무드였습니다. 그들은 박해를 받으면서도 가정과 회당과 학교에서 말씀에 순종하는 사람들을 키워 낸 것입니다. 물론 그들이 예수까지 믿지는 못했습니다. 그러나 하나님의 사람들을 키워야 한다는 비전에는 흔들림이 없었습니다. 그것만으로도 그들이 만든 기적을 목격하며 이제 그들의 메시아 예수를 구주와 주님으로 믿고 말씀을 선물로 받은 우리의 책임은 무엇입니까? 예수 그리스도의 오늘의 제자를 키워 내는 일입니다. "하나님 나라를 위한 하나님의 사람들을 취하라!"

"그 후에 예수께서 나가사 레위라 하는 세리가 세관에 앉아 있는 것을 보시고 나를 따르라 하시니 그가 모든 것을 버리고 일어나 따르니라 레위가 예수를 위하여 자기 집에서 큰 잔치를 하니 세리와 다른 사람이 많이 함께 앉아 있는지라 바리새인과 그들의 서기관들이 그 제자들을 비방하여 이르되 너희가 어찌하여 세리와 죄인과 함께 먹고 마시느냐 예수께서 대답하여 이르시되 건강한 자에게는 의사가 쓸 데 없고 병든 자에게라야 쓸 데 있나니 내가 의인을 부르러 온 것이 아니요 죄인을 불러 회개시키러 왔노라"(눅 5:27-32).

14. 우리의 의사, 예수

> 예수님은 오늘도 자신의 병듦을 인정하고
> 그분 앞에 나아와 도움을 구하는 자들을
> 치유하는 의사이십니다.

성경은 성경의 주인 되신 예수 그리스도에 대한 다양한 별명을 동원해서 그분을 묘사하고 있습니다. 예컨대, 창세기에서는 창조의 원인이 되시는 그리스도, 출애굽기에서는 유월절 어린양 되신 그리스도, 레위기에서는 속죄의 제물 되신 그리스도, 민수기에서는 약속의 땅으로의 인도자 되신 그리스도, 신명기에서는 참 선지자 되신 그리스도, 여호수아에서는 구원의 캡틴(대장) 되신 그리스도, 사사기에서는 우리의 판관 되신 그리스도, 룻기에서는 우리의 친척 구원자 되신 그리스도와 같은 것들입니다.

이것은 신약에 와서도 이어지는데, 마태복음에서는 우리의 왕 되신 그리스도, 마가복음에서는 우리의 종 되신 그리스도, 누가복음에서는 우리의 인자 되신 그리스도, 요한복음에서는 하나님의 아들 되신 그리스도, 사도행전에서는 역사의 주 되신 그리스도, 로마서에서는 우리의 의가 되신 그리스도와 같은 것들입니다.

이러한 수많은 묘사 가운데 성경의 핵심을 꿰뚫는 그분의 역할에 대한 가장 보편적인 별명이 있다면 '구원자, 그리스도'일 것입니다. 하지만 교회 밖에 있는 일반 대중을 상대로 하자면 '구원자'(Saviour)라는 표현도 쉽지 않은 묘사입니다. 그런데 본문을 묵상하며 우리는 예수님에 대한 가장 쉽고도 정확한 묘사를 발견합니다. 그것은 그분이 '우리 영혼의 의사, 그리스도'라는 것입니다.

"예수께서 대답하여 이르시되 건강한 자에게는 의사가 쓸 데 없고 병든 자에게라야 쓸 데 있나니 내가 의인을 부르러 온 것이 아니요 죄인을 불러 회개시키러 왔노라"(눅 5:31-32).

본문의 배경은 이렇습니다. 예수님이 당시 유대 사회에서 가장 멸시당하고 천시 받던 세리 레위(마태)를 만나 그에게 "나를 따르라"고 하며 제자로 부르시자, 그는 너무 기뻐 자기의 친구들을 초대하고 잔치를 열었습니다.

"레위가 예수를 위하여 자기 집에서 큰 잔치를 하니 세리와 다른 사람이 많이 함께 앉아 있는지라"(눅 5:29).

이때 그 자리에 동석하게 된 소위 바리새인과 서기관들이 예수와 그 제자들을 비난하기 시작합니다.

"바리새인과 그들의 서기관들이 그 제자들을 비방하여 이르되 너희가 어찌하여 세리와 죄인과 함께 먹고 마시느냐"(눅 5:30).

다시 말하면, 당시 바리새인과 서기관들에게 있어 세리라는 존재는 상대하지 말아야 할 더러운 죄인에 불과했습니다. 그들은 로마 제국에 빌붙어 무거운 세금을 징수한 뒤 중간에서 그 세금을 가로채 불의한 이익을 챙기며 유대인들을 괴롭히던 기생충 같은 존재였던 것입니다. 그런데 바로 이때, 예수님은 이런 죄인들을 위해 오셨다고 말씀하십니다. 죄인들은 다시 말하면 병자들입니다. 병자들에게 필요한 것이 의사가 아니겠느냐며 당신은 병든 자들을 위해 온 의사라고 말씀하십니다. 그렇다면 구체적으로 예수님은 어떤 의미에서 의사가 되시는 분입니까?

사회적 약자들을 부르시는 의사
||||||||||||||||||||||||||||||||||||||||||||||||||||||

본문인 누가복음 5장을 전체적으로 살펴보면, 예수께서 갈릴리에서 공적 사역을 시작할 때 그분이 어떤 사람들을 애정을 가지고 부르시는지를 보게 됩니다. 우선은 1-11절 사이에 나타난 시몬 베드로와 야고

보, 요한 등의 어부들입니다. 이들이 예수님의 첫 제자로 부름을 받은 것으로 보입니다. 이어서 12-16절 사이에서는 한센병(나병) 환자를 고치고 그들을 제자로 부르십니다. 다음 17-26절까지는 한 중풍 병자를 고치시는 장면입니다. 그리고 이어지는 내용이 이 장의 본문입니다. 곧 세리 레위를 부르고 그의 집에서 다른 세리들과 잔치하시는 장면입니다. 이 5장에 등장해서 예수님을 만난 후 그분의 부르심을 받는 이들의 공통점이 있다면 무엇일까요? 그것은 이들이 모두 '사회적 약자'였다는 것입니다. 주님은 이들을 위해 기꺼이 의사가 되고자 하신 것입니다.

그런데 이 말을 오해하지 마십시오. 예수님이 '사회적 강자'들을 외면하셨다는 말이 아닙니다. 그분은 모든 죄인의 구세주가 되십니다. 뒤에서 더 설명하겠지만, 사회적 강자 의식에 사로잡힌 사람일수록 복음의 필요를 느끼지 않게 됩니다. 그래서 일반적으로 사회적 약자들의 마음이 복음에 더 열려 있게 됩니다. 선교학자들 중에 한국과 일본의 복음화를 비교해서 연구하는 이들이 있는데, 한국이 일본에 비해 비교할 수 없을 정도로 선교의 열매가 많았던 이유 중에 하나가, 한국 땅에서는 복음의 씨앗이 가난한 민중들을 대상으로 뿌려진 데 반해 일본에서는 복음이 처음부터 그 사회의 상류 계층을 겨냥하고 있었다는 것을 지적합니다. 그래서 어떤 사람은 일본의 기독교가 사람들의 지성을 겨냥한 로마서의 기독교였다면, 한국의 기독교는 처음부터 서민들의 마음을 파고든 사도행전의 기독교였다고 말하기도 합니다.

요즘 한국 사회가 선진화되면서 살 만하게 되자 오히려 복음화율이 현저하게 후퇴하고 있는 것을 봅니다. 사람들의 마음이 더 이상 가난하지 않은 것입니다. 일제 강점기는 우리 역사의 암흑기였지만, 그런 중에도 한국 기독교가 부흥을 경험하고 성장한 원인은 복음이 가난한 민중들, 즉 일본 제국에 의해 짓밟히고 무시당하고 있던 민중들에게 소망으로 다가왔기 때문입니다. 3·1 운동이 일어났을 때 독립 선언에 가담한 민족 대표 33인 중 16인이 그리스도인이었다는 것은 이 땅의 민중들이 기독교 신앙을 다시 보게 한 사건이기도 했습니다. 사실 3·1 운동보다 거의 한 달 앞서 일어난 일본 동경에서의 2.8 독립 선언은 재일본 동경 조선 YMCA에서의 그리스도인들이 벌인 사건이었습니다. 복음이 당시 사회적 약자인 민중들의 마음을 먼저 움직인 까닭이었습니다. 이처럼 예수님은 당시의 약자들인 조선 민중의 의사요, 해방자이셨습니다.

자신의 병듦을 인정하고 도움을 청하는 자들의 의사

본문에서 예수님은 분명 당신 자신을 영적 의사로 드러내셨습니다. 그분은 분명 육체의 의사일 뿐 아니라 영혼의 의사이십니다. 그러나 그분이 분명하게 선포하신 전제를 읽어야 합니다. 그냥 의사가 되겠다고 하신 것이 아닙니다. 자신의 병든 것을 인정하고 그 병의 치유를 소원

할 때만 그들의 의사가 되시겠다는 것입니다. 다시 말하면, 우리가 죄인 됨을 인정할 때 비로소 우리의 구원자, 우리의 치유자가 되어 주시겠다는 것입니다. 이것은 나병 환자의 사건에서도 명확하게 나타난 사실입니다.

> "예수께서 한 동네에 계실 때에 온몸에 나병 들린 사람이 있어 예수를 보고 엎드려 구하여 이르되 주여 원하시면 나를 깨끗하게 하실 수 있나이다 하니"(눅 5:12).

다음 절에서의 예수님의 반응을 보십시오.

> "예수께서 손을 내밀어 그에게 대시며 이르시되 내가 원하노니 깨끗함을 받으라 하신대 나병이 곧 떠나니라"(눅 5:13).

여기 이 나병 환자가 예수님에게 '당신이 원하시면'(If you are willing)이라고 말했을 때 예수님도 '내가 원하노니'(I am willing)라고 대답하십니다. 희랍어 원어로 '델로'(thelo)라는 말을 사용하십니다. 우리의 원함이 주님의 원하심과 일치할 때 이 치유의 기적이 일어나는 것입니다.

이 사건 후에 17-26절까지는 한 중풍 병자의 치유 사건이 기록됩니다. 이 사람의 절실한 문제는 중풍병의 치유였습니다. 그런데 그를 돕고자 하는 친구들이 그의 침상을 예수님이 계신 앞으로 내려놓았을 때 예수께서 무엇이라 하십니까?

> "예수께서 그들의 믿음을 보시고 이르시되 이 사람아 네 죄 사함을 받
> 았느니라"(눅 5:20).

주님은 육체의 병을 고치기 전에 먼저 그의 영혼의 병인 죄 문제를
치유하고자 하셨습니다. 그래서 먼저 그의 영혼의 병인 죄의 치유, 곧
죄 사함을 선포한 후 그의 육체의 병을 치유하셨습니다. 그러나 주님
은 당신만이 우리를 용서하고 치유하신다는 믿음을 확인하고자 하십
니다. "그들의 믿음을 보시고!" 그리고 이어서 선포하십니다. "네 죄 사
함을 받았느니라." "일어나 네 침상을 들고 집으로 가라."

우리의 구원의 기적도 마찬가지입니다. 우리에게 자유 의지를 선
물로 주신 주님은 이 자유 의지를 남용해서 죄짓고 타락한 우리가 그
자유 의지로 다시 주께 나아와 믿고 도움을 구할 때 우리에게 구원을
선물로 허락하십니다. 그때 죄 사함이 임하고, 치유가 임하는 것입니
다. 전도자 빌리 그레이엄은 그의 전도 설교 말미에 항상 구원 초청
을 합니다. 그리고 그 구원 초청에 응답하는 사람들에게 '죄인들의 기
도'(Sinner's Prayer)를 안내합니다. "하나님, 저는 죄인입니다. 저의 죄를
회개하고 주께 돌아옵니다. 저를 용서하고 구원해 주옵소서"라고 기도
하게 합니다.

그렇습니다. 예수님은 오늘도 자신의 병듦을 인정하고 그분 앞에

나아와 도움을 구하는 자들을 치유하는 의사이십니다. 일제 강점기에 우리 민족이 이 영혼의 의사를 만난 것(복음의 전달)은 국난 중에 주신 최고의 은혜였습니다.

그분과 함께 새 인생을 살아갈 자를 부르시는 의사

인생을 살면서 경험하는 대부분의 만남은 일회성입니다. 만나고, 헤어지고, 잊어버립니다. 심지어 치유 사건도 그렇습니다. 누군가에게 치유의 은혜를 입으면 감사하기는 하지만, 그 관계가 평생의 관계로 이어지는 일은 드뭅니다. 그런 의미에서 세리 레위와 예수님의 만남은 아주 특별한 것이었습니다. 본문이 시작되는 27-28절을 보십시오.

> "그 후에 예수께서 나가사 레위라 하는 세리가 세관에 앉아 있는 것을 보시고 나를 따르라 하시니 그가 모든 것을 버리고 일어나 따르니라."

예수께서 세리 레위를 보실 때부터 그분은 그와의 특별한 관계를 예감하십니다. 그리고 "나를 따르라"라고 명하십니다. 그를 당신을 따라야 할 제자로 부르신 것입니다. 이에 세리 레위는 모든 것을 버리고 일어나 그분을 따르게 됩니다. 예수와의 만남이 세리 레위에게는 과거를 단절하고 새로운 미래를 여는 사건이었던 것입니다. 이제부터 그는 예수라는 존재와 더불어 새 인생을 살아가게 될 것입니다. 예수님이 세리 레위의 평생의 의사가 되시는 순간입니다. 그는 이 뜻깊은 만남을 기리기 위해 자신의 친구들을 초대하고 축제를 열었습니다. 새 인생의 축제였습니다.

바로 이 축제를 비난하는 바리새인과 서기관들에게 예수님은 당신이 병든 자의 의사로 오셨다고 선포하셨습니다. 스스로를 건강하다고 착각하는 바리새인들과 예수는 상관이 없지만, 자신의 병듦을 인정해 예수님을 의사로 믿고 삶을 의탁하는 자들에게 그분은 영원한 구주가 되신다는 선포였습니다.

조선 왕조 말기에 우리나라는 열강들에 의해 무참하게 짓밟히고 있었습니다. 이 작은 한반도를 빌려 청일전쟁(1894년)이 일어나고, 러일전쟁(1904년)이 일어나고, 이 나라의 리더인 왕은 왕실을 버리고 러시아 대사관으로 도망가서 목숨을 부지해야 하는 참담한 사건(아관파천, 1896년)이 일어나던 그때, 기독교의 복음이 막 이 땅에 도달해서 선교사들에 의해 가난한 민중 속에 복음이 심기고, 예수 그리스도의 작은 교회들이 태동하기 시작했습니다.

그런 시기에 1892년, 한 젊은 선교사 부부(26세)가 이 땅에 도착해서 적응해 가며 복음을 전하던 중 입국 6년 만에 첫 아들을 얻었습니다. 얼마나 큰 기쁨이었을까요? 그런데 생후 8개월 만에 이 아들이 세상을 떠났습니다. 아픔과 상처가 아물어 갈 무렵 3년 뒤 둘째 아이가 생겼습니다. 1902년 3월 7일의 경사였습니다. 그런데 태어난 다음 날,

이 아기도 세상을 등지게 됩니다. 두 아이를 다 양화진에 묻었습니다. 그런데 1년 후, 선교사의 아내(Anna)마저 세상을 떠납니다.

그와 안면이 있던 조선 사람들이 물었다고 합니다. 이제 고향인 미국으로 안 가느냐고, 당신의 아내와 두 아들을 땅에 묻고 무슨 이유로 조선에 계속 머무는 거냐고, 당신이 믿고 전하는 예수는 도대체 누구냐고 말입니다. 이 질문에 대한 대답이 바로 그가 만든 찬송, 〈예수님은 누구신가〉(새찬송가 96장)입니다.

이 선교사의 이름은 프레데릭 밀러(Frederick Miller, 민노아)이고, 그에게 전도 받은 사람은 도산 안창호(세례, 결혼 주례)이며, 그를 통해 수많은 영혼이 예수를 영혼의 의사로 믿고 새 인생을 살게 됩니다. 그리고 일제 강점기에 그가 자신의 모든 것을 희생하며 전한 예수 그리스도가 아직도 우리 민족의 유일한 소망이십니다.

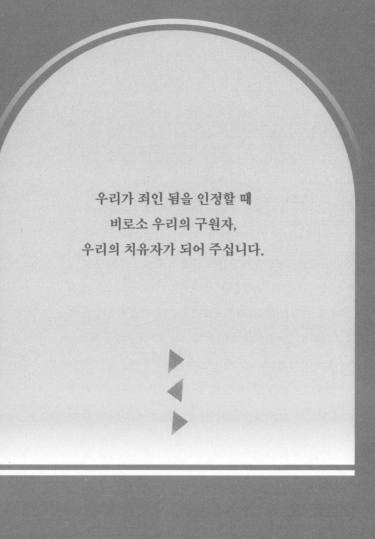

우리가 죄인 됨을 인정할 때
비로소 우리의 구원자,
우리의 치유자가 되어 주십니다.

"그들이 예수께 말하되 요한의 제자는 자주 금식하며 기도하고 바리새인의 제자들도 또한 그리하되 당신의 제자들은 먹고 마시나이다 예수께서 그들에게 이르시되 혼인 집 손님들이 신랑과 함께 있을 때에 너희가 그 손님으로 금식하게 할 수 있느냐 그러나 그날에 이르러 그들이 신랑을 빼앗기리니 그날에는 금식할 것이니라 또 비유하여 이르시되 새 옷에서 한 조각을 찢어 낡은 옷에 붙이는 자가 없나니 만일 그렇게 하면 새 옷을 찢을 뿐이요 또 새 옷에서 찢은 조각이 낡은 것에 어울리지 아니하리라 새 포도주를 낡은 가죽 부대에 넣는 자가 없나니 만일 그렇게 하면 새 포도주가 부대를 터뜨려 포도주가 쏟아지고 부대도 못쓰게 되리라 새 포도주는 새 부대에 넣어야 할 것이니라 묵은 포도주를 마시고 새것을 원하는 자가 없나니 이는 묵은 것이 좋다 함이니라"(눅 5:33-39).

15. 새것으로 새 인생 맞이하기

예수님의 선물인 구원의 기쁨이야말로
새로운 삶의 본질입니다.

인간은 옛것에 대한 향수와 새것에 대한 호기심을 가진 역설적 존재
입니다. 그런 옛것과 새것의 복합적 감정을 진하게 느끼는 시기가 새
해와 같은 시간이라고 생각됩니다. 새해라지만 옛 전통에 대한 향수를
지니고 옛것을 보존하기 위해 우리는 귀향을 하거나 옛 마을, 옛 가족,
옛 친구들을 만나 옛 정서를 추억하곤 합니다. 그러나 동시에 새로운
전망과 새로운 한 해를 계획하기도 합니다. 그래서 동서양을 막론하고
새해의 결심(new year resolution)을 나누기도 합니다.

그러나 문제는 이런 결심이 오래가지 못한다는 것입니다. 어떤 학교
선생님이 '마음먹은 일이 3일도 못 가는 것을 사자성어로 〈작○삼○〉이
라 한다'고 했더니 어떤 학생이 〈작은삼촌〉이라고 답했답니다. 정답은
'작심삼일'(作心三日)이지요. 사실 우리가 세상에서 경험하는 모든 새
것은 금방 옛것이 되어 버립니다. 세상살이의 본질은 낡아짐에 있습니

다. 모든 것은 낡아지고, 우리는 낡은 것에 대해 쉽게 싫증을 느끼며 막연하게 다시 새것을 동경합니다.

　본문은 레위 마태가 예수님의 제자가 된 후 그 기쁨을 표현하기 위해 이웃들을 초청하고 잔치를 열었을 때 바리새인과 서기관들이 예수님이 그들과 어우러져 기쁨을 나누는 것을 비난한 것에 대해 예수님이 세 개의 비유로 복음의 새 시대를 준비할 것을 가르치신 말씀입니다. 그 첫째는 혼인집에서의 금식의 비유, 둘째는 새 옷과 낡은 옷의 비유, 셋째는 새 포도주와 낡은 부대 그리고 묵은 포도주의 비유입니다. 우리는 이 세 개의 비유를 통해 복음을 받아들이고 새 시대를 열어야 할 사람들의 마음 준비를 배우게 됩니다.

　우선 여기에서 옛것은 본질적으로 옛 언약, 즉 모세의 율법을 뜻합니다. 우리는 예수님이 이 모세의 율법을 가르치고 계셨다는 것을 기억할 필요가 있습니다. 그리고 새것은 새 언약, 곧 예수 그리스도의 복음을 의미합니다. 사실 예수 그리스도의 복음은 그 시대에만 새것이 아니라, 복음의 본질이 영원히 새로워지는 것을 가르치고 있기 때문에 어느 시대에나 영원히 새로워지는 진리의 소식입니다. 성경은 "예수 그리스도는 어제나 오늘이나 영원토록 동일하시니라"(히 13:8)라고 말씀합니다. 중요한 것은, 우리를 새것 되게 하는 복음을 어떻게 받아들여 새 인생을 맞이할 준비를 하느냐는 것입니다. 본문의 세 가지 비유를 통해 해답을 찾아봅시다.

새것을 수용할 준비를 해야 한다

||||||||||||||||||||||||||||||||||||||||||||||||||

우선 사람들이 새것, 즉 복음을 수용하지 못하는 이유가 무엇입니까? 본문의 두 가지 비유가 그 이유를 가르칩니다. 첫 번째는, 낡은 옷에 대한 애착입니다. 그래서 새 옷의 천 일부를 낡은 옷에 붙여 낡은 천을 일부 보존하려는 시도를 할 수 있습니다. 예수님은, 그런 시도는 낡은 옷과 새 옷을 다 못쓰게 하는 것이라고 말씀하십니다. 많은 경우 낡은 조각이 새 옷을 찢는 결과를 초래할 것입니다. 두 번째는, 포도주의 비유입니다. 우선 새 포도주를 낡은 부대에 담으려고 시도할 수 있습니다. 발효되지 않은 포도주를 낡은 부대에 담으면 결국 가죽 부대를 터뜨릴 것입니다. 또 어떤 경우에 오래된 포도주를 좋아하는 사람은 아예 새 포도주를 거들떠보지도 않을 수 있습니다.

이런 경우들이 공통적으로 제시하는 교훈은 무엇입니까? 예수님 시대나 오늘이나 율법에 젖어 살아온 사람들이 복음을 거절하는 이유는, 복음에 대한 무지 때문입니다. 새 옷의 매력에 무지하고, 새 포도주의 맛을 모르기 때문입니다. 복음의 진리를 모르기 때문입니다. 은혜의 맛을 모르기 때문입니다. 다시 말하면, 아직도 우리는 옛것, 곧 율법이나 도덕의 한계를 모르고 있는 것입니다. 혹은 율법이나 도덕을 지킬 능력이 없는 자신의 죄성에 대해 무지하기 때문입니다. 이들이 먼저 들어야 할 복음이 있다면 소크라테스(Socrates)의 복음입니다. "너 자신을 알라."

성경은 우리가 우리 자신을 모르는 이유를 우리가 죄인 되었기 때문이라고 말씀합니다. 죄인에게는 율법을 지킬 능력이 없는 것입니다. 《천로역정》에 보면 크리스천이 멸망의 도시를 떠난 지 오래지 않아 '세속 지혜자'(Worldly wiseman)를 만납니다. 그는 크리스천에게 좁은 문으로 가지 말라고 종용합니다. 대신 도덕이라는 마을로 가서 율법이라는 선생을 만나라고 설득합니다. 그러나 그 길로 갈수록 등에 지고 있는 죄의 짐은 더 무거워지기만 합니다. 그것이 율법의 한계, 도덕의 한계라는 것을 가르칩니다. 그러면서도 좁은 문으로 향하지 못하는 이유는, 세속 지혜의 한계를 알지 못하는 까닭입니다.

《천로역정》에서 크리스천이 만나는 또 한 명의 중요한 인물은 '무지'(Ignorance)입니다. 그는, 자신은 주의 뜻을 잘 알고 있고 선한 삶을 살아왔다고 자부하는 인물입니다. 그는 철저하게 자신의 도덕적 혹은 종교적 행위가 자신을 구원한다고 '자만'(그의 고향)하고 있었던 사람입니다. 그러나 크리스천이 시온성에 입성할 때 그는 구원받은 증명서가 없었기에 지옥으로 떨어집니다. 자만이 그로 하여금 복음을 수용하지 못하게 한 것입니다. 당신은 참으로 새 인생을 맞이하기 위해 세속 지혜를 낡은 옷 버리듯 포기하겠습니까, 아니면 자만의 묵은 포도주를 버리겠습니까?

새것을 누릴 준비를 해야 한다

||||||||||||||||||||||||||||||||||||||||||||||||

우리가 새것을 누린다는 것, 복음을 누리고 산다는 것은 어떻게 사는 것을 의미할까요? 본문에서 예수님은 참된 복음과 종교 생활을 혼동하고 오해하는 사람들에게 경고하는 비유를 말씀하십니다. 그것이 바로 혼인집 신랑과 함께하는 손님들의 비유입니다. 레위 마태가 예수님을 만난 후 너무 기뻐 그의 친구 세리들을 초대하고 잔치를 벌이자 이를 비난하던 바리새인과 서기관들이 있었습니다. 그들은, 진지한 신앙생활은 금식하고 기도하는 것이어야 하거늘 당신들은 어찌하여 먹고 마시고 즐기느냐고 묻습니다. 이 질문에 대한 예수님의 대답을 보십시오.

"예수께서 그들에게 이르시되 혼인 집 손님들이 신랑과 함께 있을 때에 너희가 그 손님으로 금식하게 할 수 있느냐"(눅 5:34).

물론 금식이 필요한 때도 있습니다. 예수님은 그때가 올 것이라고 말씀하십니다.

"그러나 그날에 이르러 그들이 신랑을 빼앗기리니 그날에는 금식할 것이니라"(눅 5:35).

여기서 '그날'은 예수님의 십자가 사건을 말씀하신 것으로 보입니다. 그러나 지금 신랑 되신 예수님과 함께 있는 이 시간은 기쁨으로 잔치할 시간이라는 것입니다.

예수님은 복음적 삶의 본질을 위대하게 표현하십니다. 그것은 바로 축제의 삶, 혹은 기쁨의 삶이어야 한다는 것입니다. 세상 모든 종교가 금욕주의적 성향이라면, 그리스도의 복음은 축제의 삶을 지향합니다. 마태복음 2장 10절에 보면 동방의 박사들이 메시아의 별을 보고 따라가 아기 메시아의 처소를 발견한 순간 "그들이 별을 보고 매우 크게 기뻐하고 기뻐하더라"라고 기록합니다. 또한 예수님은 한 영혼이 주께 돌아오는 순간 '하늘에서는 의인 아흔아홉으로 인한 것보다 더한 기쁨'(눅 15:7)이 있다고 말씀하십니다. 복음은 모든 백성에게 미칠 큰 기쁨의 좋은 소식(눅 2:10)입니다. 사도행전 8장 8절은 사마리아 성에 복음이 증거되었을 때 "그 성에 큰 기쁨이 있더라"라고 했습니다. 이 복음을 받은 빌립보 성도들에게 바울은 감옥에서도 "주 안에서 항상 기뻐하라 내가 다시 말하노니 기뻐하라"(빌 4:4)라고 말합니다. 그리스도의 복음은 우리를 종교적으로 무거운 짐을 지고 슬퍼하게 하는 것이 아니라, 구원의 기쁨으로 새 인생을 살게 하는 것입니다.

과거 율법 종교인 유대교의 두 가지 경건의 표현은 '구제와 금식'이었습니다. 마태복음 6장에서 예수님도 참된 구제와 금식에 대해 가르치십니다. 그러나 진정한 경건은 무엇을 하느냐, 안 하느냐의 차원이 아니라, 무엇을 표현하고 사느냐가 더 중요한 것입니다. 예수님의 선물인 구원의 기쁨이야말로 새로운 삶의 본질입니다. 그런 기쁨의 삶에 대한 기대야말로 새 시대, 새 인생의 본질이라고 할 수 있습니다.

새것을 담을 그릇을 준비해야 한다

예수님은 새 시대를 기다리는 사람들에게 필요한 준비를 이런 비유로 전하십니다.

"새 포도주는 새 부대에 넣어야 할 것이니라"(눅 5:38).

새 포도주는 말할 것도 없이 예수님이 가지고 오신 하나님 나라의 복음입니다. 그렇다면 이 새 포도주를 담을 새 부대, 새 그릇은 무엇을 의미하는 것일까요? 저는 그것을 '복음적 사고방식'(evangelical way of thinking)과 '복음적 생활방식'(evangelical way of life)이라고 말하고 싶습니다. 사람들이 복음을 수용하고 예수를 믿었는데 왜 일상에서 구체적인 변화가 보이지 않는 것일까요? 아직도 그는 복음적으로 생각하고 복음적으로 사는 것을 배우지 못한 까닭입니다. 저는 이것이 오늘날 한국 기독교의 가장 큰 숙제라고 생각합니다.

우리가 그리스도 안에서의 새 인생을 기대함에 있어 그 중요한 본질이 주님이 주신 구원의 기쁨을 표현하는 것이라고 앞서 말한 바 있습니다. 그러나 그런 기쁨이 선한 영향력으로 나타나려면 이제부터 우리의 생각과 행동이 중요합니다. 바울 사도는 빌립보 교인들에게 '주안에서 항상 기뻐하는 삶'을 권면한 다음 이렇게 말합니다.

"끝으로 형제들아 무엇에든지 참되며 무엇에든지 경건하며 무엇에든지 옳으며 무엇에든지 정결하며 무엇에든지 사랑받을 만하며 무엇에든지 칭찬받을 만하며 무슨 덕이 있든지 무슨 기림이 있든지 이것들을 생각하라"(빌 4:8).

'이것들을 생각하라'고 했습니다. 이것이 바로 복음적 사고방식이라고 할 수 있습니다. 복음에 합당한 사고로 자신의 존재를 만들어 가는 것입니다. 그럴 때 우리 안에 존재하는 구원의 기쁨이 놀라운 영향력을 지니게 되어 우리는 세상의 소금과 빛이 되는 것입니다. 그러나 바울은 생각을 강조하는 것으로 끝내지 않고 이어서 복음적 행함을 강조합니다.

"너희는 내게 배우고 받고 듣고 본 바를 행하라 그리하면 평강의 하나님이 너희와 함께 계시리라"(빌 4:9).

빌립보서 4장 8-9절을 통해 우리는 두 가지 중요한 그리스도인의 복음적 삶의 키워드를 정리할 수 있습니다. 하나는, '생각하라'(8절)입니다. 다른 하나는, '행하라'(9절)입니다. 이것을 합하면 '생각하고 행동하라'입니다. 복음에 합당한 사고를 하고, 복음에 합당한 행동을 하라는 것입니다. 바울 사도는 이미 빌립보서 1장 27절에서 이런 삶의 본질을 단순하고 분명하게 전달한 바 있습니다.

"오직 너희는 그리스도의 복음에 합당하게 생활하라."

여기 '생활하라'라는 단어의 본래의 뜻은 '공적 시민답게 살라'는 것입니다. 그러니까 '하나님 나라의 시민답게, 백성답게 살라'는 의미입니다. 그러기 위해서 그리스도의 복음에 합당한 사고방식과 그리스도의 복음에 합당한 생활양식을 개발하라는 것입니다. 바울 사도의 표현을 빌리면, 복음에 합당하게 생각하고 행동하라는 것입니다. 그 결과가 바로 복음에 합당한 생활입니다. 우리 중에 많은 사람은 이미 복음이신 예수님을 구원의 주로 영접했습니다. 이제 그 복음이신 주님을 자랑스럽게 증거하는 삶을 살아가려면 우리의 생각과 행동의 그릇에 주님을 담아야 합니다. 이것이 바로 새 포도주를 새 부대에 담는 작업입니다.

우리가 받아들인 새롭고도 영원한 복음은 우리에게 새로운 사고방식과 새로운 행동을 요구합니다. 이런 경우를 생각해 보십시오. 아들이 없던 임금이 암행 시찰을 나갔다가 궁궐 가까운 다리 밑에서 구걸하던 소년이 영특하게 보여 그를 궁궐로 데리고 와 양자로 삼고 새 이름을 지어 준 후 새 옷과 새 침실을 주었습니다. 그런데 밤이 되자 그가 궁궐을 빠져나가 다리 밑으로 돌아가 버립니다. 거기가 편하고 익숙하다는 것입니다. 왕이 뭐라고 했을까요? "아들아, 너는 이제 왕자답게 생각하고 왕자답게 살아야 한단다. 왕자는 어디에서 자야 하는가, 왕자는 어떤 말을 해야 하는가와 같이 왕자답게 처신하는 것을 배우는 것, 그것이 바로 왕자의 길이란다." 이것이 바로 하나님의 자녀 된 사고방식과 생활양식을 배워야 하는 우리의 숙제입니다. 이제 복음의 새 시대를 준비합시다.

그리스도의 복음은
우리를 종교적으로 무거운 짐을 지고
슬퍼하게 하는 것이 아니라,
구원의 기쁨으로 새 인생을 살게 하는 것입니다.

"안식일에 예수께서 밀밭 사이로 지나가실새 제자들이 이삭을 잘라 손으로 비비어 먹으니 어떤 바리새인들이 말하되 어찌하여 안식일에 하지 못할 일을 하느냐 예수께서 대답하여 이르시되 다윗이 자기 및 자기와 함께한 자들이 시장할 때에 한 일을 읽지 못하였느냐 그가 하나님의 전에 들어가서 다만 제사장 외에는 먹어서는 안 되는 진설병을 먹고 함께한 자들에게도 주지 아니하였느냐 또 이르시되 인자는 안식일의 주인이니라 하시더라 또 다른 안식일에 예수께서 회당에 들어가사 가르치실새 거기 오른손 마른 사람이 있는지라 서기관과 바리새인들이 예수를 고발할 증거를 찾으려 하여 안식일에 병을 고치시는가 엿보니 예수께서 그들의 생각을 아시고 손 마른 사람에게 이르시되 일어나 한가운데 서라 하시니 그가 일어나 서거늘 예수께서 그들에게 이르시되 내가 너희에게 묻노니 안식일에 선을 행하는 것과 악을 행하는 것, 생명을 구하는 것과 죽이는 것, 어느 것이 옳으냐 하시며 무리를 둘러보시고 그 사람에게 이르시되 네 손을 내밀라 하시니 그가 그리하매 그 손이 회복된지라 그들은 노기가 가득하여 예수를 어떻게 할까 하고 서로 의논하니라"(눅 6:1-11).

16. 안식일의 주인, 예수

> 안식일은 피조물인 우리가 육체와 마음의 회복을 경험하며
> 다시 창조와 회복의 주님을 찬양하는 날입니다.

오늘 이 시대를 살아가는 그리스도인들에게 안식일은 도대체 어떤 의미를 갖는 날이어야 할까요? 정직하게 말하면, 우리는 이미 오래전부터 성경적인 안식일의 의미를 망각하고 살아오지 않았는가 생각됩니다. 다만 피상적이 아닌 보다 진지한 신앙생활을 추구하는 그리스도인들에게는 아직도 '주일 성수'라는 개념이 살아 있어, 주일이 오면 약간의 고민을 하면서 교회로 발걸음을 옮기는 이들을 만날 수 있습니다. 그런 이들에게 안식일로서의 주일이 주는 고민은 대체로 '이날 무엇을 할 것인가'보다 '무엇을 안 할 것인가'라는 문제의식일 것입니다. 그것은 아마 우리보다 더 엄격하게 신앙생활을 추구했던 우리 부모들이 남겨 준 유산 때문일지도 모릅니다. 그래서 우리는 스스로에게 묻습니다. '주일에 소풍이나 짧은 여행을 가도 괜찮을까?' '주일에 영화를 봐도 되는 건가?' '주일에 외식을 해도 괜찮을까?' 아마도 우리 부모들이

보여 준 모범을 따라 이런 질문들과 아직도 씨름하는 성도들이 적지 않을 것입니다.

제가 생각하는 정답부터 말하자면, 구약의 의식법으로서의 안식일은 이 모든 의식의 실체인 예수님이 오셨을 때 그리고 그분의 십자가 사건 이후 모든 의식법과 더불어 폐기된 것으로 보는 것이 옳다고 믿습니다. 우리는 더 이상 양이나 염소를 잡아 제사할 필요가 없습니다. 레위기에 등장하는 많은 절기와 제사법을 지킬 필요가 없습니다. 이 모든 것은 우리의 속죄양 되신 예수님의 죽음과 부활로 그 의미가 완성되었기 때문입니다. 그래서 성경에 보면, 예수님의 부활 이후 그분의 처음 제자들은 구약의 안식일, 즉 토요일이 아닌 안식 후 첫날(다음날) 주일(일요일), 곧 예수 부활의 날에 함께 모여 주님을 예배하고 이날 주님이 기뻐하시는 일을 하고자 했습니다. 그러므로 더 이상 안식일의 율법에 의식적으로 매일 필요는 없지만, 도덕법으로서의 안식일 정신만은 주일을 통해 구현하고자 한 것이 정통 기독교의 입장이었습니다. 따라서 우리는 오늘의 주일이 구약의 안식일의 의미를 완성하고 승화시켰다고 믿는 것입니다.

이런 우리에게 본문은 특별한 의미로 다가오는 말씀이 아닐 수 없습니다. 본문에서 예수님은 안식일에 당신의 제자들이 밀밭에서 밀 이삭을 먹은 것을 옹호하시고, 안식일에 회당에서 오른손이 마른 병자를 고치심으로 당시에 율법을 문자 그대로 지키고자 한 바리새인들을 분노하게 하셨습니다. 이때 예수님의 유명한 선언이 본문 5절에 기록되어 있습니다.

"또 이르시되 인자는 안식일의 주인이니라 하시더라."

대체 이 말씀의 진의는 무엇일까요? 아니, '인자는 안식일의 주인'
이라는 선언에서 본 안식일의 참된 의미는 무엇이어야 할까요?

하나님을 하나님 되시게 하는 날

우선 본문의 두 번째 에피소드에서 예수님은 손 마른 사람의 병을 말
씀 한마디로 고치십니다. 이는 무엇을 말합니까? 이분이 곧 말씀으로
만물을 창조한 하나님이심을 드러내는 사건이 아닙니까?

"무리를 둘러보시고 그 사람에게 이르시되 네 손을 내밀라 하시니 그
가 그리하매 그 손이 회복된지라"(눅 6:10).

흔히 기독교 세계관을 말할 때 꼽는 네 가지 요소가 있는데, 창조와
타락, 구원과 회복이 그것입니다. 이 관점에 의하면 창조의 하나님이
곧 회복의 하나님이십니다. 본문의 사건은 예수님이 그것을 증명해 보
이신 것입니다. 그러나 바리새인들은 예수께서 말씀으로 병자를 치유

하신 것도 노동에 속한다고 논쟁을 시도합니다. 안식일의 주인이신 창조와 회복의 하나님의 임재를 깨닫지 못하고 말입니다.

전통적으로 안식일에 해야 할 중요한 일은 회당이나 집에 가서 성경을 읽고 기도하며 시간을 보내는 것입니다. 왜 그렇게 합니까? 엿새 동안 바쁘게 일에 몰두하면서 삶의 주인이신 하나님을 잊고 살아왔기에, 이제 말씀과 기도로 삶의 초점을 하나님께 돌려 다시 그분을 바라보고 그분을 경배하는 것이 마땅하기 때문입니다. 그렇습니다. 안식일은 피조물인 우리가 육체와 마음의 회복을 경험하며 다시 창조와 회복의 주님을 찬양하는 날입니다. 그렇다면 그날 예수님의 능력의 말씀을 듣고 회복의 은혜를 목격한 바리새인들이 창조자이신 예수님 앞에 엎드려 경배할 수 있었다면 그들은 생애 최고의 안식일을 맞이할 수도 있었을 것입니다. 그러나 그들의 반응을 보십시오.

"그들은 노기가 가득하여 예수를 어떻게 할까 하고 서로 의논하니라"(눅 6:11).

이것이야말로 참된 안식일의 정신을 망각한 타락한 인생의 반응이 아닙니까? 기억하십시오. 안식일은 하나님을 하나님 되시게 하는 날입니다.

사람을 사람 되게 하는 날

IIIIIIIIIIIIIIIIIIIIIIIIIIIIIIIIIIIIIIIIIIII

본문의 첫 번째 에피소드는 예수님의 제자들이 안식일에 밀밭에서 이삭을 잘라 먹은 데서 사건이 출발합니다.

> "안식일에 예수께서 밀밭 사이로 지나가실새 제자들이 이삭을 잘라 손으로 비비어 먹으니[의사 누가의 관찰력이 돋보이는 장면] 어떤 바리새인들이 말하되 어찌하여 안식일에 하지 못할 일을 하느냐"(눅 6:1-2).

먼저 신명기 23장 25절을 읽고 율법이 본래 가르치는 바를 기억해 두십시오.

> "네 이웃의 곡식밭에 들어갈 때에는 네가 손으로 그 이삭을 따도 되느니라 그러나 네 이웃의 곡식밭에 낫을 대지는 말지니라."

그러니까 가난하고 배고픈 인생들을 위해 곡식의 이삭 정도를 먹는 것은 율법에도 허용된 일이었습니다. 그러나 바리새인들은 율법을 지키는 서른아홉 가지 인위적 규칙들을 추가해서 이삭을 비벼 먹는 것도 노동이라고 고발한 것입니다. 이에 예수님은 옛날 다윗 왕과 배고픈 부하들이 하나님의 전에 들어가 제사장의 허락을 받고 진설병을 먹은 실례를 상기시켜 주십니다.

"그가 하나님의 전에 들어가서 다만 제사장 외에는 먹어서는 안 되는
진설병을 먹고 함께한 자들에게도 주지 아니하였느냐"(눅 6:4).

그러나 바리새인들에게는 굶주린 사람들의 문제 해결보다 안식일
의 규칙이 더 큰 문제였습니다. 그래서 예수님은 손 마른 사람의 치유
에 임하며 그들에게 물으십니다.

"예수께서 그들에게 이르시되 내가 너희에게 묻노니 안식일에 선을
행하는 것과 악을 행하는 것, 생명을 구하는 것과 죽이는 것, 어느 것
이 옳으냐 하시며"(눅 6:9).

그들이 망각한 것은 안식일 본래의 정신이었습니다. 안식일은 사
람을 위한 것임을 잊은 것입니다. 마가복음에 기록된 같은 맥락의 말
씀을 보십시오.

"또 이르시되 안식일이 사람을 위하여 있는 것이요 사람이 안식일을
위하여 있는 것이 아니니"(막 2:27).

구약학자 월터 브루그만(Walter Brueggemann)은 그의 저서 《안식일
은 저항이다》(복있는사람 역간)에서 본래 안식일이 이스라엘 백성에게
주어진 목적은 끝없는 생산을 요구하며 인간됨을 빼앗아 가던 파라오

의 시스템에서 해방과 자유를 주기 위해서라고 말합니다.

로마 통치 시대에 로마의 정치가들과 철학자들이 안식일은 유대인들의 게으름의 증거라고 비난했을 때 유대인의 대변자 필론(Philo of Alexandria)은, "그것은 안식일에 대한 가장 큰 오해다 … 이 계명의 목적은 사람들을 끝없는 수고에서 잠시라도 벗어나게 하고 그들의 육체와 마음을 재충전하여 활기 있는 모습으로 일터로 돌아가게 하려는 것이다"라고 말합니다. 또한 안식일의 신학자라고 불리는 아브라함 헤셸(Abraham Joshua Heschel)은 그의 책《안식》(복있는사람 역간)에서 이렇게 우리를 초대합니다.

안식일의 거룩함으로 들어가고자 하는 사람은 먼저 속물근성, 곧 시끌시끌한 흥정과 수고의 멍에를 내려놓아야 한다. 불협화음으로 소란스러운 날들, 신경질을 부리며 맹렬히 타오르는 소유욕, 자신의 생명을 배반하고 야금야금 갉아먹는 상태에서 벗어나야 한다 … 안식일은 기분 전환이나 쓸데없는 짓, 불꽃놀이나 재주넘기를 하는 날이 아니다. 갈가리 찢어진 삶을 수선하고, 시간을 낭비하는 것이 아니라 집중하는 날이다.

한마디로 안식일은 사람을 사람 되게 하는 날입니다.

영원한 안식을 준비하는 날

우리는 종종 천국을 영원한 안식의 처소라고 말합니다. 그런데 그곳에 가서 어떻게 영원토록 안식할 것인지를 생각해 본 적이 있습니까? 그냥 쉬거나 낮잠을 자면서 보내지는 않을 것이라는 힌트를 우리는 이미 본문에서 받지 않았습니까? 본문 9절의 말씀처럼 안식일에 선을 행하는 것, 생명을 살리는 활동이 가능하다면, 안식과 예배와 함께 허용될 또 다른 선하고 아름다운 생명의 누림이 있다는 것을 짐작할 수 있지 않겠습니까?

하나님의 신비로움과 위엄을 지칭하는 중요한 히브리어 단어는 '카도쉬'(kadosh)입니다. '구별된' 혹은 '거룩한'이라는 말로 번역되는, 문자 그대로 신성한 단어입니다. 카도쉬라는 말은 창세기에 단 한 번 사용되는데, 시간, 곧 안식일을 뜻할 때 사용됩니다.

"하나님이 그 일곱째 날을 복되게 하사 거룩하게 하셨으니"(창 2:3).

이날은 그냥 무엇을 안 하는 날이 아니라, 기쁨의 날이고, 행복의 날입니다. 시간 속에서 영원을 경험하는 날입니다. 우리의 모든 슬픔이 치유되고, 우리의 영혼이 황홀한 평화를 경험하는 날입니다. 헤셸의 말을 빌리면, 그날은 '시간 속의 궁전'입니다. 그날은 히브리어로 '메누하'(menuha)를 누리는 날입니다. 그분이 우리를 푸른 풀밭에 누이시고, 쉴 만한(메누하) 물가로 인도하십니다. 후대에 이르러 메누하는 히브리인들에게 '영생'과 동의어로 쓰이게 되었다고 합니다. 다시 헤셀의 말을 들어 보십시오.

안식일은 조화와 평화를 이루는 날이다. 사람과 사람 사이에 평화를 이루고, 인간 내면에 평화를 이루며, 만물과 평화를 누리는 날이다 … 이 세계에 있는 모든 신성한 것이 하나님과 하나가 되는 날, 안식일이야말로 우주의 행복이다.

히브리인들은 안식일을 잘 준비하는 방식을 신부 맞이/여왕 맞이처럼 하면 된다고 말합니다. 신랑이 혼삿날에 일을 내려놓고 신부만을 즐거워하고 기뻐하듯 해야 한다고 말합니다. 안식일은 수단이 아니고 목적이라고 말합니다. 안식일이 한 주간을 위해 존재하는 것이 아니라, 한 주간이 안식일을 위해 존재한다고 말합니다. 그날은 영원한 시간을 맞이하는 연습의 날입니다. 다시 말하면, 안식일은 천국 생활을 연습하는 날인 것입니다. 다시 헤셀의 말을 인용하겠습니다.

이 세상에 있는 동안 안식일의 맛을 음미할 줄 모르는 사람, 영생의 진가를 인정하지 않는 사람이 내세에서 영원의 맛을 즐길 수는 없는 일이다. 안식일의 아름다움을 경험하지 못한 사람이 천국에 이르거나, 안식일의 아름다움을 느끼지 못한 사람이 천국으로 인도되는 것만큼 슬픈 운명도 없을 것이다.

헤셀에 의하면, 창조자 하나님은 모든 만물을 선하게 지으셨을 뿐, 거룩하게 짓지는 않으셨습니다. 오직 안식의 날만을 거룩하게 구별하셨습니다. 이날 거룩하신 분을 만나고 예배할 때 비로소 우리 또한 거룩하게 될 수 있는 것입니다.

우리가 성경에서 안식을 주제로 연구해 보면 하나님은 정말 안식을 주고 싶어 하시는 분임을 알 수 있습니다. 그분은 비단 한 주간의 안식일만 준비하신 것이 아니라, 여섯 해가 지난 다음 해(7년째 되는 해)를 안식년으로 준비하십니다. 그런가 하면 7년이 일곱 번(7×7=49), 곧 49년이 지난 다음 해(50년)를 희년으로 준비하십니다. 히브리인들에게 인생은 안식일을 누리고, 안식년을 누리고, 이어서 희년도 누린 다음 영원한 천국으로 떠나는 삶입니다. 이런 안식의 의미를 제대로 배우고 믿음의 삶을 살아간다면 그리스도인의 인생에 있어 매 주일의 기다림이 참된 안식을 누리기 위한 여정, 천국을 위한 여정이 되지 않겠습니까? 이런 안식의 여정을 방해하는 오직 한 가지는 인간의 죄입니다. 2천 년 전, 하나님의 아들 예수님은 이 땅에 와서 우리를 초대하셨습니다.

"수고하고 무거운 짐 진 자들아 다 내게로 오라 내가 너희를 쉬게 하리라"(마 11:28).

우리의 수고와 무거운 죄의 짐을 지고 십자가에 달려 대신 심판을 받으신 분, 오직 예수님만이 우리에게 참된 쉼과 용서 그리고 영생을 선물로 주실 수 있습니다. 이 예수님이 우리에게 선포하십니다. "인자는 안식일의 주인이니라"(눅 6:5)라고 말입니다. 이제 이 안식일의 주인을 영접하고 안식을 선물로, 영원한 천국을 선물로 받지 않겠습니까?

"이때에 예수께서 기도하시러 산으로 가사 밤이 새도록 하나님께 기도하시고 밝으매 그 제자들을 부르사 그중에서 열둘을 택하여 사도라 칭하셨으니 곧 베드로라고도 이름을 주신 시몬과 그의 동생 안드레와 야고보와 요한과 빌립과 바돌로매와 마태와 도마와 알패오의 아들 야고보와 셀롯이라는 시몬과 야고보의 아들 유다와 예수를 파는 자 될 가룟 유다라"(눅 6:12-16).

17. 예수, 제자 선택의 기준

> 예수의 제자들은 예수의 마음과 정신을 잘 배운 후에,
> 때가 찬 시간에 다시 세상으로 가라는 선교사적 소명에
> 순종할 각오가 되어 있어야 합니다.

리더십에 관심을 가진 사람들이 연관된 도서들을 인터넷에서 검색하
다 보면 반드시 존 맥스웰이라는 이름의 저자를 만나게 됩니다. 그가
쓴 리더십에 관련한 책들이 대략 20여 권을 넘어서고 있습니다. 그는
본래 평범한 목회자였습니다. 그러나 작은 교회에 부임해서 그 교회가
미국 10대 교회에 이르도록 열정적으로 교회 성장에 기여했습니다. 그
는 자신의 사역의 특성이라 할 수 있는 '개인 심방'과 '중보 기도 사역'
을 강조함으로 교회 성장을 이루었습니다.

저는 그의 책에서 리더십과 중보 기도 사역에 도전을 받았습니다.
그러나 리더십을 공부하면 할수록 보다 전문적인 리더십 개발이 필요
하다고 느낀 그는 교회 목회를 떠나 '인조이'(Injoy)라는 리더십 컨설팅
그룹을 만들어 교회 안과 밖, 세속 사회, 비즈니스 세계에 이르는 리더
십 훈련과 개발에 힘쓰고 있습니다. 그는 리더십을 이렇게 정의합니

다. "리더십이란 타이틀이나 위치나 통계 차트를 의미하는 것이 아니라, 한 사람이 다른 사람에게 끼치는 삶의 영향력이다." 그리고 그는 자신의 리더십의 원리를 성경과 예수님에게서 배웠다고 고백합니다.

본문은 예수님이 당신의 열두 제자를 선택하신 배경을 보여 주고 있습니다. 이 열두 제자는 바로 예수님에게서 리더십을 배워 그의 영향력을 전 세계에 확산시킬 사람들이었습니다. 그러나 아무나 제자로 선택할 수는 없는 일입니다. 그분에게는 그분 나름대로의 제자 선택의 기준(standard)이 있었습니다. 후일 예수님의 가장 탁월한 제자라 할 수 있는 바울 사도도 그의 사역의 후계자인 디모데에게 편지를 쓰면서 이런 제자 선택의 중요성을 언급한 적이 있습니다.

"또 네가 많은 증인 앞에서 내게 들은 바를 충성된 사람들에게 부탁하라 그들이 또 다른 사람들을 가르칠 수 있으리라"(딤후 2:2).

여기서 분명한 것은 영향력의 계승입니다. 그들이 또 다른 사람들을 가르칠 수 있어야 한다는 것입니다. 그러기 위해서 디모데에게 '네게 들은 바를 다시 전수할 수 있는 충성된 사람들을 선택하라'고 권고하고 있습니다. 여기 '충성된 사람들'이 NIV 성경에는 'reliable people'(신뢰할 수 있는 사람들)로, KJV 성경에는 'faithful men'(충성스러운, 성실한 사람들)으로 되어 있습니다. 아무나 붙들고 내가 소중하게 여기는 가치를 전수하겠다고 시간을 낭비할 수는 없는 일입니다. 여기에 제자 선택의 기준이라는 명제가 등장하는 것입니다. 그렇다면 예수님의 제자 선택의 기준은 무엇이었을까요?

하나님 마음에 합한 사람들

> "이때에 예수께서 기도하시러 산으로 가사 밤이 새도록 하나님께 기도하시고 밝으매 그 제자들을 부르사 그중에서 열둘을 택하여 사도라 칭하셨으니"(눅 6:12-13).

먼저 예수께서 열두 제자를 선택하기 전에 밤을 새워 하나님께 기도하셨다는 것을 기억하십시오. 왜 하나님께 기도하셨을까요? 하나님 나라의 일을 할 사람들이니 하나님 마음에 합한 사람들을 분별하시기 위함이 아니었겠습니까? 본문을 기록한 사람은 누가입니다. 그는 다시 누가복음의 속편이라 할 수 있는 사도행전을 기록하며 사울 왕 대신 다윗을 왕으로 세우신 이유를 이야기합니다.

> "폐하시고 다윗을 왕으로 세우시고 증언하여 이르시되 내가 이새의 아들 다윗을 만나니 내 마음에 맞는 사람이라 내 뜻을 다 이루리라"(행 13:22).

여기 다윗을 가리켜 '내 마음에 맞는 사람' 혹은 '내 뜻을 다 이룰 사람'이라는 표현을 사용한 것을 주목하십시오. 하나님의 일을 할 사람, 혹은 하나님의 뜻을 이룰 사람이 하나님의 뜻에 맞지 않는다면 말이 안 되는 일입니다.

예수님이 이 땅에 오신 이유가 무엇입니까? 하나님의 뜻을 이루기 위해, 혹은 하나님 나라를 건설하기 위해 오신 것이 아닙니까? 그런 그분의 심정이 제일 잘 담긴 것이 그분이 가르치신 기도일 것입니다.

"나라가 임하시오며 뜻이 하늘에서 이루어진 것같이 땅에서도 이루어지이다"(마 6:10).

그러면 마땅히 그분의 제자들은 하나님의 뜻을 이루는 일, 하나님 나라가 세워지는 일에 궁극적 관심을 가진 사람들이어야 할 것입니다. 그래서 그것을 분별하기 위해 기도하신 것입니다.

예수님이 기적을 행하고 감동적인 말씀을 전하시자 그분을 따르는 많은 무리가 생겼습니다. 그러자 예수님의 남아 있는 사역 기간에 그분의 마음을 전수할 제자들의 선택의 필요가 등장한 것입니다. '제자'의 희랍어 원어인 '마데테스'(mathetes)에는 본래 '잘 배우는 사람'이라는 뜻이 들어 있습니다. 리더는 리더가 되기 전에 먼저 '잘 배우고자 하는 마음'이 있어야 합니다. 잘 배운 사람이 잘 가르칠 수 있습니다. 그렇다고 이 배움은 단순한 지식의 습득만이 아닙니다. 하나님의 마음을 배워야 하나님의 마음으로 그분의 나라를 세울 수 있습니다. 예수님의 마음을 먼저 배워야 그 마음으로 하나님의 뜻을 펼쳐 갈 수 있습니다. 빌립보서 2장 5절의 말씀을 기억하십시오.

"너희 안에 이 마음을 품으라 곧 그리스도 예수의 마음이니."

이 마음을 품은 사람들이 그리스도 예수의 제자입니다. 주님은 그런 제자들이 선택되어 세워지기를 원하신 것입니다. 오늘 우리는 그런 제자가 되어 가고 있을까요?

세상으로 다시 보낼 사람들
|||||||||||||||||||||||||||||||||||||||||||||

"밝으매 그 제자들을 부르사 그중에서 열둘을 택하여 사도라 칭하셨으니"(눅 6:13).

본문은 주님이 열두 사람을 제자로 부르셨다고 말씀합니다. 앞서 언급한 것처럼 제자란 잘 배우는 사람입니다. 그러나 그들을 배우고 또 배우기를 반복하는 직업적 학생이 될 자로 부르신 것은 아닙니다. 위의 말씀에서 이 열두 제자를 주님은 제자가 아닌 사도라 칭하셨다는 것을 주목하십시오. 사도라는 말의 원어인 '아포스톨로스'(apostolos)

는 본래 '보냄을 받은 사람'이라는 뜻입니다. 오늘날 이 단어와 가장 유사한 말이 바로 '선교사'(missionary)인데, 선교사는 '미시오'(missio, 보내다)라는 라틴어 단어에서 나온 말입니다. 그들은 처음부터 제자로 배우고, 사도가 되어 세상으로 보냄 받을 목적으로 택함을 받았습니다. 군인으로 택함 받은 사람들에게는 반드시 훈련소에서의 배움의 시간이 필요합니다. 그러나 그들은 훈련소에 계속 머물 자들이 아닙니다. 그들은 전선으로 보냄을 받아야 합니다. 거기서 전투를 함으로 승리를 가져와야 할 자들입니다.

전선으로 보냄 받기를 두려워하는 자들이 있다면, 애당초 그들을 선택해서 훈련을 받게 하는 일이 무의미할 것입니다. 마찬가지로 예수의 제자들이 세상으로 보냄 받기를 두려워한다면, 그들은 처음부터 예수의 제자로 부름 받을 자격이 없다고 해야 할 것입니다. 세상은 죄가 많은 곳이지만, 예수의 제자들이 싸워 이겨야 할 전쟁터이기 때문입니다.

요한복음 17장을 읽어 보면, 이 세상을 떠나기 전 예수님은 당신의 제자들을 위해 기도하면서 그들과 세상의 관계를 두 가지 전망에서 말씀하고 계십니다. 첫째, 그들은 세상에 속한 자가 아니라는 것입니다.

"내가 세상에 속하지 아니함같이 그들도 세상에 속하지 아니하였사옵나이다"(요 17:16).

그런 의미에서 예수의 제자들은 결코 세속주의자가 되어서는 안 됩니다. 그러나 동시에 그들은 세상 한복판에서 살아가야 할 자들입니다.

> "아버지께서 나를 세상에 보내신 것같이 나도 그들을 세상에 보내었
> 고"(요 17:18).

예수께서는 아버지 하나님으로부터 보내심을 받아 육신을 지닌 인간으로 세상 한복판에 살면서 제자들에게 "너희는 세상의 빛과 소금이 되어라"라고 말씀하십니다. 그런 의미에서 예수의 제자들은 결코 도피주의자가 되어서는 안 됩니다. 그들은 죄 많은 이 세상과 맞장을 뜰 기개를 가져야 합니다.

그러므로 예수의 제자들은 예수의 마음과 정신을 잘 배운 후에(제자들), 때가 찬 시간에 다시 세상으로 가라는 선교사적 소명에 순종할 각오가 되어 있어야 합니다. 그것이 바로 선교사요, 이 시대의 사도들인 것입니다.

역동적인 관계의 틀 안에서 성숙할 사람들

본문 14-16절에는 열두 사도의 이름이 열거됩니다. 그런데 누가는 특히 그중 세 제자에게 특별한 주목을 하도록 강조합니다. 그는 우선 처음 나오는 제자를 소개하며 '베드로라고도 이름을 주신 시몬'이라고

기록하고 있습니다. 잘 아는 것처럼 그는 예수님의 수제자입니다. 항상 첫째로 언급되고 있습니다. 그의 본명은 시몬인데, 예수님을 만나 베드로라는 별명을 얻게 되었습니다. 베드로는 '반석'(petros)이라는 뜻을 갖습니다. 예수님은 그가 반석처럼 심지가 굳은 사람이 못 되는 것을 잘 알면서도 "네가 … 장차 게바[반석]라 하리라"(요 1:42)라고 말씀하십니다. 그리고 "너는 베드로라 내가 이 반석 위에 내 교회를 세우리니"(마 16:18)라고 말씀하십니다. 그가 마침내 반석같이 심지가 견고한 사람으로 변화되어 예수 그리스도의 교회의 기초를 형성할 사도가 될 것을 기대하고 그를 부르셨던 것입니다. 예수님은 이미 다 갖추어진 사람이 아니라, 시간을 두고 변화되어 주의 뜻에 합한 사람으로 성숙할 것을 기대하고 당신의 제자로 부르신 것을 알 수 있습니다.

두 번째로 주목할 제자는 본문 15절에 등장하는 '셀롯이라는 시몬'입니다. 셀롯은 희랍어 원어로 '젤로테스'(zelotes), 영어로는 zealot(zeal=열심)이라 하는데, 예수님 당시 열혈 민족주의자로서 소위 '열심당원'이라고 불리던 사람이었습니다. 그는 무엇보다 반 로마주의자로서 로마에서 자기 민족을 해방시키는 일에 헌신한 사람이었습니다. 이러한 그룹에 속한 사람이 예수의 제자 그룹에 들어올 경우 여러 문제를 야기할 수 있다는 것은 누구든 예상할 수 있는 일입니다. 우선 그는 제자 마태와 극도의 갈등을 예상할 수 있습니다. 마태는 세리 출신이 아닙니까? 세리는 로마 정부에 의해 고용되어 일하던 친 로마적 부류의 사람입니다. 그들은 로마 정부가 기대하던 세금보다 좀 더 무거운 세금을 유대인들에게 부과해 중간에서 그 이익을 가로채곤 했습니다. 그래서 유대인들에게 세리는 최고의 혐오의 대상이었고, 유대인들은 세리를 아예 사람 취급조차 하지 않았습니다. 그런 셀롯인 시몬과 세리 마태를 둘 다 제자로 삼은 예수님은 "새 계명을 너희에게 주노니 서로 사랑하라 내가 너희를 사랑한 것같이 너희도 서로 사랑하라"(요 13:34)라고 말씀하십니다. 진정한 제자 됨의 자격으로 이념과 개성을 초월해서 이웃을 사랑함으로 성숙할 것을 기대하셨던 것입니다.

세 번째로 주목할 제자는 '예수를 파는 자 될 가룟 유다'입니다. 우리는 복음서 전체를 보며 예수님은 그가 당신을 팔 것을 알면서도 그를 제자로 삼으신 것을 알 수 있습니다. 왜 그렇게 하셨을까요? 우선 하나님의 뜻을 이루시기 위해서입니다. 가룟 유다의 배신은 가슴 아픈 일이지만, 역설적으로 그래서 예수님은 십자가를 통한 인류 구원의 섭리를 이루셨습니다. 하나님은 최악의 사건을 최선의 결과로 바꾸신 것입니다.

"예수께서 대답하시되 내가 너희 열둘을 택하지 아니하였느냐 그러나 너희 중의 한 사람은 마귀니라"(요 6:70).

예수님은 유다가 마귀의 도구 노릇 하는 것을 알면서도 그를 선택하셨습니다. 그리고 유다는 제자 그룹 중에서 아무의 의심도 받지 않고 공동체의 회계 역할까지 할 정도로 신임을 받았습니다. 그러나 그는 이중인격자였습니다. 이런 제자를 옆에 두고 다른 제자들은 스승을 배신할 자까지도 사랑해야 하는 제자 훈련을 받은 것입니다. 진정한 사랑은 밀접한 관계의 틀 안에서 부딪히고 다듬어지며 성숙해 갑니다. 우리가 가족 관계 안에서 인간다움의 성숙을 경험하는 것과 마찬가지입니다. 가족 관계야말로 얼마나 역동적 상황인지요!

오늘날 주의 제자들도 이러한 성숙을 위해 소그룹의 상황이 필요합니다. 그리하여 마침내 이 역동적 관계의 틀 안에서 예수님의 성품을 닮아 가며 세상을 변화시킬 사도로 성숙해 가는 것입니다. 당신은 예수께서 세상으로 보내시는 그분의 사도 중 한 사람으로 준비되며 성숙해 가고 있습니까?

하나님의 마음을 배워야 하나님의 마음으로
그분의 나라를 세울 수 있습니다.
예수님의 마음을 먼저 배워야
그 마음으로 하나님의 뜻을 펼쳐 갈 수 있습니다.

▶
◀
▶

"예수께서 눈을 들어 제자들을 보시고 이르시되 너희 가
난한 자는 복이 있나니 하나님의 나라가 너희 것임이요 지
금 주린 자는 복이 있나니 너희가 배부름을 얻을 것임이요
지금 우는 자는 복이 있나니 너희가 웃을 것임이요 인자로
말미암아 사람들이 너희를 미워하며 멀리하고 욕하고 너
희 이름을 악하다 하여 버릴 때에는 너희에게 복이 있도
다 그날에 기뻐하고 뛰놀라 하늘에서 너희 상이 큼이라 그
들의 조상들이 선지자들에게 이와 같이 하였느니라 그러
나 화 있을진저 너희 부요한 자여 너희는 너희의 위로를
이미 받았도다 화 있을진저 너희 지금 배부른 자여 너희는
주리리로다 화 있을진저 너희 지금 웃는 자여 너희가 애통
하며 울리로다 모든 사람이 너희를 칭찬하면 화가 있도다
그들의 조상들이 거짓 선지자들에게 이와 같이 하였느니
라"(눅 6:20-26).

18. 예수 제자의 역설 인생

예수의 제자들이 추구해야 할 인생은,
이 세대를 바라보고 통곡할 줄 아는 역설 인생입니다.

본문에는 마태복음 5장의 산상 수훈 팔복과 유사해 보이는 교훈이 기록되어 있습니다. 그러나 좀 더 주의 깊게 살펴보면, 마태복음의 산상 수훈은 "예수께서 무리를 보시고 산에 올라가 앉으시니"(마 5:1)라는 말씀으로 시작되는 반면, 본문인 누가복음 6장은 "예수께서 그들과 함께 내려오사 평지에 서시니"(눅 6:17)라는 말씀으로 시작되는 것을 알 수 있습니다. 그래서 이를 마태복음과 비교해서 '평지 보훈' 또는 '평지 설교'라고 부릅니다. 또한 마태복음 5장 1-12절은 여덟 개의 복의 교훈이 기록되었다 해서 '팔복 설교'로 알려져 있는 반면, 누가복음 본문에는 '네 개의 복과 네 개의 화 설교'가 기록되어 있습니다. 그리고 본문의 시작인 20절에는 "예수께서 눈을 들어 제자들을 보시고 이르시되"라고 기록되어 있어, 예수를 따르는 제자들의 삶의 역설을 증언하신 말씀으로 보입니다. 어떤 성경학자들은 이에 대해 예수님의 동일한 메시지가 마태의 시각과 누가의 시각으로 편집된 것으로 보기도 하지만, 예수님이 다른 장소와 다른 상황에서 팔복 메시지의 핵심을 네 개의 복과 네 개의 화로 다시 나누어 정리해 주신 말씀으로 보는 것이 더 정설입니다.

저의 설교자로서의 삶을 반추해 보면, 제가 중요하게 생각하는 메시지를 장소와 상황에 따라 설교의 핵심은 유사하되 약간의 강조점을 달리해서 전달할 때가 자주 있는데, 본문도 그런 상황이 아니었나 싶습니다. 무엇보다 예수께서 역설적 형태로 말씀을 전달하신 것이 본문의 더욱 두드러진 특성이라 할 수 있습니다. 같은 말씀이지만 말씀을 받는 제자들의 마음 상태에 따라 복이 될 수도 있고, 화가 될 수도 있다는 것입니다.

이런 경우를 논리학에서는 '역설', 영어로는 '패러독스'(paradox)라고 합니다. 얼핏 보고 들으면 일반적 진리와 모순이 되는 말씀이지만, 깊이 헤아려 생각해 보면 진리가 되는 말씀을 일컫는 말입니다. 보십시오. 세상은 결코 가난하거나 주린 자를 복되다고 하지 않습니다. 그런데 예수님은 그런 인생이 오히려 복될 수 있다고 하십니다. 이것이 바로 역설적 진리입니다. 그리고 예수의 제자들은 이런 역설의 인생을 사는 사람이어야 한다고 말씀하십니다.

누가는 예수님이 산상 수훈의 팔복에서 강조하신 네 가지 역설 인생을 소개합니다. 이제 예수 제자의 네 가지 복과 화에서 본 역설 인생을 생각해 보겠습니다.

'가난한 자의 복'과 '부요한 자의 화'
||||||||||||||||||||||||||||||||||||||||||||||||||||

마태복음 5장에 기록된 산상 수훈의 서막은 소위 팔복으로 시작되고 있습니다. 그러나 누가복음에는 팔복이 아닌 네 개의 복과 네 개의 화가 짝을 이루어 등장합니다. 그 첫째가 '가난한 자의 복과 부요한 자의 화'입니다.

> "예수께서 눈을 들어 제자들을 보시고 이르시되 너희 가난한 자는 복이 있나니 하나님의 나라가 너희 것임이요"(눅 6:20).

이 말씀의 짝은 본문 24절입니다.

> "그러나 화 있을진저 너희 부요한 자여 너희는 너희의 위로를 이미 받았도다."

무슨 말입니까? 가난한 자는 하나님 나라를 소유하는 복을 누리고, 부요한 자는 부요함으로 위로를 받고 오히려 화를 자초한 인생을 산다는 것입니다. 이것이 과연 물질의 가난을 예찬하고 물질의 부요를 정죄하는 말씀일까요? 이 말씀의 분명한 의미를 예수님께서는 마태복음 5장 3절에서 말씀하신 것으로 보입니다.

"심령이 가난한 자는 복이 있나니 천국이 그들의 것임이요."

다시 말하면, 예수께서는 심령의 가난함이 제자의 조건임을 말씀하신 것입니다. 여기서 가난은 누군가를 의존하지 않고는 스스로의 삶이 불가능한 상태를 뜻합니다. 그런 사람만이 하나님을 의존하게 되고, 그런 사람들이 바로 하나님의 다스림을 받는 복을 누린다는 것입니다. 반대로 부요한 사람은 부요 그 자체에 취한 나머지 부요를 신으로 섬기게 되고 그것으로 위로를 삼기 때문에 하나님을 필요로 하지 않습니다. 하나님을 필요로 하지 않는 삶, 그 자체가 저주요, 화가 아닙니까?

물질적으로 부자인 사람 중에도 마음이 가난한 사람이 있을 수 있습니다. 그는 물질이 있어도 물질을 의지하지 않고 하나님을 의지합니다. 그런 사람은 영적으로 심령이 가난한 사람일 수 있습니다. 부자인 아리마대 요셉이 그런 사람이었을 것입니다. 그래서 그는 자신의 새 무덤을 예수님의 무덤으로 드릴 수 있었습니다. 그러나 물질의 부요함으로 거지 나사로를 종으로 부린 부자는 끝내 지옥에 떨어지고 말았습니다. 자기가 부린 종에게나 하나님이 필요한 것이지, 자기에게는 필요한 하나님이 아니었던 것입니다. 하지만 그는 지옥에서 아브라함을 향해 "나를 긍휼히 여기사 나사로를 보내어 그 손가락 끝에 물을 찍어 내 혀를 서늘하게 하소서"(눅 16:24) 하고 부르짖습니다. 본래 '나사로'(Lazarus)는 '하나님의 도움'이라는 뜻입니다. 부자 주인은 나사로를 부를 때마다 "하나님의 도움아!" 하고 외치면서 자기에게는 그 하나님의 도움이 필요하다고 생각하지 못한 것입니다. 부요가 화가 된 것입니다. 당신은 겸손히 하나님만 의지하고 사는 복된 가난의 사람입니까, 아니면 하나님을 무시하고 사는 저주받을 부요의 인생입니까?

'주린 자의 복'과 '배부른 자의 화'

"지금 주린 자는 복이 있나니 너희가 배부름을 얻을 것임이요"(눅 6:21).

"화 있을진저 너희 지금 배부른 자여 너희는 주리리로다"(눅 6:25).

위의 두 말씀을 비교해 보십시오. 우리는 이 땅에서 주린 자의 기아를 동정하고 배부른 자의 특권을 동경합니다. 그러나 예수님은 여기서 또 하나, 당신을 따르는 자들의 역설 인생을 말씀하십니다. 한마디로 주린 자가 복되고, 배부른 자에게 화가 있다는 것입니다. 그렇다면 주님은 단순히 물질적인 주림과 배부름을 말씀하고 계신 것일까요? 다시 마태복음 5장 6절의 말씀과 비교해 보십시오.

"의에 주리고 목마른 자는 복이 있나니 그들이 배부를 것임이요."

앞의 말씀에서 주리고 목마름의 대상을 무엇이라고 말씀합니까?
'의'입니다. 그리고 우리는 이 의의 절대 근원이 누구인지를 잘 알고 있
습니다. 하나님이 우리의 의가 되십니다. 그러므로 여기 주리고 목마
름은 다른 것이 아닌 하나님에 대한 주리고 목마름인 것입니다. 주리
고 목마르게 하나님을 구하는 자들만이 하나님으로 배부를 것이라는
역설입니다.

의의 반대가 무엇입니까? 불의함이 아닙니까? 불의함 속에 있을 때
우리는 불행한 자가 됩니다. 그때 우리는 어떤 것으로도 만족하지 못
하는 자가 됩니다. 우리는 거짓된 것을 추구하며 이 불만족함에서 헤
어나려 합니다. 우리는 돈에 주리고 목말라합니다. 때로는 권력에 주
리고 목말라합니다. 때로는 성에 주리고 목말라합니다. 때로는 무엇에
주리고 목마른지도 모른 채 주리고 목말라합니다. 실상 우리의 거짓된
주림과 목마름은 죄로 말미암은 것입니다. 그런데 "내게 오는 자는 결
코 주리지 아니할 터이요 나를 믿는 자는 영원히 목마르지 아니하리
라"(요 6:35)라고 약속하신 예수 그리스도를 만나는 순간 우리의 마음은
은혜로 가득하고 성령으로 충만해집니다. 우리는 그때에야 비로소 배
부른 자가 됩니다.

1517년에 마틴 루터가 그런 체험을 했습니다. 1738년에 존 웨슬리
(John Wesley)가 그런 체험을 했습니다. 1965년에 저 또한 그런 체험을
했습니다. 우리는 모두 주의 은혜로 죄 사함을 받고 의롭다 함을 얻은
충만한 행복 속에 들어간 것입니다. 이렇게 주의 은혜로 충만한 순간

부터 우리는 그분의 사랑에 더 굶주리고, 그분의 거룩함에 더 굶주리고, 그분의 영광에 더 굶주리게 됩니다. 그리고 그때 우리는 이 지상의 모든 상대적인 욕망으로부터 자유하게 됩니다. 나와 하나님의 관계, 나와 그리스도의 관계보다 더 중요한 것은 아무것도 없어집니다. 이 것을 경험한 자가 복된 인생이고, 이것을 모르는 자는 저주받은 인생입니다. 당신은 이 주리고 목마른 복을 체험했습니까?

'우는 자의 복'과 '웃는 자의 화'
|||||||||||||||||||||||||||||||||||||||||||||||

"지금 우는 자는 복이 있나니 너희가 웃을 것임이요"(눅 6:21).

이 말씀의 짝은 본문 25절 후반부입니다.

"화 있을진저 너희 지금 웃는 자여 너희가 애통하며 울리로다."

우는 자가 복이 있고, 웃는 자는 오히려 애통하게 될 것이라는 역설의 말씀입니다. 마태복음 5장에서 유사한 말씀을 찾는다면 4절입니다.

"애통하는 자는 복이 있나니 그들이 위로를 받을 것임이요."

우선 분명히 할 것은, 이것이 그리스도인의 웃음이나 기쁨을 평가 절하하는 말씀이 아니라는 것입니다. 성경은 특히 성령의 열매로서 기쁨의 가치를 지속적으로 강조합니다(사랑과 희락). 또한 바울 사도는 항상 기뻐하라고 이야기합니다. 예수님도 요한복음 15장 11절에서 "내가 이것을 너희에게 이름은 내 기쁨이 너희 안에 있어 너희 기쁨을 충만하게 하려 함이라"라고 말씀하십니다. 성경은 결코 짜증내며 울고 다니는 자를 복이 있다고 말씀하지 않습니다.

다만 울어야 할 때 울지 못하는 인생이 문제라는 것입니다. 예수님은 지상 생애 중에 세 번을 우셨다고 성경은 기록합니다. 친구 나사로의 무덤 앞에서 눈물을 흘리며 우셨고(요 11:35), 죄로 말미암은 심판의 위기에 직면한 예루살렘 성을 보며 우셨고(눅 19:41), 겟세마네 동산에서 통곡과 눈물로 인류를 위한 간구와 소원을 올리셨습니다(히 5:7). 그러나 오늘 우리는 울어야 할 때 오히려 경박한 웃음으로 우리의 영적 현실을 피해 가고 있는 것은 아닌지요! 예수님이 이런 눈물과 웃음의 이유가 왜곡된 우리 세대를 향해 주신 말씀을 기억합시다.

"이 세대를 무엇으로 비유할까 비유하건대 아이들이 장터에 앉아 제 동무를 불러 이르되 우리가 너희를 향하여 피리를 불어도 너희가 춤추지 않고 우리가 슬피 울어도 너희가 가슴을 치지 아니하였다 함과 같도다"(마 11:16-17).

예수의 제자들이 추구해야 할 인생은, 이 세대를 바라보고 통곡할 줄 아는 역설 인생입니다.

'버림받은 자의 복'과 '칭찬 듣는 자의 화'
||||||||||||||||||||||||||||||||||||||||||||||||||||||||||||||||||||

"인자로 말미암아 사람들이 너희를 미워하며 멀리하고 욕하고 너희 이름을 악하다 하여 버릴 때에는 너희에게 복이 있도다 그날에 기뻐하고 뛰놀라 하늘에서 너희 상이 큼이라 그들의 조상들이 선지자들에게 이와 같이 하였느니라"(눅 6:22-23).

이 말씀의 짝은 본문 26절입니다.

"모든 사람이 너희를 칭찬하면 화가 있도다 그들의 조상들이 거짓 선지자들에게 이와 같이 하였느니라."

예수님은 사람들의 칭찬만을 구하는 인생을 거짓 선지자들의 라이프스타일이라고 말씀하십니다. 반면에 인자 되신 예수님 때문에 욕먹는 인생이 복되다고 말씀하십니다. 마태복음 5장에서 마지막 여덟 번째 복에 해당되는 인생입니다.

"의를 위하여 박해를 받은 자는 복이 있나니 천국이 그들의 것임이라 나로 말미암아 너희를 욕하고 박해하고 거짓으로 너희를 거슬러 모든 악한 말을 할 때에는 너희에게 복이 있나니"(마 5:10-11).

과거 구약 시대의 선지자들이 이런 인생을 살았고, 지금도 우리 시대의 선지자인 선교사들이 복음 때문에 이런 인생을 살고 있지 않습니까?

2007년 4월, 과거 기독교 사역의 중심지인 소아시아, 지금의 튀르키예(구 터키)에서 사역 중이던 독일 선교사 틸만(Tilman)과 함께 문서 선교를 하던 현지 사역자 두 명이 무슬림 청년 다섯 명의 습격으로 목숨을 잃었습니다. 틸만은 무려 156번이나 칼로 찔림을 당했고, 함께 하던 현지 사역자들도 예수님을 부인하면 살려 준다는 위협을 당했으나 끝까지 부인하지 않아 결국 목이 잘리는 순교를 당했습니다. 그런데 사건 직후, 틸만의 부인인 수산나 선교사가 공중 매체를 통해 "나는 저들을 용서합니다. 저들은 저들이 한 일이 무엇인지 모르기 때문입니다"라고 말했습니다. 이 용기 있는 선언에 힘입어 이스탄불 광장에 현지 그리스도인 500여 명이 모여 그들의 정체가 공개되는 위협을 무릅쓰고 "우리도 그리스도인이다. 우리를 다 죽여라"라고 외쳤습니다. 그리고 몇 해 전인 2019년, 튀르키예 동부 지역에서 시리아 난민 선교를 하던 한국인 김진욱 선교사가 다시 무슬림 청년의 공격으로 그 땅에서 순교하는 사건이 일어났습니다. 그럼에도 불구하고 한국인 목회자/선교사협의회는 "우리는 난민 선교를 계속할 것이며 고(故) 김진욱 선교사의 순교 신앙을 따라 복음 전파의 사명을 다할 것이다"라는 성명을 발표했습니다. 이들이 진정으로 복된 오늘의 제자가 아닐까요?

"그러나 너희 듣는 자에게 내가 이르노니 너희 원수를 사랑하며 너희를 미워하는 자를 선대하며 너희를 저주하는 자를 위하여 축복하며 너희를 모욕하는 자를 위하여 기도하라 너의 이 뺨을 치는 자에게 저 뺨도 돌려 대며 네 겉옷을 빼앗는 자에게 속옷도 거절하지 말라 네게 구하는 자에게 주며 네 것을 가져가는 자에게 다시 달라 하지 말며 남에게 대접을 받고자 하는 대로 너희도 남을 대접하라 너희가 만일 너희를 사랑하는 자만을 사랑하면 칭찬받을 것이 무엇이냐 죄인들도 사랑하는 자는 사랑하느니라 너희가 만일 선대하는 자만을 선대하면 칭찬받을 것이 무엇이냐 죄인들도 이렇게 하느니라 너희가 받기를 바라고 사람들에게 꾸어 주면 칭찬받을 것이 무엇이냐 죄인들도 그만큼 받고자 하여 죄인에게 꾸어 주느니라 오직 너희는 원수를 사랑하고 선대하며 아무것도 바라지 말고 꾸어 주라 그리하면 너희 상이 클 것이요 또 지극히 높으신 이의 아들이 되리니 그는 은혜를 모르는 자와 악한 자에게도 인자하시니라 너희 아버지의 자비로우심같이 너희도 자비로운 자가 되라"(눅 6:27-36).

19. 예수 제자의 원수 사랑

'원수 사랑'은 단순한 선대를 넘어서서
좋은 것으로 상대를 대접할 수 있어야 합니다.

코로나 시대를 살아가는 이 땅의 민중들에게 가장 큰 위로가 있었다면 아마도 트로트 대중가요가 아니었나 싶습니다. 트로트 가요 프로그램에 집중되는 엄청난 시청률이 그것을 증명하고 있습니다. 그런데 이런 가요들의 대부분은 모두 사랑을 주제로 한 노래들입니다. 최근 가장 많은 인기를 모았던 노래들을 보면 〈어느 60대 노부부 이야기〉, 〈미운 사랑〉, 〈당신이 좋아〉, 〈남자의 인생〉, 〈사랑할 나이〉, 〈용두산 엘레지〉, 〈사랑에 취하다〉 등 사랑을 주제로 한 노래들입니다. 이런 노래들만 듣고 있으면 우리 세상은 사랑으로 넘쳐흐르고 있는 듯 착각할 수도 있습니다.

그러나 홍수 때에 가장 귀한 것이 물인 것처럼, 우리는 오늘 오히려 참되고 진지한 사랑에 목마른 인생인지 모릅니다. 기독교의 복음이 역사를 통해 가장 많은 인류에게 마음을 열게 한 원인도 우리가 전하는 사랑의 메시지 때문일 것입니다. 예수를 믿지 않는 사람들에게도 기독교의 가장 대표적인 메시지가 무엇이냐고 묻는다면 아마 제일 많이 들을 수 있는 대답이 '네 이웃을 네 몸과 같이 사랑하라'일 것입니다. 그것은 예수님 당시도 그랬습니다.

그런데 본문에서 당시 예수님의 제자들을 놀라게 한 것은 주님이 이웃 사랑을 넘어서서 '원수도 사랑하라'고 말씀하신 까닭입니다. 본문은 예수님의 소위 산상 수훈 혹은 평지 보훈 중 가장 많이 알려진 대목입니다. 여기서 예수님은 제자들에게 '너희가 참으로 내 제자라면 평범한 사랑(Ordinary Love) 혹은 자연적 사랑(Natural Love)을 넘어설 수 있어야 한다'고 말씀하십니다. 그렇다면 평범한 사랑, 자연적 사랑이란 무엇입니까? 예수님은 그것을 세 가지로 요약하십니다.

1. 나를 사랑하는 자를 사랑하는 것(32절)
2. 나를 선대하는 자를 선대하는 것(33절)
3. 내게 돌아올 것을 기대하고 베푸는 것(34절)

그렇다면 이런 평범함을 넘어서는 제자들의 비범한 사랑(Extraordinary Love), 혹은 자연을 넘어서는 초자연적 사랑(Supernatural Love)은 무엇입니까? 그것이 바로 '원수 사랑'입니다. 이것은 예수님의 제자들만이 예수님에게 배워 실천할 수 있는 사랑입니다. 예수님의 제자들은 이미 그런 사랑을 받고 경험한 사람들입니다. 또한 그들에게는 성령 하나님의 초자연적 도우심이 함께하기 때문에 가능한 사랑입니다. 그러면 우리는 이제 물어야 합니다. 우리는 어떻게 구체적으로 '원수 사랑'을 실천할 수 있을까요?

누구라도 원수 될 수 있음을 인정해야 한다

원수 사랑을 실천하기 위해서는 먼저 누가 우리의 원수인지를 규명해야 합니다. 우리는 우리가 속한 나라 혹은 집단과 적대 관계에 있는 사람을 먼저 원수로 떠올릴 수 있습니다. 그러나 예수님의 원수 개념은 달랐습니다. 마태복음 10장 36절을 보십시오.

"사람의 원수가 자기 집안 식구리라."

집안 식구도 원수가 될 수 있다는 것입니다. 이어지는 말씀을 보면 우리의 가치관의 차이, 신앙의 차이가 서로를 원수 되게 할 수도 있다고 말씀합니다.

"아버지나 어머니를 나보다 더 사랑하는 자는 내게 합당하지 아니하고 아들이나 딸을 나보다 더 사랑하는 자도 내게 합당하지 아니하며 또 자기 십자가를 지고 나를 따르지 않는 자도 내게 합당하지 아니하니라"(마 10:37-38).

그렇습니다. 성경은 주님보다 우리가 더 사랑하는 모든 것이 우상이 될 수 있다고 가르칩니다. 때로 우리의 집안 식구들이 예수를 주로 받아들이지 못하고 거절할 때, 예수를 주로 믿는 자와 돈이나 권력, 쾌락 혹은 다른 우상을 주인으로 섬기는 자들과의 갈등은 가족이라도 피할 수 없습니다.

성경은 우리가 죄를 용서받지 못하고 하나님을 거절하고 있는 상태를 하나님과 원수 된 관계라고 가르칩니다. 그러면서 아직 그리스도를 만나지 못하고 사는 모든 인생을 '하나님과 원수 된 자'라고 부르고 있습니다.

"곧 우리가 원수 되었을 때에 그의 아들의 죽으심으로 말미암아 하나님과 화목하게 되었은즉 화목하게 된 자로서는 더욱 그의 살아나심으로 말미암아 구원을 받을 것이니라"(롬 5:10).

반면에 성경은 예수 그리스도를 만나 그분을 믿게 된 자를 '하나님과 화목하게 된 자'라고 표기합니다. 그래서 성경적으로 원수의 개념은 거의 불신자와 동의어라는 사실입니다.

여러 해 전, 미국 목회를 하며 북한을 돕기 위해 그곳을 방문한 적이 있었습니다. 북한은 미국을 원수 나라라고 부릅니다. 그런데 저희 일행을 환영하며 '당신들은 이제 우리의 친구'라고 말했습니다. 그래서 제가 그렇게 말하지 않아도 괜찮다고, 우리가 원수여도 여기에 온 목적은 변하지 않는다고 말했습니다. 그랬더니 만약 우리가 원수라면 왜 자신들의 조국을 돕고자 하는 것이냐고 물었습니다. 제가 뭐라고 답했을까요? 우리가 믿는 성경은 '원수를 사랑하라'고 가르치기 때문이라고 했더니 이해하기 어려운 표정을 지었습니다.

제가 예수 믿은 초기의 한 사건이 생각납니다. 그 시절 저는 만나는 모든 사람들에게 닥치는 대로 복음을 전하고 있었습니다. 시내버스를 탔는데 후면에 스님이 보여 그 옆자리에 앉았습니다. 그리고 작은 포켓용 성경을 열자 그분이 저를 보더니 "학생, 예수 믿소?" 하고 물었습니다. "네, 믿습니다" 하니까 "왜 믿소?" 하고 반문을 해서 저도 "왜 스님은 예수를 안 믿습니까?" 하고 반문을 했습니다. 그랬더니 "기독교는 가르침의 차원이 낮아"라는 대답이 돌아왔습니다. 그래서 제가 다시 "왜 차원이 낮다고 생각하십니까?" 하고 물었습니다. 그러자 "거기 들고 있는 성경에 '원수를 사랑하라'고 기록되어 있지?"라고 해서 그렇다고 답했더니 그 스님이, "우리 불교는 원수라는 존재를 마음에 만들지 말라고 가르치네. 우리는 원수가 없는 것이지"라고 말했습니다. 그래서 제가 다시 "외람되지만 스님은 지금까지 살아오면서 마음에 용납하기 어려운 존재, 말도 하기 싫은 그런 사람이 없으셨나요?" 하고 물으니 "없다고 할 수는 없겠지" 하고 답했습니다. 그래서 제가 다시 말했습니다. "성경은 있는 원수를 없다고 말하지 않습니다. 일단 원수를 인정하고 그를 사랑해야 한다고 가르치고 있습니다." 그러자 그 스님은 "학생, 똑똑하네" 하고는 아무 말도 하지 않았습니다.

그렇습니다. 성경은 있는 원수의 존재를 부인하지 말고 인정하라고 가르칩니다. 그리고 그를 어떻게 사랑해야 하는가를 물어야 한다고 말씀합니다.

원수를 선대하고 대접할 수 있어야 한다

원수를 단순하게 정의하면 '내게 악을 행한 사람'입니다. 그런데 예수님은 그를 똑같이 악하게 대하지 말고 선대하라는 것입니다. 본문에 그 말이 3회 이상 강조됩니다.

> "그러나 너희 듣는 자에게 내가 이르노니 너희 원수를 사랑하며 너희를 미워하는 자를 선대하며"(눅 6:27).

> "너희가 만일 선대하는 자만을 선대하면 칭찬받을 것이 무엇이냐 죄인들도 이렇게 하느니라"(눅 6:33).

> "오직 너희는 원수를 사랑하고 선대하며 아무것도 바라지 말고 꾸어주라"(눅 6:35상).

주님은 이어지는 말씀을 통해 우리가 그렇게 해야 할 이유를 가르치십니다.

"그리하면 … 또 지극히 높으신 이의 아들이 되리니 그는 은혜를 모르는 자와 악한 자에게도 인자하시니라"(눅 6:35하).

우리가 믿는 하나님이 악한 자에게도 선을 베푸는 인자하신 분이기 때문이라는 것입니다. 그러므로 하나님의 자녀로 살기를 원한다면 아버지 하나님처럼 악한 자에게도 선을 베풀며 살라는 것입니다. 그것이 바로 원수 사랑이라고 말씀하십니다.

'원수 사랑'은 단순한 선대를 넘어서서 좋은 것으로 상대를 대접할 수 있어야 하는 것입니다. 사람들은 이 대목을 황금률(Golden Rule)이라고 부르게 되었습니다. 3세기 로마의 황제 알렉산데르 세베루스(Alexander Severus)가 이 말씀을 보고 충격을 받아 황금으로 써서 벽에 붙인 데서 유래한 말이라고 합니다.

"남에게 대접을 받고자 하는 대로 너희도 남을 대접하라"(눅 6:31).

유대교의 유명한 스승인 랍비 힐렐(Hillel)은 "당신이 당하기 싫은 일을 이웃에게 하지 말라. 이것이 율법의 모든 것이다"라고 말했습니다. 예수님의 말씀과 어떤 차이가 있습니까? 원수에게 함께 악을 행하지 말라는 소극적인 교훈이 아니라, 악을 행한 원수에게도 적극적으로 선을 베풀고 대접하라는 것입니다. 여기 율법을 넘어서는 예수 제자도의 핵심이 있습니다. 황금률은 예수의 제자들의 적극적인 선과 자비의 토대입니다. 그리고 이것이 우리가 하나님의 자녀로서 하나님을 닮아 가는 삶의 실천입니다. 본문의 사실상 결론인 36절을 보십시오.

"너희 아버지의 자비로우심같이 너희도 자비로운 자가 되라."

이제 원수 사랑의 마지막 실천 덕목을 보십시오.

원수를 축복하고 위해서 기도해야 한다

"너희를 저주하는 자를 위하여 축복하며 너희를 모욕하는 자를 위하여 기도하라"(눅 6:28).

저는 이것이 원수 사랑의 절정이라고 생각합니다. 원수를 선대하는 것에 그치지 않고 원수를 축복하라는 것입니다. 그리고 원수를 위해 기도하라는 것입니다. 누가 그렇게 할 수 있단 말입니까? 그래서 이 사랑은 자연적 사랑이 아닌 초자연적 사랑입니다. 비범한 사랑입니다. 실제로 이렇게 사랑한 사람이 있었습니다. 누구입니까? 예수님입니다. 당신을 십자가에 못 박은 자들을 위해 기도하시지 않았습니까? "아버지 저들을 사하여 주옵소서 자기들이 하는 것을 알지 못함이니이다"(눅 23:34)라고 말입니다. 그리고 함께 십자가에 달린 행악자 강도에게 "네가 나와 함께 낙원에 있으리라"(눅 23:43)라고 하시지 않았습니까? 이것이 축복의 말씀이 아닙니까?

실제로 십자가 사건 이후 예수님을 진정으로 따르고자 한 전 세계 수많은 예수의 제자들이 예수님처럼 박해 중에도 원수를 용서하고 축복하며 기도했습니다. 그리고 이 땅에도 원수 사랑을 실천한 적지 않은 믿음의 선배들이 있었습니다. 제일 유명한 사람은 물론 손양원 목사님입니다. 그분이 여수 순천 폭동 당시 그의 두 아들, 동인과 동신을 죽인 좌익 청년 원수를 용서하고 양자로 삼은 사건을 기억합니다. 당시 동인과 동신의 여동생인 손동희 권사가 아버지에게 완강한 반대를 했다고 합니다.

"용서하면 용서했지, 아들 삼겠다는 말이 뭡니까? 어떻게 내 오빠들을 죽인 원수를 오빠라고 부르란 말입니까?"

그러자 손양원 목사님은 이렇게 말했다고 합니다.

"동희야, 성경 말씀을 자세히 보아라. 용서만 가지고는 안 된다. 원수를 사랑하라 했으니 아들을 삼아야만 한다."

사실 손양원 목사님뿐 아니라, 우리 주변에 원수 사랑을 실천한 이들이 참으로 적지 않습니다. 전라도 신안에 가면 문준경 전도사님에 대한 많은 이야기를 듣게 되는데, 문준경 전도사님의 전도로 세워진 임자도 진리교회라는 곳이 있습니다. 1950년 10월 4일, 6.25 전쟁 중에도 수요 예배를 드리고 있었는데, 그때 공산군이 들이닥치면서 예배가 중단되었습니다.

"이 악질 반동들, 오늘 다 죽여 버리겠다. 그러나 예수 안 믿겠다고 하고 손들고 나오면 한 번의 기회를 주겠다."

그러나 아무도 손들고 나오는 사람이 없었습니다. 결국 그들은 3킬로미터를 걸어간 후 지도자인 이판일 장로를 위시해서 20명, 다음 날 28명, 모두 48명이 몽둥이로 맞고 죽창으로 찔림 받아 순교를 당했습니다. 그런데 상황이 역전되어 국군이 상륙하고, 이때 목포에 가 있어 죽음을 면했던 이판일 장로의 아들 이인재 집사가 길잡이가 되어 이섬에 상륙해 공산군들을 체포하기에 이르렀습니다. 가족들이 공산군에 의해 죽임당한 것을 안 국군 장교가 이인재 집사에게 총을 넘겨주며 그들을 처형하라고 했습니다. 그때 총을 든 그에게 아버지 이판일 장로의 음성이 들려왔다고 합니다.

'아들아, 내가 그들을 용서했으니 너도 용서해라.'

결국 그는 총을 내려놓으며 "당신들이 죽인 내 아버지가 당신들을 용서했으니, 나도 용서합니다. 하나님의 사랑 때문입니다"라고 말하고 그들의 결박을 풀어 주었다고 합니다. 그 후 이인재 집사는 목사가 되어 이 섬에 돌아와 가해자들을 전도하고 섬기는 평화의 목회를 감당합니다. 미국의 유니언 재단이 이 소식을 듣고 이인재 목사에게 '원수사랑상'을 수여했다고 합니다.

원수 사랑, 지금도 계속되는 예수 제자들의 실천입니다.

"너희는 나를 불러 주여 주여 하면서도 어찌하여 내가 말하는 것을 행하지 아니하느냐 내게 나아와 내 말을 듣고 행하는 자마다 누구와 같은 것을 너희에게 보이리라 집을 짓되 깊이 파고 주추를 반석 위에 놓은 사람과 같으니 큰물이 나서 탁류가 그 집에 부딪치되 잘 지었기 때문에 능히 요동하지 못하게 하였거니와 듣고 행하지 아니하는 자는 주추 없이 흙 위에 집 지은 사람과 같으니 탁류가 부딪치매 집이 곧 무너져 파괴됨이 심하니라 하시니라"(눅 6:46-49).

20. 반석 위에 집 짓기

진짜 신앙은 기초가 견고한 신앙입니다.
여기서 기초는 예수 그리스도와 그분의 말씀입니다.

예수께서는 산상 수훈과 평지 보훈 설교의 결론을 같은 이야기로 마무리 짓고 계십니다. 바로 집을 짓는 두 사람의 이야기입니다. 한 사람은 반석 위에 집을 지었고, 또 한 사람은 흙(모래) 위에 집을 지었습니다. 집이 완성된 후에는 사람들이 그 차이를 알아볼 수 없을 정도로 비슷했습니다. 두 집의 구조도, 창문도, 출입구 문도 다를 바가 없었습니다. 그러나 누가복음 본문에는 탁류가, 마태복음 본문(마 7:24-27)에는 창수와 바람이 두 집에 부딪히게 되자 두 집의 현저한 차이가 드러납니다. 반석 위에 지어진 집은 그대로 서 있었지만, 흙(모래) 위에 세워진 집은 여지없이 무너졌습니다. 여기에 집을 짓는 두 사람의 극명한 차이가 존재합니다. 소위 예수를 따르고 신앙생활을 하는 사람들 중에도 이런 두 가지 유형의 제자, 곧 위기에 살아남는 제자와 그렇지 못한 제자가 있습니다. 어쩌면 주님은 단순하게 진짜와 가짜가 존재한다는 것을 보여 주시고자 한 것입니다.

흥미로운 것은, 이 결론에 앞서 누가복음에서는 좋은 열매를 맺는 나무와 못된 열매를 맺는 나무로 그리고 마태복음에서는 두 개의 문, 곧 좁은 문을 통과할 자와 넓은 문 혹은 넓은 길로 갈 자로 두 유형의 구도자를 구별하십니다. 예수의 충성된 제자로서 우리의 선택은 명백합니다. 우리는 좁은 문을 통과해서 생명 길을 걸어야 합니다. 그리고 좋은 열매를 맺는 나무가 되어야 할 것입니다.

이제 결론 부분을 적용하자면, 우리는 흙(모래) 위에 집을 짓는 어리석은 자가 되지 말고, 반석 위에 집을 짓는 지혜로운 자가 되어야 합니다. 주님은 마태복음에서 그런 사람을 지혜롭다고 하십니다. 그렇다면 반석 위에 집을 짓는 지혜로운 자가 추구하는 신앙은 어떤 신앙이어야 할까요?

기초에 헌신하는 신앙

우리가 견고한 집 짓기를 하려면 무엇보다 먼저 그 기초를 잘 놓을 수 있어야 합니다. 그런데 많은 경우 건축자들이 그렇게 하지 못합니다. 왜일까요? 기초는 눈에 보이지 않기 때문입니다. 그러나 견고한 집을 소망하는 지혜로운 자라면 본문 48절처럼 할 것입니다.

"집을 짓되 깊이 파고 주추를 반석 위에 놓은 사람과 같으니 큰물이 나서 탁류가 그 집에 부딪치되 잘 지었기 때문에 능히 요동하지 못하게 하였거니와."

위의 말씀에서 '주추'는 '터' 혹은 '기초'(foundation)입니다. 주추가 반석 위에 놓이도록 깊이깊이 파야 한다는 것입니다. 진짜 신앙은 기초가 견고한 신앙입니다. 그러므로 진지한 구도자는 먼저 기초 놓기에 헌신하는 사람입니다. 여기서 기초는 예수 그리스도와 그분의 말씀입니다.

조금 시간이 지난 후 예수 그리스도의 탁월한 제자인 바울 사도도 신앙생활을 집 짓기에 비유하며 우리는 지혜로운 건축자가 되어야 한다고 이야기합니다.

"내게 주신 하나님의 은혜를 따라 내가 지혜로운 건축자와 같이 터를 닦아 두매 다른 이가 그 위에 세우나 그러나 각각 어떻게 그 위에 세울까를 조심할지니라"(고전 3:10).

믿음의 건축은 신중하고도 진지해야 한다는 것입니다. 그런데 이 건축에서 가장 중요한 기초는 무엇이어야 합니까?

"이 닦아 둔 것 외에 능히 다른 터를 닦아 둘 자가 없으니 이 터는 곧 예수 그리스도라"(고전 3:11).

예수 그리스도가 그리스도인들의 움직일 수 없는 터라는 것입니다. 그리스도인들은 그리스도를 붙잡고 그리스도 위에 인생을 세우는 사람들입니다. 그가 주시는 영생의 말씀이 우리 삶의 유일한 기초가 되는 것입니다.

본문 47절을 보십시오. 집을 짓는다는 것은 무엇을 뜻합니까?

"내게 나아와 내 말을 듣고 행하는 자마다."

주님의 말씀을 듣고 행함으로 인생의 집을 지어 가는 것입니다. 그렇다면 그분의 말씀을 먼저 진지하게 경청할 필요가 있지 않겠습니까? 그래야 말씀이 행함이 되고, 행함으로 말씀이 우리의 삶이 되지 않겠습니까?

종교 개혁 시대의 5대 구호 중 하나가 '오직 성경'(Sola Scriptura)이었습니다. 마틴 루터는 당시 교회가 부패하고 흔들리는 것이 성경에 대한 무지와 성경을 떠난 교회의 불순종 때문이라고 보았습니다. 당시의 교회는 신앙의 기초를 상실하고 있었던 것입니다. 교회 지도자들도 그랬습니다. 성경을 진지하게 읽고, 연구하고, 그대로 가르치며 사는 모습을 보기 어려웠던 것입니다. 그래서 개혁자들이 부르짖은 또 하나의 구호가 있었는데, 그것은 '아드 폰테스'(Ad Fontes), 곧 '근원(source)으로 돌아가자'였습니다. 당시의 기독교가 상실한 것은 신앙의 근원, 곧 성경이었습니다. 그래서 개혁자들은 무엇보다 성경의 본문 연구를 중시

했습니다. 성경의 본문은 교황의 권위보다 더 중요한 근원적 권위라고 주장했습니다. 교회의 어떤 전통이나 규칙보다 더 중요했습니다. 그래서 '오직 성경'이라고 주장한 것입니다. 성경은 신적 계시의 유일한 근원이기 때문입니다.

오늘날 우리도 반석 위에 집을 지으려면 먼저 우리의 모든 사상, 선입견, 주장을 내려놓고 그리스도와 그분의 말씀으로 돌아가야 합니다. 아드 폰테스, 곧 근원 되고 기초 되시는 그리스도와 그분의 말씀을 더 깊이 파서 그 위에 우리 인생을 세워야 합니다.

의지로 열매 맺는 신앙

성경이 강조하는 신앙의 실체는 인격적인 것입니다. 인격적인 신앙이란 무엇을 뜻합니까? 흔히 우리는 인격의 3요소를 지식과 감정과 의지라고 말합니다. 건강한 신앙은 이 3요소를 균형 있게 적용하는 것입니다. 건강하지 못한 신앙은 이 세 가지 요소 중 어느 하나가 결여되어 불균형한 것입니다. 주님은 이런 불균형을 경계하십니다. 본문이 시작되는 46절을 보십시오.

"너희는 나를 불러 주여 주여 하면서도 어찌하여 내가 말하는 것을 행하지 아니하느냐."

우선 예수님이 경계하신 불균형의 신앙인들에게는 예수가 주라는 지식이 분명히 있었습니다. 예수가 주님이심을 아는 것은 매우 중요합니다. 그것은 신앙의 근거로서 절대적으로 필요한 것입니다. 그러나 알기만 하는 것으로는 신앙의 열매를 기대할 수 없습니다. 야고보서 2장 19절을 보십시오.

> "네가 하나님은 한 분이신 줄을 믿느냐 잘하는도다 귀신들도 믿고 떠느니라."

여기서 지적되는 귀신들의 믿음은 무엇이겠습니까? 귀신도 하나님이 한 분이라는 지식은 갖고 있다는 것입니다. 지식에 지나지 않는 믿음은 우리를 변화시키지 못합니다.

또 본문에 '주여 주여' 하며 두 번씩 부르짖은 것을 보면 감정도 작동하고 있었습니다. 그러나 그것만으로는 아직 열매 맺는 신앙의 자리에 이르지 못한 것입니다. 야고보서 2장 19절의 귀신들도 하나님이 한 분이신 줄 알고 '믿고 떤다'고 했습니다. 지식과 함께 감정도 작동하고 있었다는 것입니다. 그렇다면 무엇이 문제입니까? 지식과 감정 다음에 신앙이 삶이 되기 위해 필요한 것은 의지적 행동입니다.

우리가 수용한 하나님의 말씀이 우리의 행함이 되기 위해 필요한 것은 의지적 결단입니다. 우리가 알게 된 성경적 지식과 그 지식에 따라오는 감정이 있어도 그것을 행동으로 옮기는 의지의 결단이 없이는 삶의 열매를 맺지 못합니다. 물속에 빠져 허우적대며 사경에 처한 사람에게 누군가가 다가오며 "안심하십시오. 구조대원입니다!"라고 말합니다. '아, 구조대원이 왔구나'라는 지식과 '이제 살았구나!'라는 안심의 감정도 중요합니다. 그러한 지식과 감정이 그에게 희망을 주지 않겠습니까? 그러나 그것만으로 그가 구조되는 것은 아닙니다. "이 구명줄을 잡으십시오"라는 처방이 주어질 때 구조대원이 던진 그 줄을 잡는 의지적 행동이 그를 결정적으로 살리는 것이 아닙니까?

그렇습니다. 열매 맺는 신앙인이 되기 위해서는 지식과 감정에 이어 의지적 결단, 의지적 행함이 필요합니다. 그 행함으로 열매 맺고 변화되는 것입니다. 그때 우리는 반석 위에 집을 지은 사람이 됩니다.

환난을 견디는 신앙
||||||||||||||||||||||||||||||||||

마지막으로 우리의 신앙이 열매를 맺는 자리로 나아가려면 환난을 견딜 수 있어야 합니다. 본문 49절을 보십시오.

> "듣고 행하지 아니하는 자는 주추 없이 흙 위에 집 지은 사람과 같으니 탁류가 부딪치매 집이 곧 무너져 파괴됨이 심하니라."

의지적 행함으로 나아가지 못한 사람의 신앙은 큰물과 탁류를 견디지 못한다는 것입니다. 마태복음에는 비가 내리고 창수가 나고 바람이 불었다고 했습니다. 삼중고의 인생입니다. 이런 환난에서 자유로운 인생은 아무도 없습니다. 성도도 예외는 아닙니다. 성경은 우리가 그리스도인이 되었다고 해서 삶의 환난에서 예외자가 된다고 말하지 않습니다. 바울 사도의 말씀을 보십시오.

"제자들의 마음을 굳게 하여 이 믿음에 머물러 있으라 권하고 또 우리가
하나님의 나라에 들어가려면 많은 환난을 겪어야 할 것이라"(행 14:22).

여기서 바울이 권면하는 믿음은 어떤 믿음입니까? 환난을 견디는 믿음입니다. 그리고 그런 믿음으로 하나님 나라에 들어가기에 합당한 자로 우리가 연단된다는 약속입니다. 그런데 그런 신앙이 되기 위해 예수님이 요구하시는 것이 무엇입니까? 우리 신앙의 기초가 깊이 파인 반석 위에 있어야 한다는 것입니다. 그렇지 않으면 우리 믿음의 집은 인생의 작은 환난에도 여지없이 무너져 버립니다.

일본의 도쿄(동경) 중심가에는 100년의 역사를 자랑하는 제국호텔(임페리얼 호텔)이 자리하고 있습니다. 이 호텔은 미국의 유명 건축가인 프랭크 로이드 라이트(Frank Lloyd Wright)가 설계했는데, 그의 제자인 엔도 아라타의 지휘 아래 호텔을 짓는 데 무려 11년이 걸렸습니다. 공사 중에 많은 불평이 들려왔습니다. 기초 공사에 돈과 시간의 낭비가 너무 많다는 것이었습니다. 그런데 1923년 9월 1일, 준공 기념 피로연

을 준비하고 있을 때 그 유명한 동경(관동) 대지진이 일어납니다. 그때 동경 건물들의 3분의 2가 무너졌는데, 이 제국호텔은 아주 소규모의 피해만 입고 건재했다고 합니다. 1970년에 한 번 더 대대적인 레노베이션을 거친 후 지금도 사랑받는 호텔로 사용되고 있습니다. 기초 공사의 중요성을 웅변적으로 보여 준 것입니다.

우리나라도 롯데월드타워의 건립으로 세계 5위의 고층 건물을 갖게 되었습니다. 123층, 555미터 규모의 건물로 거대한 수직 도시를 형성하고 있습니다. 10조 원 이상의 경제 가치를 창출하고 있다고 합니다. 그런데 이 건물이 세워지기 위해 진행된 공사 과정이 놀랍습니다. 타워의 무게를 지탱할 수 있는 거대한 암반층에 콘크리트 파일을 시공해서 지반을 보강하고, 고강도 콘크리트 덩어리로 기초를 시공했기 때문에 타워 건설이 가능했다고 합니다. 롯데월드타워의 무게는 서울 시민 전체를 합한 무게와 같다고 하는데, 이 무게를 지탱하기 위해 땅속 38미터 깊이의 단단한 암반층에 직경 1미터, 길이 30미터의 콘크리트 파일 108개를 시공함으로 건물을 세우는 것이 가능했다는 것입니다.

사도행전 20장 32절에 보면 바울 사도가 에베소교회의 리더들과 작별할 때 그가 가장 장기간 머물며 사역했던 에베소교회의 미래를 생각하며 마지막 축복을 건네는 장면이 나옵니다.

"지금 내가 여러분을 주와 및 그 은혜의 말씀에 부탁하노니 그 말씀이 여러분을 능히 든든히 세우사 거룩하게 하심을 입은 모든 자 가운데

기업이 있게 하시리라."

바울은 그들을 무엇에 부탁한다고 했습니까? 은혜의 말씀에 부탁한다고 했습니다. 은혜의 말씀이 성도를 든든히 세울 것이기 때문입니다. 마틴 로이드 존스(Martyn Lloyd Jones) 목사는 말씀의 기초가 없어 쉽게 무너질 수밖에 없는 교인들을 '가짜 그리스도인'이라고 말합니다. 그렇다면 오늘 우리는 심각하게 물어야 합니다. 우리는 진짜입니까, 아니면 가짜입니까? 우리는 반석 위에 집을 짓고 있습니까? 우리는 과연 신앙의 기초 공사에 얼마나 전력투구를 하고 있습니까? 오늘 우리의 신앙의 집은 안전하게 세워지고 있습니까?

열매 맺는 신앙인이 되기 위해서는
지식과 감정에 이어 의지적 결단, 의지적 행함이 필요합니다.
그 행함으로 열매 맺고 변화되는 것입니다.
그때 우리는 반석 위에 집을 지은 사람이 되는 것입니다.

"예수께서 모든 말씀을 백성에게 들려주시기를 마치신 후에 가버나움으로 들어가시니라 어떤 백부장의 사랑하는 종이 병들어 죽게 되었더니 예수의 소문을 듣고 유대인의 장로 몇 사람을 예수께 보내어 오셔서 그 종을 구해 주시기를 청한지라 이에 그들이 예수께 나아와 간절히 구하여 이르되 이 일을 하시는 것이 이 사람에게는 합당하니이다 그가 우리 민족을 사랑하고 또한 우리를 위하여 회당을 지었나이다 하니 예수께서 함께 가실새 이에 그 집이 멀지 아니하여 백부장이 벗들을 보내어 이르되 주여 수고하시지 마옵소서 내 집에 들어오심을 나는 감당하지 못하겠나이다 그러므로 내가 주께 나아가기도 감당하지 못할 줄을 알았나이다 말씀만 하사 내 하인을 낫게 하소서 나도 남의 수하에 든 사람이요 내 아래에도 병사가 있으니 이더러 가라 하면 가고 저더러 오라 하면 오고 내 종더러 이것을 하라 하면 하나이다 예수께서 들으시고 그를 놀랍게 여겨 돌이키사 따르는 무리에게 이르시되 내가 너희에게 이르노니 이스라엘 중에서도 이만한 믿음은 만나 보지 못하였노라 하시더라 보내었던 사람들이 집으로 돌아가 보매 종이 이미 나아 있었더라"(눅 7:1-10).

21. 비종교인의 칭찬받은 믿음

은혜를 기억하는 사람은 교만할 수 없습니다.
백부장은 자신의 공적을 잊고 종의 자리를 지킬 줄 아는
겸손한 사람이었습니다.

루이스 벌코프(Louis Berkhof)라는 신학자는 "인간은 치료 불가능하게
종교적인(incurably religious) 존재"라는 말을 했습니다. 실제로 전 세계
인구 중에 종교 인구는 82퍼센트에 가깝습니다. 열 명 중에 여덟 명은
무슨 종교든 믿고 있다는 사실입니다. 그중에 물론 가톨릭과 정교회를
포함한 기독교 인구가 1위로서 전 세계 인구의 약 31퍼센트를 차지합
니다. 이슬람 인구가 그 뒤를 따르며 급속하게 증가하고 있는 추세입
니다.

그럼에도 불구하고 오늘의 세상에는 종교를 혐오하는 경향 또한
만만치 않게 증가하고 있는 것이 현실입니다. 현재 자신을 무종교인으
로 주장하는 인구는 약 11억 명에 달합니다. 한 통계에 의하면 2010년
에서 2050년 사이 종교인에서 무종교인으로 3-5억 명 이상이 편입될
것으로 예측되고 있습니다. 국내 통계는 2015년에 이미 무종교인이

56퍼센트로 종교인의 통계를 넘어서고 있습니다. 분명한 사실은, 전 세계적으로 탈종교화가 촉진되고 있다는 것입니다.

일찍이 히틀러의 나치 독일에 맞서 저항한 독일 신학자 본회퍼 (Bonhoeffer)는 '종교 없는 기독교'(Religionless Christianity)를 주창하기도 했습니다. 그는 우리 시대의 사람들에게 복음을 가지고 접근하기 위해 서는 제도화된 종교로서의 기독교가 아닌, 그리스도를 따르는 제자로 서 단순하게 삶으로 그리스도를 고백하고 증언하는 것이 더 필요하다 고 판단한 것으로 보입니다.

본문에는 유대인의 장로라는 종교인들과 로마의 백부장인 비종교 인이 등장합니다. 그들이 예수 그리스도와 접촉하는 과정에서 주님은 백부장에 대해 이런 말씀을 하십니다.

"내가 너희에게 이르노니 이스라엘 중에서도 이만한 믿음은 만나 보 지 못하였노라"(눅 7:9).

이는 누군가에 의해 예수님을 소개받고 교회에 나가 그분에 대해 알게 되는 전통적인 접근과는 다른 구도자의 자세를 우리에게 가르치 고 있는 듯합니다. 도대체 백부장의 어떤 믿음의 추구가 예수님에게 이런 특별한 인정을 받게 한 것일까요? 비종교인이 보여 준 칭찬받을 만한 믿음의 추구는 무엇일까요?

신분을 초월한 믿음의 추구

본문에 등장하는 중요한 인물은 로마의 백부장입니다. 백부장은 수하에 사병 100명을 거느리고 있는 군인 장교입니다. 아주 높은 지위라고는 할 수 없지만, 식민지/점령지에서는 이 정도의 신분만 가지고도 어깨에 힘을 줄 수 있는 권력의 소유자라고 할 수 있습니다. 당시 교통과 무역의 요충지인 가버나움에는 로마 부대가 주둔하고 있었으므로, 이 백부장은 아마도 그 부대의 책임자였을 것입니다. 그런데 그가 사랑하고 아끼는 종(비서 역할을 하던 시종)이 아프게 되자 예수님의 도움을 구하게 된 것입니다. 마태복음 8장 6절을 보면 그의 종이 중풍병으로 고생하고 있었던 것으로 보입니다.

"주여 내 하인이 중풍병으로 집에 누워 몹시 괴로워하나이다."

우리의 신분, 곧 사회적 지위는 많은 경우 영적 추구에 있어 장애물이 될 수 있습니다. 자기가 가진 사회적 힘으로 영적 세계도 지배할 수 있다고 착각하기 때문입니다. 그 대표적인 예로 열왕기하 5장에 등장하는 아람 왕의 군대 장관(국방부 장관) 나아만의 경우를 생각해 볼 수 있습니다. 그는 존경받는 위대한 무인 장관이었지만 불치의 병(한센병)이 있어 영적 도움을 필요로 하고 있었습니다. 그래서 그는 하나님의 사람인 선지자 엘리사를 찾아갑니다.

"나아만이 이에 말들과 병거들을 거느리고 이르러 엘리사의 집 문에 서니"(왕하 5:9).

위의 말씀은 어떤 상황입니까? 나아만이 자기의 지체 높은 신분을 과시하고 있는 것이 아닙니까? 병을 고치기 위해 기도를 받으러 오는 길에 무슨 말들과 병거들이 필요합니까? 이때 엘리사는 직접 나오지 않고 자기 사자를 보내어 그에게 필요한 처방을 지시합니다. 요단 강에 가서 몸을 일곱 번 씻으라는 것입니다. 이때 나아만의 반응이 어땠습니까?

"나아만이 노하여 물러가며 이르되 내 생각에는 그가 내게로 나와 서서 그의 하나님 여호와의 이름을 부르고 그의 손을 그 부위 위에 흔들어 나병을 고칠까 하였도다"(왕하 5:11).

그의 신분 의식이 그가 받을 도움에 장애가 되고 있었습니다. 그때 지혜로운 참모들이 나아만에게 어떻게 말합니까?

"내 아버지여 선지자가 당신에게 큰일을 행하라 말하였더면 행하지 아니하였으리이까"(왕하 5:13).

사실 나아만에게 필요한 것은 나병에서의 구원의 처방입니다. 그 처방이 주어졌는데 신분 의식 때문에 거절할 뻔한 것입니다. 그런데 본문에 나오는 백부장에게는 그런 신분 의식이 없었습니다. 아니, 그는 자신의 신분을 초월해서 예수님의 주 되심을 믿으며 겸허하게 주를 바라보고 있었습니다.

> "주여 수고하시지 마옵소서 내 집에 들어오심을 나는 감당하지 못하겠나이다 그러므로 내가 주께 나아가기도 감당하지 못할 줄을 알았나이다"(눅 7:6-7).

그는 두 번씩이나 예수님을 '주'라고 부르고 있습니다. 아마 그는 예수가 메시아라는 소식과 그가 많은 이의 병을 고치셨다는 소문을 들었을 것입니다. 그는 자신의 계급장을 떼고 예수를 주로 고백하며 도움을 구하고 있는 것입니다. 이런 신분을 초월한 믿음의 추구를 예수님은 귀하게 보셨습니다.

공적을 초월한 믿음의 추구

본문에서 유대인 장로 몇 사람이 예수님에게 나아와 백부장의 종을 구해 주십사 청하는 말에 주목해 보십시오.

"이에 그들이 예수께 나아와 간절히 구하여 이르되 이 일을 하시는 것
이 이 사람에게는 합당하니이다 그가 우리 민족을 사랑하고 또한 우
리를 위하여 회당을 지었나이다"(눅 7:4-5).

이들의 종교관은 한마디로 '공적주의'라고 할 수 있습니다. 즉 이러
이러한 공적을 세웠으니 이 사람은 이렇게 대우해 주는 것이 합당하다
는 생각입니다. 다른 말로는 '공로주의'라고도 할 수 있을 것입니다. 이
들은 백부장의 공적을 어떻게 열거합니까? 그는 유대 민족을 사랑하
고 유대인들을 위해서 회당을 지었다는 것입니다.

주고받는(Give and Take) 조건부 인생을 사는 우리에게 어쩌면 이런
공적주의나 공로주의는 자연스러운 것인지도 모릅니다. 그러나 이
런 공적주의의 위험은 무엇입니까? 자신을 우상화하고 하나님이나
이웃을 망각하는 교만에 빠지는 것입니다. '나는 그만한 대접을 받아
마땅하다'는 자기기만 속에 스스로를 속이는 인생을 살 수 있다는 것
입니다.

공적주의, 혹은 공로주의의 반대가 무엇입니까? '은혜주의'입니다.
'나는 다만 하나님의 은혜로 인생을 살고 있다'는 것입니다. 이런 은혜
를 기억하는 사람은 교만할 수 없습니다. 중세 교회의 부패한 원인 중
에 하나가 이러한 공적주의에 빠져서 교회마다, 지도자마다 공적 경쟁
에 물들어 있었기 때문입니다. 교황들이 그것을 부채질하고 있었습니
다. 이때 개혁자들이 일어나 부르짖은 것이 '오직 은혜'(Sola Gratia)였습

니다.

백부장은 자신의 공적을 잊고 종의 자리를 지킬 줄 아는 겸손한 사람이었습니다. 예수님께서 제자들에게 종의 도리를 가르치신 말씀을 기억하십시오.

"이와 같이 너희도 명령받은 것을 다 행한 후에 이르기를 우리는 무익한 종이라 우리가 하여야 할 일을 한 것뿐이라 할지니라"(눅 17:10).

백부장은 명백하게 이런 종의 도리를 추구한 사람이었습니다.

"예수께서 함께 가실새 이에 그 집이 멀지 아니하여 백부장이 벗들을 보내어 이르되 주여 수고하시지 마옵소서 내 집에 들어오심을 나는 감당하지 못하겠나이다 … 나도 남의 수하에 든 사람이요 내 아래에도 병사가 있으니 이더러 가라 하면 가고 저더러 오라 하면 오고 내 종더러 이것을 하라 하면 하나이다"(눅 7:6, 8).

그야말로 종의 도리를 익히고 있었던 사람이 아닙니까? 자신의 신분과 공적을 초월해서 겸손하게 믿음을 추구한 사람, 예수님에게 칭찬받아 마땅한 사람이 아닐 수 없습니다.

공간을 초월한 믿음의 추구

"그러므로 내가 주께 나아가기도 감당하지 못할 줄을 알았나이다 말씀만 하사 내 하인을 낫게 하소서"(눅 7:7).

지금 백부장은 자신의 종이 치유받기를 소원하고 있습니다. 그런데 예수님이 자신의 집으로 오고 계시다는 소식을 듣고는 사람들을 보내어 예수님에게 자기 집까지 오시지 않아도 된다고 말합니다. 그저 말씀만 하시면 된다는 것입니다. 무슨 말입니까? 그는 예수님의 말씀이 거리와 공간을 초월해서 역사할 수 있음을 믿은 것입니다. 이 믿음이 어떤 결과를 초래했습니까?

"보내었던 사람들이 집으로 돌아가 보매 종이 이미 나아 있었더라"(눅 7:10).

할렐루야! 주의 말씀의 능력은 공간을 초월해서 역사합니다. 주의 말씀의 능력이 공간을 초월한다는 것, 우리의 기도(중보)가 공간을 초월해서 역사한다는 것은 얼마나 놀라운 위로가 되는지요! 자녀들이 군대에 갔을 때 부모들은 더 이상 자녀 곁에 머물 수가 없습니다. 남편들이 해외 출장을 갔을 때 아내들은 더 이상 남편 곁에 머물러 도움을 줄수가 없습니다. 가족들이 여러 나라에 분산되어 삶을 영위할 때, 우리는 안타까워할 뿐 어떤 도움도 주지 못할 때가 있습니다. 그러나 그럴 때마다 말씀을 붙들고 공간을 초월해서 중보할 수 있다는 것, 얼마나 놀라운 축복인지요!

웨슬리 듀웰(Wesley L. Duewel)의 《기도로 세계를 움직이라》(생명의말씀사 역간)라는 책에 이런 실화가 소개됩니다. 아프리카 케냐에서 사역 중이던 매튜 히긴스와 로라 히긴스 선교사 부부의 이야기입니다. 한번은 나이로비의 집으로 오기 위해 차를 타고 가는데, 무장 세력인 '마우마우'가 자주 출몰하는 지역을 통과하던 중 차가 고장이 났다고 합니다. 어두운 밤에 고치려 했으나 잘되지 않아 포기하고 차 안에서 밤을 보내며 시편을 읽었는데 "내가 평안히 눕고 자기도 하리니 나를 안전히 살게 하시는 이는 오직 여호와이시니이다"(시 4:8)라는 말씀을 주셔서 차 안에서 잠깐의 잠을 자고 이튿날 아침 차를 수리해서 집으로 왔다고 합니다.

며칠 후, 안식 휴가차 미국으로 떠날 준비를 하는데 한 현지 교회 목사가 찾아와 하는 말이, 자기가 마우마우에 소속된 사람을 만났는데 선교사 가족이 밤중에 차 수리하는 것을 보고 친구 세 명과 함께 죽이려고 접근하려다 갑자기 열여섯 명이 나타나 차를 에워싸는 바람에 그냥 돌아갔다는 말을 했다는 것입니다. 차가 고장 난 것은 사실인데 열여섯 명이라니, 그는 무슨 말인지 모르겠다고 대답을 했답니다.

다시 며칠 후, 예정대로 미국으로 떠나 안식 일정을 보내는데 이 선교사 부부를 후원하는 클레이 브렌트라는 친구가 느닷없이 최근 케냐에서 무슨 어려운 일을 겪지 않았느냐고 묻더랍니다. 그러면서 하는 말이, 자신에게 히긴스 가족을 위해 기도해야겠다는 강한 부담감이 생겨 자기 교회에 기도 제목을 냈더니 열여섯 명이 와서 함께 히긴스 가족을 위해 기도회를 가졌다는 것입니다. 그는 그 순간 전율을 느꼈다고 합니다. 하나님이 자기 가족을 위해 기도하던 열여섯 명의 중보 기도 용사의 기도를 듣고 위험 지역에서 밤을 지나고 있을 때 열여섯 명의 천사들을 보내어 자기들을 지켜 주시는 놀라운 보호를 받게 되었다는 간증이었습니다.

할렐루야! 우리가 기도할 때 하나님은 공간을 초월해서 우리를 도우시는 분입니다. 때로는 천사들을 동원해서 도우십니다. 이방인인 로마의 백부장에게 이 믿음이 있었습니다. 우리 집까지 오시지 않아도 말씀만으로 공간을 초월해서 일하시는 주님, 이 백부장의 주님이 우리의 주님이 되신 것을 기뻐합시다!

주의 말씀의 능력은 공간을 초월해서 역사합니다.
주의 말씀의 능력이 공간을 초월한다는 것,
우리의 기도(중보)가 공간을 초월해서 역사한다는 것은
얼마나 놀라운 위로가 되는지요!

"그 후에 예수께서 나인이란 성으로 가실새 제자와 많은 무리가 동행하더니 성문에 가까이 이르실 때에 사람들이 한 죽은 자를 메고 나오니 이는 한 어머니의 독자요 그의 어머니는 과부라 그 성의 많은 사람도 그와 함께 나오거늘 주께서 과부를 보시고 불쌍히 여기사 울지 말라 하시고 가까이 가서 그 관에 손을 대시니 멘 자들이 서는지라 예수께서 이르시되 청년아 내가 네게 말하노니 일어나라 하시매 죽었던 자가 일어나 앉고 말도 하거늘 예수께서 그를 어머니에게 주시니 모든 사람이 두려워하며 하나님께 영광을 돌려 이르되 큰 선지자가 우리 가운데 일어나셨다 하고 또 하나님께서 자기 백성을 돌보셨다 하더라 예수께 대한 이 소문이 온 유대와 사방에 두루 퍼지니라"(눅 7:11-17).

22. 부활을 선물하는 방식

말씀은 생명의 씨입니다.
이 씨가 떨어지는 곳에 새 생명이 태어나고,
죽은 자가 살아납니다.

오늘 우리는 죽음이 넘쳐나는 시대를 살아가고 있습니다. 무엇보다 2019년부터 시작된 코로나19 바이러스의 전파는 그 죽음을 더 가까이에서 느끼게 합니다. 하루에만 수백 명, 전 세계적으로는 수천, 수만 명의 죽음의 소식들이 들려옵니다. 코로나는 육체적 죽음뿐 아니라 또한 심리적 죽음을 우리에게 가져다주었습니다. 그 결과 우리는 살아도 죽은 것 같은 인생을 살고 있습니다. 코로나 블루(우울증), 코로나 레드(분노), 코로나 블랙(절망)이 우리 인생을 죽음으로 회칠하고 있습니다. 이런 우리에게 정말 필요한 것은 무엇입니까? 물론 백신도 필요하고, 코로나 치료제도 필요합니다. 그러나 궁극적인 처방은 부활입니다.

　본문에는 두 개의 행렬이 그려지고 있습니다. 하나는 성안으로 들어가는 행렬이고, 또 하나는 성 밖으로 나오는 행렬입니다. 하나는 생명의 행렬이었다면, 또 하나는 죽음의 행렬입니다. 이 두 개의 행렬이 마주치게 됩니다.

> "그 후에 예수께서 나인이란 성으로 가실새 제자와 많은 무리가 동행
> 하더니"(눅7:11).

이 행렬은 부활이요, 생명 되신 예수를 따르는 행렬입니다. 이어지
는 말씀을 보십시오.

> "성문에 가까이 이르실 때에 사람들이 한 죽은 자를 메고 나오니 이는
> 한 어머니의 독자요 그의 어머니는 과부라 그 성의 많은 사람도 그와
> 함께 나오거늘"(눅7:12).

이 행렬은 상여, 곧 죽음의 행렬로 죽은 자를 성 밖으로 장사하기
위해 나오는 행렬이었습니다. 이 두 개의 행렬이 만나면서 놀라운 부
활 사건이 일어납니다.

복음서에는 예수님을 통한 대표적인 세 개의 부활 사건이 기록됩
니다(예수님의 부활은 제외). 하나는 회당장 야이로의 딸, 소녀의 부활이
고, 또 하나는 장년이었던 나사로의 부활 그리고 마지막은 본문에 기
록된 한 청년의 부활입니다. 소년, 소녀도 죽고, 청년도 죽고, 장년도
죽습니다. 모든 인생이 기다리는 공통의 소망은 부활입니다. 육체적인
부활도 필요하고, 정신적인 부활도 필요합니다. 중요한 것은, 예수님

을 만날 때에만 우리는 부활의 소망을 가질 수 있다는 것입니다. 그렇다면 우리는 예수님이 사람들에게 부활을 제공하시는 방식을 주목할 필요가 있습니다. 우리도 살고 우리 이웃들에게도 부활을 선물하며 살아가기 위해서입니다. 예수님께서는 절망 속에 있던 한 여인에게 어떻게 부활을 선물하셨을까요? 예수님께서 부활을 선물하신 방식에 주목해 봅시다.

불쌍히 여기심

"주께서 과부를 보시고 불쌍히 여기사 울지 말라 하시고"(눅 7:13).

주님이 이 과부로 명명된 여인을 불쌍히 여기신 이유는 무엇입니까? 하나밖에 없는 아들을 잃었기 때문입니다. 사람이 부모를 잃는 것은 큰 슬픔이지만, 한편 자연스러운 일입니다. 그런데 부모가 자식을 먼저 보내는 것은 자연스러운 일이 아닙니다. 그것은 표현하기 어려운 고통을 동반하는 슬픔입니다. 그래서 우리나라에서는 그것을 '참척의 슬픔', 곧 '참혹한 슬픔'이라고 표현했습니다. 희랍어 원문에는 '에스플랑크니스테'(esplanchnisthe), 곧 '창자가 끊어지는 고통'이라는 의미로 기록되어 있습니다.

몇 해 전 아들을 잃고 경험해 보니, 정말 그렇게 아프고 힘든 고통이었습니다. 처음보다는 나아졌지만 저희 부부는 아직도 그 슬픔과 싸우고 있습니다. 그런데 이 여인에게는 그 아들이 유일했고, 거기다가 자신의 슬픔을 나눌 남편도 없는 상황입니다. 고대 시대에는 자식이 미래고 자본이었는데, 자식도, 남편도 없는 이 여인은 이제 구걸하거나 거리의 여자가 될 수밖에 없는 처지였습니다. 주님은 그것을 알고 불쌍히 여기신 것입니다.

그런데 이런 불쌍히 여기심은 주님이 사람들을 치유할 때마다 혹은 기적을 행하기 전에 느끼시던 감정이었습니다. 예컨대, 마태복음 9장 27절에 보면 두 맹인(시각장애인)이 예수님을 향해서 "다윗의 자손이여 우리를 불쌍히 여기소서"라고 외칩니다. 그리고 29절에 보면 예수님이 그들의 눈을 만지며 "너희 믿음대로 되라"고 말씀하십니다. 물론 그들은 눈을 떴습니다. 왜입니까? 예수님께서 그들을 불쌍히 여겨 주셨기 때문입니다. 누가복음 17장 12-13절에서도 나병 환자 열 명이 예수님을 만나 "예수 선생님이여 우리를 불쌍히 여기소서"라고 외칩니다. 그리고 모두 깨끗함을 받습니다. 왜입니까? 주님이 그들을 불쌍히 여겨 주셨기 때문입니다.

이 두 가지 경우에는 본문의 단어인 '에스플랑크니스테'보다 강도가 조금 약하고 보다 보편적인 자비의 단어, '엘레이손'(eleison)이라는 말이 사용됩니다. 세계 전통 교회의 기도 찬양 〈키리에 엘레이손〉(Kyrie Eleison)이 여기서 생긴 것입니다. 지금 우리에게는 다른 어떤 때보다 이 기도, 이 찬양이 필요한 시기가 아닙니까? 지금 우리에게는 치유가 필요합니다. 지금 우리에게는 부활이 필요합니다. 우리는 다시금 살아나야 합니다. 우리의 절실한 기도 한마디, 찬양 한마디가 무엇입니까? "주여, 우리를 불쌍히 여기소서"(키리에 엘레이손)가 아닙니까?

손을 대심
||||||||||||||

"가까이 가서 그 관에 손을 대시니 멘 자들이 서는지라 예수께서 이르시되 청년아 내가 네게 말하노니 일어나라 하시매"(눅 7:14).

여기 예수님께서 '관에 손을 대셨다'는 말이 나옵니다. 이는 본래 율법을 거스르는 행위였습니다. 민수기에 기록된 말씀을 보십시오.

"사람의 시체를 만진 자는 이레 동안 부정하리니"(민 19:11).

"뚜껑을 열어 놓고 덮지 아니한 그릇은 모두 부정하니라"(민 19:15).

죽은 청년이 들어간 관은 뚜껑이 없는 것으로 죽은 자가 잘 보이는 모양이었습니다. 그런 사체가 들어간 뚜껑이 없는 관을 예수님께서 만지신 것입니다. 이는 분명하게 율법을 어기는 행위요, 명백하게 율법의 의식적 규례를 범하는 행위였습니다. 하지만 예수님께서는 알고도 그렇게 하셨습니다. 왜 그렇게 하셨을까요? 이 청년을 살리기 위해서였습니다. 그의 손대심은 생명의 터치였습니다.

세상에는 두 가지 손댐의 유형이 있습니다. 하나는, 공격적인 손댐입니다. 손찌검이라고도 하는데, 그것은 사람을 죽이려 하는 공격적이고 파괴적인 손댐입니다. 다른 하나는, 사람을 살리고 사랑을 전달하는 손댐입니다. 우리는 그것을 스킨십이라고도 합니다. 이런 따뜻한 만짐은 사람에게 생명을 전달합니다.

때로 우리는 사람을 살리기 위해 율법을 초월할 필요가 있습니다. 율법을 초월한 사랑의 터치, 은혜의 터치가 필요합니다. 종교는 크게 두 가지로 나눌 수 있습니다. 율법의 종교와 은혜의 종교가 그것입니다. 율법은 사람을 죽입니다. 그러나 은혜는 사람을 살립니다. 교인들도 크게 두 부류로 나누어집니다. 율법의 사람이 있는가 하면 은혜의 사람이 있습니다. 교인들이 은혜 받지 못하고 종교 생활을 하면 율법의 사람이 됩니다. 이런 사람은 교회 안에서도 늘 공격적이거나 비판적입니다. 공격거리 또는 비판거리만 찾아다닙니다. 얼굴만 보아도 은혜가 보이지 않습니다. 그러나 은혜의 사람은 늘 포용적입니다. 용서하고 관용합니다. 사람을 껴안고 보듬어 줍니다. 교회가 건강하려면 이런 은혜의 사람이 많아져야 합니다.

복음성가 작곡가요, 가수인 빌 게이더(Bill Gaither)가 만든 고전적 성가 중에 〈He touched me〉라는 노래가 있습니다.

Shackled by a heavy burden,

(죄와 수치의 짐을 지고)

Neath a load of guilt and shame.

(죄책과 수치의 짐 아래 있을 때)

Then the hand of Jesus touched me,

(그때 예수의 손길 날 만졌네)

And now I am no longer the same.

(나 이제 전과 같지 않네)

He touched me, oh He touched me,

(오 예수, 예수, 날 만졌네)

And oh the joy that floods my soul!

(내 영혼 기쁨 넘치네!)

Something happened and now I know,

(주 행한 일 이제 난 아네)

He touched me and made me whole.

(주 손길 날 고치셨네)

이 손길, 이 터치가 필요하지 않습니까? 예수님의 이 터치가 사람을 살린 것입니다.

"죽었던 자가 일어나 앉고 말도 하거늘 예수께서 그를 어머니에게 주시니"(눅 7:15).

창조자이신 예수님이 치유자가 되어 이 죽은 청년의 관을 터치하자 생명이 돌아왔습니다. 할렐루야! 우리는 이 터치를 사모하는 그리스도인이 되어야 할 것입니다.

말씀하심
||||||||||||

그러나 이 청년을 결정적으로 살린 것은 주님의 말씀이었습니다.

"예수께서 이르시되 청년아 내가 네게 말하노니 일어나라"(눅 7:14).

이 말씀이 청년을 살게 했습니다. 이것이 어떻게 가능한 일일까요? 예수님의 말씀에 그 해답이 들어 있습니다.

"살리는 것은 영이니 육은 무익하니라 내가 너희에게 이른 말은 영이요 생명이라"(요 6:63).

위의 말씀을 《메시지》에서는 이렇게 번역합니다.

성령만이 생명을 만들어 낼 수 있다. 육신의 근육과 의지력으로는 아무 것도 일어나게 할 수 없다. 내가 너희에게 전하는 모든 말은 성령의 말이며, 생명을 만들어 내는 말이다.

예수님은 말씀으로 육체가 죽은 자들을 과거에 살리셨습니다. 야이로의 딸을 살리셨고, 나사로를 살리셨습니다. 나인 성 과부의 아들을 살리셨습니다. 이제 주님께서 다시 오시는 날, 그 재림의 때에 주님은 동일한 말씀으로 그리스도 안에서 죽은 자들을 살리실 것입니다. 그분은 지금도 영적으로 죽은 자들, 허물과 죄로 죽은 자들을 살리고 계십니다. 무엇으로 살리십니까? 말씀으로 살리고 계십니다.

우리는 종종 주변의 타락한 이들에게 도덕적 훈계를 하면서 그 훈계의 말이 그 사람을 살릴 것으로 기대합니다. 물론 도덕적 교훈이 어떤 사람의 인생에 전기를 마련할 수는 있습니다. 그러나 그 말로는 어느 누구도 구원받지 못하고, 어느 누구도 다시 살지 못합니다. 우리는 또한 무지해 보이는 사람들에게 철학적 예지를 가르칠 수도 있습니다. 그리고 이런 예지로 때로는 몽매함에서 벗어날 수도 있습니다. 그러나 저는 철학으로 구원받은 사람, 철학으로 거듭난 사람을 만나 본 적이 없습니다.

본문의 나인 성 과부의 아들을 살린 것이 도덕적 교훈이었습니까? 철학적 예지였습니까? 아닙니다. 하나님의 아들이신 예수님의 말씀이었습니다. "나는 부활이요, 생명"이라고 말씀하신 그분의 말씀이었습니다. "청년아 내가 네게 말하노니 일어나라"는 이 말씀으로 그는 다시 살았습니다.

베드로전서 1장 23절의 말씀을 기억하십시오.

"너희가 거듭난 것은 썩어질 씨로 된 것이 아니요 썩지 아니할 씨로 된 것이니 살아 있고 항상 있는 하나님의 말씀으로 되었느니라."

여기 '씨'(seed)는 희랍어 원어로 '스포라'(spora)라고 되어 있는데, 여기에서 나온 영어 단어 중에 하나가 'sperm', 곧 남자의 정자입니다. 이 정자, 곧 씨가 여인의 밭에 떨어지면 새 생명이 탄생합니다. 말씀은 생명의 씨입니다. 이 씨가 떨어지는 곳에 새 생명이 태어나고, 죽은 자가 살아납니다. 이 말씀으로 개혁자 마틴 루터가 새롭게 태어났습니다. 이 말씀으로 《기독교 강요》의 저자 존 칼빈(John Calvin)이 태어났습니다. 이 말씀으로 설교의 왕자 찰스 스펄전이 태어났습니다. 이 말씀으로 《천로역정》의 저자 존 버니언이 태어났습니다. 이 말씀으로 사랑의 원자탄 손양원이 태어났습니다. 이 말씀으로 1965년 가을, 이동원이 새롭게 태어났습니다.

저를 새롭게 태어나게 한 말씀은 갈라디아서 2장 21절이었습니다.

"내가 하나님의 은혜를 폐하지 아니하노니 만일 의롭게 되는 것이 율법으로 말미암으면 그리스도께서 헛되이 죽으셨느니라."

'하라/하지 말라'로 형성된 율법의 체계는 인간의 삶의 기준은 될 수 있어도 인간을 구원하지는 못합니다. 왜 그렇습니까? 우리는 이미 하지 말라는 것은 하고, 하라는 것은 하지 못해 율법을 범한 것입니다. 그래서 심판을 피할 수 없었던 우리를 위해 오신 예수님이 우리가 받을 저주와 형벌을 대신 받고 피 흘려 죽은 후 사흘 만에 다시 사셨습니다. 그분을 믿음으로 구원을 받은 우리는 이 복음, 이 말씀으로 다시 산 것입니다.

"한 바리새인이 예수께 자기와 함께 잡수시기를 청하니 이에 바리새인의 집에 들어가 앉으셨을 때에 그 동네에 죄를 지은 한 여자가 있어 예수께서 바리새인의 집에 앉아 계심을 알고 향유 담은 옥합을 가지고 와서 예수의 뒤로 그 발 곁에 서서 울며 눈물로 그 발을 적시고 자기 머리털로 닦고 그 발에 입 맞추고 향유를 부으니 … 이러므로 내가 네게 말하노니 그의 많은 죄가 사하여졌도다 이는 그의 사랑함이 많음이라 사함을 받은 일이 적은 자는 적게 사랑하느니라 이에 여자에게 이르시되 네 죄 사함을 받았느니라 하시니 함께 앉아 있는 자들이 속으로 말하되 이가 누구이기에 죄도 사하는가 하더라 예수께서 여자에게 이르시되 네 믿음이 너를 구원하였으니 평안히 가라 하시니라"(눅 7:36-38, 47-50).

23. 한 창녀의 칭찬받은 헌신

> 신이 아니면 누구도 죄 사함을 선언할 수 없습니다.
> 그들이 알아야 했던 것은 예수님이 메시아,
> 곧 신이라는 사실입니다.

파티가 잘 진행되면 대체로 그 파티를 주최한 사람이 칭찬받는 것이
상식입니다. 그런데 본문에는 파티에 초대받지 않았던 한 여인의 파격
적인 행동이 예수님에게 칭찬을 받고 있습니다. 성경은 이 여인을 '죄
를 지은 한 여자'라고 기록합니다. 성경학자들은 그녀를 그 동네에서
소문난 창녀였을 것으로 추정합니다.

복음서에는 예수님과 당시의 대표적 유대 종교 계급이었던 바리새
인의 충돌이 자주 그려집니다. 그러나 모든 바리새인이 예수님을 공격
하고 대적한 것은 아니었습니다. 바리새인 중에도 예수님에 대한 호의
를 갖고 그분의 메시아 되심을 알아보고자 한 구도자들이 존재했습니
다. 본문에 등장하는 바리새인 시몬이 그런 부류에 속하는 사람이었던
것으로 보입니다. 그래서 예수님을 자기 집 식사에 초대한 것입니다.
본문이 시작되는 36절을 주목하십시오.

"한 바리새인이 예수께 자기와 함께 잡수시기를 청하니 이에 바리새
인의 집에 들어가 앉으셨을 때에."

이때 초대받지 않은 불청객으로 깜짝 등장한 것이 이 동네의 소문
난 창녀였습니다. 그녀의 등장은 이 파티를 긴장시키기에 충분했고,
즉각적으로 이 여인의 행동은 모든 사람의 시선을 끌었습니다.

"그 동네에 죄를 지은 한 여자가 있어 예수께서 바리새인의 집에 앉아
계심을 알고 향유 담은 옥합을 가지고 와서 예수의 뒤로 그 발 곁에 서
서 울며 눈물로 그 발을 적시고 자기 머리털로 닦고 그 발에 입 맞추고
향유를 부으니"(눅 7:37-38).

이때 율법을 중시한 바리새인 시몬은 예수님께서 상대하지 말아야
할 여인에게 부정한 행위를 허락한 것으로 판단하고 있었습니다. 창녀
와의 스킨십 자체가 부정한 것이었기 때문입니다. 그러나 예수님께서
는 이 여인의 행위가 이 파티의 주최자인 시몬의 행위를 능가하는 헌
신이었다고 칭찬하십니다. 적어도 세 가지 면에서 그랬다고 지적하십
니다.

"그 여자를 돌아보시며 시몬에게 이르시되 이 여자를 보느냐 … 너는
내게 발 씻을 물도 주지 아니하였으되 이 여자는 눈물로 내 발을 적시

고 그 머리털로 닦았으며"(눅 7:44).

"너는 내게 입 맞추지 아니하였으되 그는 내가 들어올 때로부터 내 발
에 입 맞추기를 그치지 아니하였으며"(눅 7:45).

"너는 내 머리에 감람유도 붓지 아니하였으되 그는 향유를 내 발에 부
었느니라"(눅 7:46).

그러나 이 세 가지 대조적인 헌신 말고도 예수님께서 이 여인의 헌
신을 칭찬하신 더 중요한 이유들이 있었습니다. 이 창녀가 칭찬받은
헌신의 이유는 무엇이었을까요?

'헌신'의 공개성
||||||||||||||||||||||||||||

성경이 가르치는 헌신에는 두 가지 유형이 있습니다. 하나는 비공개적
헌신이고, 또 하나는 공개적 헌신입니다. 비공개적 헌신이란, 오른손
이 하는 것을 왼손이 모르게 하는 헌신입니다. 이것은 특히 사적 구제
사역 같은 헌신에서 요구되는 것입니다. 개인 기도를 할 때에도 회당
앞에서, 거리 한복판에서 소리를 내어 기도함으로 자신의 기도 행위를
선전하지 말라고 주님은 가르치십니다. 또한 금식 같은 경건의 실천에

있어 얼굴을 흉하게 하고 슬픈 기색을 냄으로 자신의 금식 행위를 통해 사람들의 관심을 끌지 말라고 가르치십니다.

그러나 어쩔 수 없는 공개적 헌신이 필요한 경우들이 있습니다. 공예배에서의 기도, 공동체를 위한 기도 행위(나라와 민족을 위한 공적 행사) 그리고 공동체가 진행하는 금식 등은 공개적일 수밖에 없습니다. 특히 신앙 고백 같은 것은 공적인 것이 아니라면 의미가 없습니다. 마태복음 10장 32-33절을 보십시오.

"누구든지 사람 앞에서 나를 시인하면 나도 하늘에 계신 내 아버지 앞에서 그를 시인할 것이요 누구든지 사람 앞에서 나를 부인하면 나도 하늘에 계신 내 아버지 앞에서 그를 부인하리라."

주를 향한 우리의 헌신 또한 공개적일 수밖에 없는 경우들이 더 많습니다. 빛은 그 성질상 드러날 수밖에 없기 때문입니다. 마태복음 5장 14-16절이 그것을 가르칩니다.

"너희는 세상의 빛이라 산 위에 있는 동네가 숨겨지지 못할 것이요 사람이 등불을 켜서 말 아래에 두지 아니하고 등경 위에 두나니 이러므로 집 안 모든 사람에게 비치느니라 이같이 너희 빛이 사람 앞에 비치게 하여 그들로 너희 착한 행실을 보고 하늘에 계신 너희 아버지께 영광을 돌리게 하라."

본문에 증언된 이 죄 많은 여자의 헌신의 경우가 이런 유형에 속한다고 할 수 있을 것입니다. 그녀는 이미 살던 동네에서 요주의 인물로 찍힌 여인이었습니다. 이런 여인이 불청객으로 시몬의 집에 등장한다는 자체가 용기를 필요로 하는 일이었고, 무엇보다 다른 사람들이 일제히 주목하는 시선 앞에서 예수님의 발치로 다가가 울며 향유를 붓고 그분의 발을 씻기는 행위는 문자 그대로 부끄러움을 무릅써야 하는 담대한 공개적 헌신이었습니다. 아마도 바리새인들의 눈에는 그것이 신적 거룩함을 훼손하는 담대한 신성 모독적 행위로 비쳐졌을지 모릅니다. 그런데 예수님은 그것을 아름다운 공개적 헌신으로 선포하셨습니다. 주님은 얼마 안 되어 하늘과 땅 사이 갈보리 언덕 십자가에 벌거벗겨진 채로 매달려 공개적인 부끄러움을 당하고 죽어야 할 것을 아셨습니다. 주님은 이 여인의 작금의 행위가 부끄러우실 주님에게 거룩한 기름을 부어 그분을 높이는 신앙 고백적 행위였음을 아신 것입니다.

'죄 사함'의 감사
||||||||||||||||||||||||||||||

예수님께서 파티의 주최자인 바리새인 시몬에게 질문을 하십니다.

> "이르시되 빚 주는 사람에게 빚진 자가 둘이 있어 하나는 오백 데나리온을 졌고 하나는 오십 데나리온을 졌는데 갚을 것이 없으므로 둘 다

탕감하여 주었으니 둘 중에 누가 그를 더 사랑하겠느냐"(눅 7:41-42).

이에 대한 시몬의 대답과 이어지는 주님의 말씀을 보십시오.

"시몬이 대답하여 이르되 내 생각에는 많이 탕감함을 받은 자니이다
이르시되 네 판단이 옳다 하시고"(눅 7:43).

그러고 나서 주님은 여인에게 이렇게 말씀하십니다.

"이에 여자에게 이르시되 네 죄 사함을 받았느니라 하시니"(눅 7:48).

사실 이 여인은 이미 메시아로 일컬음을 받고 계신 예수님의 죄 사
함을 믿었기에 그분 앞에 감사함으로 나아온 것이 아닙니까? 그렇다
면 이 여인의 헌신은 죄 사함의 감사였던 것입니다. 많은 죄의 용서가
오히려 많은 감사, 많은 사랑을 가능하게 한 것입니다. 그런데 이런 예
수님의 죄 사함의 선포는 잔치 자리에 온 사람들에게 큰 물음표를 남
기게 됩니다.

"함께 앉아 있는 자들이 속으로 말하되 이가 누구이기에 죄도 사하는
가 하더라"(눅 7:49).

유대인들에게 죄 사함은 전적으로 신적 영역에 속하는 신의 권리였고, 이것은 서양문명사에 지속되어 온 명제였습니다. 영국의 위대한 시인 알렉산더 포프(Alexander Pope)는 "실수하는 것은 인간적이지만 용서하는 것은 신적이다"(To err is human, to forgive is Divine)라는 말을 남겼습니다. 그날 잔치에 온 사람들의 질문은 정당한 것입니다. 신이 아니면 누구도 죄 사함을 선언할 수 없습니다. 그들이 알아야 했던 것은 예수님이 메시아, 곧 신이라는 사실입니다.

비슷한 사건이 중풍 병자의 치유 사건에서도 반복되었습니다. 네 친구에 의해 지붕을 통해 들것에 실려 내려온 중풍 병자에게 하신 예수님의 말씀이 무엇이었습니까? "작은 자야 네 죄 사함을 받았느니라"(막 2:5)가 아닙니까? 그때 그 자리에 있던 사람들의 반응은 어땠습니까? "이 사람이 어찌 이렇게 말하는가 신성 모독이로다 오직 하나님 한 분 외에는 누가 능히 죄를 사하겠느냐"(막 2:7)였습니다. 그때 그들이 깨달았어야 할 사실은 무엇입니까? 예수님이 곧 육신을 입고 이 땅에 메시아로 온 하나님이셨다는 것입니다. 그분으로부터 죄 사함을 받은 감사는 마침내 본문에 등장한 이 여인으로 울며 예수님의 발을 씻고 향유를 그 발에 붓게 한 사랑이 되게 한 것입니다.

> "이러므로 내가 네게 말하노니 그의 많은 죄가 사하여졌도다 이는 그의 사랑함이 많음이라 사함을 받은 일이 적은 자는 적게 사랑하느니라"(눅 7:47).

그리고 이 여인의 많은 사랑과 눈물 어린 감사의 표현을 예수님은 기쁘게 받고 칭찬하신 것입니다.

'믿음'의 고백
||||||||||||||||||||||||

그러나 바리새인 시몬의 집에서 이 아름다운 여인이 표현한 헌신은 감사 이상의 것이었습니다. 그것은 감사와 사랑의 표현이었을 뿐 아니라, 믿음의 고백이었다는 것을 우리는 주목해야 합니다. 예수님의 선언을 읽어 보십시오.

> "예수께서 여자에게 이르시되 네 믿음이 너를 구원하였으니 평안히 가라 하시니라"(눅 7:50).

여기 분명하게 기록된 대로, 예수님은 이 여인에게서 믿음을 보고 계셨습니다. 분명 이 여인에게는 예수님을 향한 감사가 있었고, 사랑이 있었습니다. 그러나 그녀에게 있었던 더 근본적이고 중요한 것은 믿음이었습니다. 예수님이 메시아라는 믿음, 그분만이 자신의 죄를 용서하실 수 있다는 믿음이 있었던 것입니다. 그 믿음이 그녀로 예수님에게 달려가게 했고, 옥합을 깨뜨려 향유를 붓게 했고, 예수님의 발을 그 향유로 씻게 한 것입니다. 믿음이 감사를 낳고, 믿음이 사랑을 낳은 것입니다. 예수님은 그녀의 그런 믿음이 그녀를 구원했다고 선언하신 후 평안을 선물로 허락하십니다. "네 믿음이 너를 구원하였으니 평안히 가라!"

우리 시대의 탁월한 성경 강해자인 H. A. 아이언사이드(Ironside)는 본문을 강해하면서 이런 이야기를 전달합니다. 아일랜드에 괴짜 부자 영주가 살았는데 수년 전 그가 주님 앞으로 돌아오는 믿기 어려운 회심을 했다고 합니다. 그가 예수 믿고 구원받은 것을 간증하기 시작했을 때 마을 사람들은 아무도 그 사실을 믿지 않았고, 그가 미쳤다는 소문만 무성했다고 합니다.

한번은 그가 일정한 날, 오전 10시부터 12시까지 그의 사무실에 있을 터인데 그 시간에 그에게 빚진 소작인들이 빚 문서를 갖고 오면 모든 빚을 탕감해 주겠다는 공지문을 마을에 돌렸다고 합니다. 마을에서는 큰 화제가 되었고, 정해진 시간에 많은 사람이 이 영주의 사무실 앞 광장에 몰려들었다고 합니다. 실제로 그 일이 일어날 것이라고 믿는 사람은 아무도 없었지만 호기심으로 많은 사람이 운집했습니다.

10시가 되자 영주와 비서가 마차에서 내려 사무실에 들어갔습니다. 그러나 그 후 아무도 그의 사무실 문을 노크하는 사람은 없었습니다. 그런데 11시 30분경, 한 노부부가 발을 절며 이 광장에 도착해서 사람들에게 묻습니다.

"우리 주인 영주께서 소작인들의 빚을 탕감해 주신다는 말이 사실입니까?"

사람들은 "글쎄요, 우리도 믿기지 않는 일이라 구경을 온 것이니 당신들이 한번 들어가 보시지요?" 했다고 합니다. 영주의 사무실 안으로 들어간 노부부는 영주의 환영을 받았고, 빚을 탕감 받게 되었습니다. 영주는 이렇게 말했다고 합니다.

"두 분은 믿음으로 저의 제안을 받아 주었습니다. 두 분은 제가 두 분의 빚을 탕감해 주리라고 믿었고, 그 믿음으로 저에게 오셨기 때문에 이제 모든 빚에서 자유하게 되었습니다. 축복합니다."

시간은 어느덧 12시가 되었고, 노부부가 왜 이렇게 늦게 나오는지를 궁금해 하던 차에 그들이 만면에 미소를 띠고 사무실에서 나오자 사람들이 물었습니다.

"무슨 일이 있었습니까?"

노부부는 큰 소리로 "주인께서 약속대로 저의 모든 빚을 탕감해 주었습니다. 저는 이제 모든 빚에서 자유하게 되었습니다"라고 외쳤다고 합니다. 이 말을 들은 많은 사람이 영주의 사무실 문을 두드리자 영주가 나와서 말을 전했다고 합니다.

"저는 여러분에게 빚을 탕감 받을 기회를 드렸습니다. 그러나 이 노부부 외에는 아무도 저를 믿지 않았습니다. 그래서 빚을 탕감 받을 기회를 잃은 것입니다."

이어서 그는 자기가 믿은 예수님이 자신의 모든 죄의 빚을 갚아 주고 용서하셨음을 전했다고 합니다. 우리의 모든 죄는 하나님 앞에서의 도덕적 부채와 같은 것인데, 우리가 갚을 수 없는 그 죄를 대신 짊어지고 예수님께서 십자가에 죽으심으로 죄의 값을 치른 후 십자가에서 부활하사 당신 앞에 믿음으로 오는 자마다 용서하고 새 삶을 선물로 주신다고 말입니다. 그러면서 그들 모두가 이 복된 소식을 믿게 되기를 기도한다고 전했다고 합니다. 이 노부부와 본문의 창녀가 체험한 용서와 새 인생을 우리 모두 선물로 받기를 기도합니다.

"각 동네 사람들이 예수께로 나아와 큰 무리를 이루니 예수께서 비유로 말씀하시되 씨를 뿌리는 자가 그 씨를 뿌리러 나가서 뿌릴새 더러는 길가에 떨어지매 밟히며 공중의 새들이 먹어 버렸고 더러는 바위 위에 떨어지매 싹이 났다가 습기가 없으므로 말랐고 더러는 가시떨기 속에 떨어지매 가시가 함께 자라서 기운을 막았고 더러는 좋은 땅에 떨어지매 나서 백배의 결실을 하였느니라 이 말씀을 하시고 외치시되 들을 귀 있는 자는 들을지어다"(눅 8:4-8).

24. 좋은 땅, 좋은 교회

잠깐의 시련, 잠깐의 고난을 믿음으로 이겨 내고
좋은 땅으로 다시 쓰임 받는 그리스도인이 되기를
기도하십시오.

인생을 산다는 것은 무엇을 뜻하는 것일까요? 유명한 화가 밀레(Jean
François Millet)는 그것을 씨를 뿌리는 것으로 묘사했습니다. 그가 그려
낸 유명한 작품 중의 하나가 〈씨 뿌리는 사람〉입니다. 이 그림이 당시
미술계를 놀라게 한 것은 신화의 주인공, 나라의 황제나 귀족들이 그
림의 주인공이 되던 시절에 천대받던 농촌의 한 평범한 농부가 그림의
주인공이 되었기 때문입니다. 그는 마지못해 씨를 뿌리는 모습이 아니
라, 힘차게 팔을 흔들며 씨를 뿌리고 있습니다. 밀레는 이 그림에서 모
든 인생이 '씨 뿌리는 사람'이라는 것을 말하고 싶어 한 듯합니다. 그
렇습니다. 인간으로 태어난 우리는 각자 나름의 꿈의 씨앗, 비전의 씨
앗, 아니면 야망의 씨앗을 뿌리며 인생을 살아가고 있습니다. 그런데
이 밀레의 그림을 주목하며 감동을 받아 온 한 무명의 화가가 있었습
니다. 그는 밀레의 〈씨 뿌리는 사람〉을 모작하며 자신만의 그림을 그

려 내고 있었습니다. 바로 네덜란드 출신의 화가인 반 고흐(Vincent van Gogh)입니다.

고흐는 평생에 30점 이상의 〈씨 뿌리는 사람〉을 남깁니다. 흥미로운 것은, 그가 무명 화가 시절뿐 아니라 잘 알려진 화가가 된 후에도 계속해서 〈씨 뿌리는 사람〉을 그렸다는 것입니다. 실제로 청년기에 복음의 씨를 뿌리고자 탄광촌에 전도사로 갔던 그는 전문 화가로 전업한 후에도 그림을 통해 복음의 씨를 뿌리고자 한 것입니다. 그런 의미에서 밀레보다 훨씬 더 기독교 복음에 삶을 드리고 있었던 그의 그림에는 밀레를 넘어서는 반 고흐만의 신앙 고백이 점차 드러나게 됩니다. 특히 1888년 프랑스 아를에서 그린 〈씨 뿌리는 사람〉은 밀레의 것과 확연한 차이를 드러내고 있습니다. 우선 보라색, 노란색, 흰색 등의 대담한 색조 사용에 대해 고흐 자신이 '하나님을 향한 그의 갈망'이라고 고백합니다. 특히 이 그림의 씨 뿌리는 사람 뒤편에 자리한 강렬한 태양은 바로 그리스도를 그린 것이었습니다. 인생의 주인 되신 그리스도 없이 우리는 어떤 씨도 뿌릴 수 없고, 어떤 결실도 기대할 수 없음을 고백한 것입니다.

1993년 11월, 저도 같은 심정으로 지구촌교회를 개척했습니다. 그리고 복음의 씨, 말씀의 씨를 놀라운 흡인력으로 수용하는 교우들을 바라보며 지구촌교회는 좋은 땅이라는 것을 한순간도 의심해 본 적이 없습니다. 본문 8절에 보면 "더러는 좋은 땅에 떨어지매 나서 백배의 결실을 하였느니라"라고 했는데, 이 구원의 복음을 당시 지역민 30만 명

중 10분의 1인 3만 명에게 전하는 교회가 된다는 초기의 열망을 우리는 창립 15년 만에 실현할 수 있었습니다. 그렇게 3천 명의 셀 리더 그리고 300여 명의 타 문화권 선교사들과 한국을 넘어서서 지구촌 전체에 복음을 전하는 진정한 글로벌 선교 교회로 나아갈 수 있었습니다. 이제 우리는 중요한 기로에 서 있게 되었습니다. 계속해서 좋은 땅으로 존재해 앞으로도 쓰임 받는 교회가 되고자 한다면 우리가 받아야 할 레슨은 무엇입니까?

마귀의 공작을 경계해야 한다
|||||||||||||||||||||||||||||||||||||||||||||||

먼저, 길가가 좋은 땅이 되지 못한 이유는 무엇입니까?

> "씨를 뿌리는 자가 그 씨를 뿌리러 나가서 뿌릴새 더러는 길가에 떨어지매 밟히며 공중의 새들이 먹어 버렸고"(눅 8:5).

이어지는 12절에서 예수님은 이 새들이 마귀를 의미한다고 해석하십니다. 우리가 구원을 얻지 못하도록 마귀가 우리 마음에서 말씀을 빼앗아 가고 있다고 하십니다. 흥미로운 것은, 밀레의 그림에서는 새들이 위편 하늘 공간에 있었지만, 고흐의 그림에서는 새가 이미 밭에 내려와 있는 것으로 그려졌다는 사실입니다. 마귀는 생각보다 우리 가까이에서 공작하고 있고, 누구라도 마귀의 공작의 목표가 될 수 있다는 것을 말하고 싶어 한 것입니다.

예수님께서 사랑하셨던 수제자 베드로가 그분의 죽으심을 만류하고자 했을 때 주님은 무엇이라고 말씀하셨습니까? "예수께서 돌이키시며 베드로에게 이르시되 사탄아 내 뒤로 물러가라 너는 나를 넘어지게 하는 자로다"(마 16:23)라고 하지 않으셨습니까? 하나님의 말씀에 순종하지 않을 때 우리는 누구라도, 심지어 예수님의 일등 제자라도 사탄의 도구가 될 수 있다는 이 교훈을 잊어서는 안 됩니다. 이 경고를 예수님께 직접 들었던 베드로는 이 교훈을 망각할 수 없었을 것입니다. 그래서 후일 베드로는 고난 중에 흩어진 그리스도인들과 교회 공동체를 향해 편지를 쓰며 이렇게 말합니다.

> "근신하라 깨어라 너희 대적 마귀가 우는 사자같이 두루 다니며 삼킬
> 자를 찾나니"(벧전 5:8).

가평의 천로역정 공원을 거닐다 보면 마귀가 사자처럼 순례자 성도들이 아름다운 집, 곧 교회로 입장하는 것을 노리고 있는 것을 볼 수 있습니다. 그런데 이 경계의 말씀이 천로역정 길에 한 번 더 등장합니다. 순례 길의 거의 마지막인 '뿔라의 땅' 직전에 '마법의 땅'을 지나면서 크리스천과 소망이 잠의 유혹을 받고 졸다가 다시 받은 교훈이 '깨어 정신을 차리라'는 레슨입니다. 우리는 순례 길에서 끝까지 방심해

서는 안 됩니다. 사탄이 우리 순례자들을 그리고 우리 공동체를 공격하고 있다는 것을 결코 잊지 마십시오. 우리 중의 누구라도 사탄의 공작 도구로 쓰임 받는 불행한 일은 없어야 합니다.

시련의 시기를 이겨 내야 한다
||||||||||||||||||||||||||||||||||||||||||||||||||||

두 번째로, 바위 위에 떨어진 씨가 열매를 맺지 못하고 그곳이 좋은 땅이 되지 못한 이유는 무엇입니까?

"더러는 바위 위에 떨어지매 싹이 났다가 습기가 없으므로 말랐고"
(눅 8:6).

이 비유를 예수님은 어떻게 해석하십니까?

"바위 위에 있다는 것은 말씀을 들을 때에 기쁨으로 받으나 뿌리가 없어 잠깐 믿다가 시련을 당할 때에 배반하는 자요"(눅 8:13).

이스라엘에 가 보면 얼핏 볼 때는 보통의 땅 같은데 자세히 보면 석회암인 지역이 많습니다. 여기에 씨를 뿌려 봐야 결실을 기대하기 어렵습니다. 약간의 흙이 덮여 있어 씨를 뿌리면 잠깐 동안 싹을 내는 반응을 보이지만, 뜨거운 태양을 견디지 못합니다. 다른 복음서에서는 돌밭이라고 했습니다. 돌밭 교인들은 시련의 태양을 견디지 못합니다. 예수님께 경고 받았던 베드로도 예수님이 고난의 길을 가시자 흔들리고 심지어 예수님을 부인하지 않았습니까? 그러나 회개하고 주께 돌아와 시련을 이겨 낸 후 다른 제자들을 격려하고 세워 가는 사도로 쓰임을 받습니다.

우리도 예수님을 믿다가 시련이나 고난을 받으면 두 가지 유형의 제자가 드러납니다. 베드로처럼 시련을 이기고 더욱 견고한 믿음의 사람이 되는 제자와 유다처럼 예수님을 팔고 어둠속으로 떠나가는 제자의 모습이 그것입니다. 베드로가 이런 시련을 이겨 내도록 쓴 편지가 베드로전서입니다. 베드로전서 1장 6-7절을 보십시오.

"그러므로 너희가 이제 여러 가지 시험으로 말미암아 잠깐 근심하게 되지 않을 수 없으나 오히려 크게 기뻐하는도다 너희 믿음의 확실함은 불로 연단하여도 없어질 금보다 더 귀하여 예수 그리스도께서 나타나실 때에 칭찬과 영광과 존귀를 얻게 할 것이니라."

마침내 베드로는 고난을 잘 견디는 것이야말로 그리스도인이 된 표지라고 말합니다. 베드로전서 4장 16절을 기억하십시오.

"만일 그리스도인으로 고난을 받으면 부끄러워하지 말고 도리어 그 이름으로 하나님께 영광을 돌리라."

잠깐의 시련, 잠깐의 고난을 믿음으로 이겨 내고 좋은 땅으로 다시 쓰임 받는 그리스도인이 되기를 기도하십시오.

세속적 기운을 극복해야 한다
|||||||||||||||||||||||||||||||||||||||||||||||

세 번째는 가시떨기 밭에서 일어난 일입니다.

"더러는 가시떨기 속에 떨어지매 가시가 함께 자라서 기운을 막았고"(눅 8:7).

여기 '기운을 막았다'는 말을 옮길 때 NIV 성경은 'choked', 곧 '질식시키다'라는 의미의 단어를 사용하고 있습니다.《메시지》에서는 이 대목을 '싹을 짓눌러 버렸다'고 번역합니다. 이제 예수님의 해석을 살펴봅시다.

"가시떨기에 떨어졌다는 것은 말씀을 들은 자이나 지내는 중 이생의 염려와 재물과 향락에 기운이 막혀 온전히 결실하지 못하는 자요"(눅 8:14).

다른 말로 하면, 세속적 기운 혹은 세속적 관심이 우리의 영적 기운을 짓눌러 버렸다는 것입니다. 한동안 NCD(자연적 교회 성장) 운동이 확산되던 때에 건강한 교회의 중요한 기준으로 강조되던 것이 '열정적 영성'(passionate spirituality)이었습니다. 건강한 교회를 가 보면 거기에서 열정적으로 타오르는 영성을 볼 수 있다는 것입니다. 예배의 영성, 기도의 영성, 선교의 영성이 불꽃처럼 타오르고 있습니다. 성도들이 모여서 무엇을 말하는지를 보십시오. 거기서 우리는 영성의 기운을 느낍니다. 그런데 교회가 세속화되면 우리는 더 이상 우리의 모임에서 이런 열정을 느끼지 못합니다. 우리를 지배하는 가장 큰 관심이 세속적인 것으로 대체되고 말았기 때문입니다.

사도행전 6장에서 초대 교회에 구제 문제로 갈등이 생겼을 때, 사도들은 즉시로 회중을 소집해서 구제 문제를 전담하는 성령과 지혜가 충만한 집사들을 세우고, 자신들은 다른 걱정 없이 말씀과 기도에 전무하게 하는 해결책을 모색합니다. 결과적으로 말씀은 더 왕성해지고, 제자의 수는 더 많아졌다고 기록합니다(행 6:7).

말씀을 지켜 결실해야 한다
||||||||||||||||||||||||||||||||||||||||||||||||

마지막으로, 좋은 땅의 본질은 무엇입니까?

"더러는 좋은 땅에 떨어지매 나서 백배의 결실을 하였느니라"(눅 8:8).

이 백배의 결실을 맺은 좋은 땅의 본질을 예수님은 어떻게 설명하십니까?

"좋은 땅에 있다는 것은 착하고 좋은 마음으로 말씀을 듣고 지키어 인내로 결실하는 자니라"(눅 8:15).

위의 말씀에서 말하는 '좋은 땅 성도들'은 누구입니까? 말씀을 듣기만 하는 자가 아니라, 말씀을 지키는 자입니다. 한국 교회의 가장 큰 부족함은 말씀을 듣되 행함이 따르지 않는다는 것입니다. 말씀은 우리를 구원하는 데서 멈추지 않고 우리의 일거수일투족을 지배해야 합니다. 행여나 우리의 잘못을 교정할 때도 성경적인 방법으로 해야지, 비성경적인 행위를 하면서는 우리의 목적을 정당화할 수 없습니다. 2천년 기독교 역사가 지켜 온 성경적 윤리 제1원칙은 '목적이 수단을 정당화하지 못한다'는 것입니다.

예컨대, 교회 내 문제가 발생했을 때 어떤 경우에도 성경은 세상 법에 호소하는 것을 허락하지 않습니다.

"성도가 세상을 판단할 것을 너희가 알지 못하느냐 세상도 너희에게 판단을 받겠거든 지극히 작은 일 판단하기를 감당하지 못하겠느냐"(고전 6:2).

"형제가 형제와 더불어 고발할 뿐더러 믿지 아니하는 자들 앞에서 하
느냐 너희가 피차 고발함으로 너희 가운데 이미 뚜렷한 허물이 있나
니 차라리 불의를 당하는 것이 낫지 아니하며 차라리 속는 것이 낫지
아니하냐"(고전 6:6-7).

따라서 성경 말씀을 어긴 자리에서 주장하는 어떤 정의도 성립할
수 없음을 알아야 합니다. 성 어거스틴은 교회를 어머니라고 불렀습
니다. 어머니가 잘못할 수도 있습니다. 그러나 어머니를 난도질한 다
음 아들의 정의가 살아나겠습니까? 자식을 살리는 것이 어머니의 눈
물의 기도인 것처럼, 어머니를 돌이키는 것도 자식들의 눈물의 기도
입니다.

한국 교회는 말씀으로 돌아가야 합니다. 말씀 앞에 무릎 꿇고 말씀
대로 살지 못한 것을 눈물로 회개합시다. 우리의 완악한 마음을 돌이
킬 때 우리 마음이 기경되어 좋은 땅이 될 것입니다. 그리고 우리는 다
시 좋은 땅, 좋은 교회가 될 것입니다.

'좋은 땅 성도들'은 누구입니까?
말씀을 듣기만 하는 자가 아니라, 말씀을 지키는 자입니다.
한국 교회의 가장 큰 부족함은
말씀을 듣되 행함이 따르지 않는다는 것입니다.

"하루는 제자들과 함께 배에 오르사 그들에게 이르시되 호수 저편으로 건너가자 하시매 이에 떠나 행선할 때에 예수께서 잠이 드셨더니 마침 광풍이 호수로 내리치매 배에 물이 가득하게 되어 위태한지라 제자들이 나아와 깨워 이르되 주여 주여 우리가 죽겠나이다 한대 예수께서 잠을 깨사 바람과 물결을 꾸짖으시니 이에 그쳐 잔잔하여지더라 제자들에게 이르시되 너희 믿음이 어디 있느냐 하시니 그들이 두려워하고 놀랍게 여겨 서로 말하되 그가 누구이기에 바람과 물을 명하매 순종하는가 하더라"(눅 8:22-25).

25. 너희 믿음이 어디 있느냐

우리가 예수님을 만나고 그분을 구주로 믿는 순간,
우리는 주권적 믿음을 선물로 받은 자가 되었습니다.

이스라엘 사람들은 인생을 묘사할 때 '인생은 갈릴리 호수와 같다'라
는 말을 자주 한다고 합니다. 인생의 길에서 우리는 기대하지 않은 폭
풍이나 파도를 만나기 때문입니다. 갈릴리 호수(호수치고는 지나치게 큰 곳
이어서 바다[yam]라고도 부름, 둘레 약 53킬로미터, 남북 약 21킬로미터, 동서 약 12킬
로미터, 수심 50-60미터, 해수면보다 212미터 낮은 곳에 위치, 라이프 성경사전 참조)
는 예루살렘에서 북쪽으로 100킬로미터 떨어진 곳에 위치합니다. 이
호수는 이스라엘 동북의 국가 경계선인 골란 고원과 서쪽의 저지대를
사이에 두고 북쪽의 훌라 계곡과 남쪽의 요르단 계곡을 연결합니다.
그런데 갈릴리 호수와 골란 고원 사이에는 1,200미터 정도의 급격한
파고 차가 있어서 갑작스러운 바람과 폭풍이 자주 일어납니다. 이것은
북쪽 헬몬 산에서 불어온 차가운 바람이 따뜻하게 데워진 호수 공기와
부딪혔을 때 자주 일어나는 지형적 자연 현상으로, 심할 경우에는 2미

터 이상, 드물게는 5미터 이상의 파도를 동반한 폭풍이 몰아치는 경우도 있습니다.

아마 이날도 예수님은 갈릴리 북서쪽에 있던 가버나움(예수님의 갈릴리 사역 본부)에서 배를 타고 동편 이방의 땅 거라사 지역에서의 사역을 위해 갈릴리 호수를 건너가셔야 했던 것 같습니다.

"하루는 제자들과 함께 배에 오르사 그들에게 이르시되 호수 저편으로 건너가자 하시매 이에 떠나"(눅 8:22).

그런데 배가 출항한 지 얼마 안 되어 사건이 일어납니다.

"행선할 때에 예수께서 잠이 드셨더니 마침 광풍이 호수로 내리치매 배에 물이 가득하게 되어 위태한지라"(눅 8:23).

여기 광풍이 '내리쳤다'는 표현을 주목해 보십시오. 얼마나 비상 상황인가를 짐작할 수 있지 않습니까? 이 광풍과 파도로 배 안에 승선한 예수님의 제자들은 모두 위태롭게 된 것입니다. 우리가 인생의 바다를 항해하다 보면 예수님의 제자여도 여전히 이런 위태한 상황을 만날 수 있습니다. 이런 광풍이 우리를 위태롭게 할 때 우리가 할 일은 무엇입니까?

예수님의 도움을 간청해야 한다
||||||||||||||||||||||||||||||||||||||||||

"제자들이 나아와 깨워 이르되 주여 주여 우리가 죽겠나이다"(눅 8:24).

제자들은 지금 절대적 위기를 감지하고 있습니다. 그런데 예수님은 주무시고 계셨습니다. 파도가 몰아치고 물이 배 안에 가득하게 되었는데도 말입니다. 도대체 예수님은 제자들의 위기를 알고는 계신 것인지, 제자들은 아마 도움이 안 되는 예수님이라고 생각하고 있었을 것입니다. 이 지경, 이 상황을 나 몰라라 하고 잠에 빠져 계신 예수님이 야속하고 원망스럽기도 했을 것입니다.

우리가 예수님의 제자로서 신앙생활을 하면서 직면하는 평생의 신앙적 딜레마 중에 하나는 예수님의 임재와 부재 사이의 갈등입니다. 우리가 성령 충만함을 느낄 때는 함께하시는 하나님, 함께하시는 예수님, 함께하시는 성령님을 경험합니다. 이것을 우리는 '하나님의 임재'(Presence of God) 체험이라고 말합니다. 그러나 많은 경우, 하나님의 도우심이 절실해서 부르짖어 기도하지만 하나님의 침묵만을 경험할 때가 있습니다. 이런 경우를 가리켜 '하나님의 부재'(Absence of God) 체험이라고 말합니다.

정직하게 말해서, 우리가 경험하는 하나님은 계신 것 같기도 하고 안 계신 것 같기도 한 분, 도움이 될 것 같기도 하고 전혀 도움이 못 될 것 같기도 한 분이 아니십니까? 그렇다고 믿음을 포기할 수 없는 예수의 제자라면 우리는 본문의 제자들처럼 할 수밖에 없을 것입니다. 예수님을 깨우고, 부르짖는 것입니다. "주여 주여 우리가 죽겠나이다"(눅 8:24)라고 말입니다. 이런 기도를 우리는 '간청 기도' 혹은 '강청 기도'라고 부릅니다. 누가복음 11장 8절에 이런 기도의 샘플이 등장합니다.

> "내가 너희에게 말하노니 비록 벗 됨으로 인하여서는 일어나서 주지 아니할지라도 그 간청함을 인하여 일어나 그 요구대로 주리라."

친구 이상으로 간청함이 응답의 요소가 되었다는 것입니다. 여기 사용된 '간청함'이라는 단어의 원어는 '아나이데이아'(anaideia)로 '뻔뻔함, 파렴치함을 무릅쓰고 요청함'이라는 의미입니다. 사람에게도 이런 간청함이 통할 수 있었다면, 어찌 자비롭고 사랑 많으신 하나님께 간청함이 통하지 않겠습니까? 인생을 살다 보면 이런 간청 기도/강청 기도가 필요한 상황이 있을 수 있습니다. 곧 예수님을 깨우는 기도입니다.

이어서 주신 말씀이 무엇입니까?

> "내가 또 너희에게 이르노니 구하라 그러면 너희에게 주실 것이요 찾으라 그러면 찾아낼 것이요 문을 두드리라 그러면 너희에게 열릴 것이니"(눅 11:9).

이 말씀의 원 의미는 계속해서 구하고, 계속해서 찾고, 계속해서 두드리라(현재 미완료 시제)는 것입니다. 주실 때까지, 찾을 때까지, 문이 열릴 때까지 말입니다. 그것이 강청 기도입니다. 모든 기도가 그럴 필요는 없습니다. 그러나 그런 기도가 필요한 비상한 상황이 인생 항해에는 있을 수 있다는 것입니다.

예수님의 신성을 기억해야 한다
||||||||||||||||||||||||||||||||||||||||||||||||||

예수님의 신성은 무엇을 의미합니까? 예수님의 하나님 되심입니다. 본문 어디에서 예수님의 신성적 행위가 드러나고 있습니까? 잠에서 깨신 예수님이 바람과 물결을 꾸짖으신 것입니다. 그러자 "이에 그쳐 잔잔하여지더라"(눅 8:24)라고 말씀합니다. 우리 중에 광풍이나 파도를 보고 꾸짖는 사람이 있습니까? 우리가 그렇게 안 하는 이유가 무엇입니까? 우리는 한계를 갖고 사는 인간, 곧 사람이기 때문입니다. 그런데 예수님이 바람과 물결을 꾸짖을 수 있으셨던 이유가 무엇입니까? 그분이 곧 하나님이시기 때문입니다. 이것을 기독교 교리에서는 '예수님의 신성'이라고 말합니다.

우리가 예수님을 주로 믿는다는 것은 그분의 신성을 믿는다는 의미입니다. 그래서 본문에서도 예수님의 제자들이 잠든 예수님을 깨우며 불렀습니다. "주여, 주여" 하고 말입니다. 우리는 급하면 어머니도 부르고, 아버지도 부릅니다. 그러나 어쩔 수 없는 상황에서 우리와 같은 사람이 무슨 도움이 되겠습니까? 오직 예수님만이 홀로 만물의 주인이되십니다.

본문에서 예수님이 바람과 물결을 향해 꾸짖으실 때 바람과 물결이 복종한 이유는, 그분이 바람과 물결을 만든 자연의 주인이시기 때문입니다. 주님이 무화과나무를 향해 다시는 여기서 열매를 맺지 못하리라고 명하셨을 때 그 나무가 복종한 이유는, 그분이 식물을 만든 주인이시기 때문입니다. 본문의 사건에 이어 주님은 더러운 귀신들을 향해 돼지 떼에게로 들어가라고 명하시는데, 이때 그 귀신들이 복종한 이유는, 예수님이 모든 영들을 다스리는 주인이시기 때문입니다. 그리고 돼지 떼들이 호수로 들어가게 하신 이유는, 그분이 모든 동물들을 지은 주인이시기 때문입니다. 시편에 기록된 다음의 말씀을 읽어 보십시오.

> "주께서 바다의 파도를 다스리시며 그 파도가 일어날 때에 잔잔하게 하시나이다"(시 89:9).

> "이에 홍해를 꾸짖으시니 곧 마르니 그들을 인도하여 바다 건너가기를 마치 광야를 지나감 같게 하사"(시 106:9).

시편 104편은 창조의 위대한 드라마를 놀라운 시문으로 표현해 내

고 있습니다. 시편 104편 28-29절이 묘사하는 인생을 포함한 모든 피
조물의 실존을 보십시오.

> "주께서 주신즉 그들이 받으며 주께서 손을 펴신즉 그들이 좋은 것으
> 로 만족하다가 주께서 낯을 숨기신즉 그들이 떨고 주께서 그들의 호
> 흡을 거두신즉 그들은 죽어 먼지로 돌아가나이다."

이런 인생에서 유일한 위로는 인생의 주인이신 하나님을 찬양하며
그분에게 기도하고 살 수 있는 특권이라고 고백합니다. 이어지는 말씀
을 보십시오.

> "내가 평생토록 여호와께 노래하며 내가 살아 있는 동안 내 하나님을
> 찬양하리로다 나의 기도를 기쁘게 여기시기를 바라나니 나는 여호와
> 로 말미암아 즐거워하리로다"(시 104:33-34).

바울 사도는 하나님의 아들, 예수님이 곧 만물의 으뜸이고, 만물의
주인이시라고 말합니다. 이런 찬송가의 가사를 기억할 것입니다. "주
는 저 산 밑에 백합 빛나는 새벽별"(새찬송가 88장, 〈내 진정 사모하는〉), "영
광 영광의 주 이 세상의 빛은 오직 주 예수님"(새찬송가 84장, 〈온 세상이 캄
캄하여서〉). 아무리 인생이 힘들고 고단해도 우리를 구원하고 우리와 함
께하시는 예수님의 거룩한 신성을 기억하고 살아야 할 것입니다.

예수님의 주권을 신뢰해야 한다

예수님의 주권을 신뢰한다는 말이 무슨 뜻일까요? 언제, 어디서나 예수님의 주님 되심을 믿고 신뢰한다는 뜻이 아니겠습니까? 그런데 우리는 종종 어제 믿었던 그분을 오늘은 믿지 못하는 경우가 있습니다. 예배당에서는 믿었던 분을 회사에 가서는 믿지 못하는 경우가 있습니다. 산에서는 믿었던 분을 바다에서는 믿지 못하는 경우도 있고, 겨울에는 믿었던 분을 여름에는 믿지 못하는 경우도 있습니다. 어떤 경우에는 어렸을 때 믿었던 분을 성년이 되어서는 믿지 못하기도 합니다. 이는 우리의 믿음이 일관성이 없다는 말이 될 것입니다. 예수님의 주권을 일관성 있게 적용하며 살고 있지 못하다는 뜻이 아니겠습니까? 이런 맥락에서 예수님이 제자들에게 주신 말씀을 묵상해 보십시오.

"제자들에게 이르시되 너희 믿음이 어디 있느냐 하시니 그들이 두려워하고 놀랍게 여겨 서로 말하되 그가 누구이기에 바람과 물을 명하매 순종하는가 하더라"(눅 8:25).

제자들은 자신들의 눈앞에서 바람과 파도가 주의 명령에 순종하는 것을 보았습니다. 그분은 누구이십니까? 그분이 바로 하나님이고, 메시아이셨습니다. 그리고 그들은 이런 신성의 기적을 처음 목격한 것이 아니었습니다. 그들은 분명 그분이 하나님이심을 알고 믿었습니다. 그런데 그들이 탄 배가 파도와 바람에 흔들리자 그들의 믿음도 함께 흔들리고 있었던 것입니다. 그래서 주님이 물으시는 것입니다. "너희 믿음이 어디 있느냐"고 말입니다.

이스라엘 백성은 선민, 곧 선택받은 백성이었습니다. 믿음의 백성이었습니다. 그들은 특히 출애굽 과정에서 모세의 기적을 통해 하나님의 하나님 되심을 경험적으로 목격했습니다. 그중에서도 홍해가 열리는 기적은 하나님의 신성에 대한 의심의 여지가 없는 믿음의 입증이었습니다.

"이스라엘이 여호와께서 애굽 사람들에게 행하신 그 큰 능력을 보았으므로 백성이 여호와를 경외하며 여호와와 그의 종 모세를 믿었더라"(출 14:31).

분명히 여호와를 믿었다고 했습니다. 그러나 홍해를 건너고 시작된 광야 생활은 그들이 가진 믿음을 시험하는 40년이었습니다. 대부분의 사건마다 이스라엘 백성은 믿음이 없는 사람처럼 행동했습니다. 이런 현상을 우리의 선배들은 '신앙인의 불신앙'이라고 불렀습니다. 그리고 그때마다 주님은 묻고 계십니다. "너희 믿음이 어디 있느냐?" 오늘의 우리는 어떻습니까?

우리가 예수님을 만나고 그분을 구주로 믿는 순간, 우리는 주권적 믿음을 선물로 받은 자가 되었습니다.

> "너희는 그 은혜에 의하여 믿음으로 말미암아 구원을 받았으니 이것
> 은 너희에게서 난 것이 아니요 하나님의 선물이라"(엡 2:8).

이 구절에서 선물은 믿음입니다. 이제부터 중요한 것은 그 믿음을
사용해서 매일을 살아가는 일입니다. 할아버지가 손자에게 용돈을 주
고 함께 백화점에 갔다고 생각해 보십시오. 손자가 좋은 장난감을 발
견하고 할아버지에게 꼭 사고 싶다고 졸라 대면 할아버지는 뭐라고 하
겠습니까? "너에게 준 용돈은 어디 있니?"라고 묻지 않겠습니까? 그렇
습니다. 돈을 사용하듯 우리의 믿음을 사용해야 합니다. 우리가 두려
워하거나 절망할 때마다 주님은 우리에게 물으십니다. "너희 믿음이
어디 있느냐?"

요즘에는 노인들도 스마트폰(전화기)이 없는 사람이 없습니다. 그
런데 노인들의 문제가 무엇입니까? 전화를 거는 것 외에는 전화기의
기능을 모른다는 것입니다. 어느 날 길을 가다가 예쁜 꽃이 있어 "이
꽃 이름이 뭐지?"라고 했더니 동행하던 직원이 제 스마트폰으로 사
진을 찍고는 꽃 이름을 찾아내 주었습니다. 그날 제가 깨달은 것은,
저는 전화기의 놀라운 능력을 전혀 사용하지 못하고 있었다는 것입
니다.

오늘 우리는 믿음의 능력을 사용하며 인생을 항해하고 있습니까,

아니면 그냥 두려움에 사로잡혀 있습니까? 주님은 우리에게 물으십니다. "너희 믿음이 어디 있느냐"고 말입니다.

"이 말씀을 하신 후 팔 일쯤 되어 예수께서 베드로와 요한과 야고보를 데리고 기도하시러 산에 올라가사 기도하실 때에 용모가 변화되고 그 옷이 희어져 광채가 나더라 문득 두 사람이 예수와 함께 말하니 이는 모세와 엘리야라 영광 중에 나타나서 장차 예수께서 예루살렘에서 별세하실 것을 말할새 베드로와 및 함께 있는 자들이 깊이 졸다가 온전히 깨어나 예수의 영광과 및 함께 선 두 사람을 보더니 두 사람이 떠날 때에 베드로가 예수께 여짜오되 주여 우리가 여기 있는 것이 좋사오니 우리가 초막 셋을 짓되 하나는 주를 위하여, 하나는 모세를 위하여, 하나는 엘리야를 위하여 하사이다 하되 자기가 하는 말을 자기도 알지 못하더라 이 말할 즈음에 구름이 와서 그들을 덮는지라 구름 속으로 들어갈 때에 그들이 무서워하더니 구름 속에서 소리가 나서 이르되 이는 나의 아들 곧 택함을 받은 자니 너희는 그의 말을 들으라 하고 소리가 그치매 오직 예수만 보이더라 제자들이 잠잠하여 그 본 것을 무엇이든지 그때에는 아무에게도 이르지 아니하니라"(눅 9:28-36).

26. 오직 예수

오직 예수, 오직 예수의 죽으심과 부활,
이것이 우리가 말해야 할 가장 중요한 뉴스입니다.

기독교 신앙이 전파된 이래로 계속되어 온 신학적 논쟁이 있습니다. 기독교 신앙은 얼마큼이나 신비주의를 용납할 수 있느냐는 것입니다. 대부분의 복음주의 교회나 복음주의 신학 진영은, 기독교 신앙은 이성적으로 설명할 수 없는 신비적(Mystic) 요소들을 포함하고 있지만 신비주의(Mysticism)는 아니라는 입장을 취해 왔습니다. 다시 말하면, 기독교 신앙은 신비적이지만 신비주의는 아니라는 것입니다. 하나님의 계시의 말씀인 성경이 우리가 믿어야 할 바를 분명하게 보여 주신 까닭입니다. 따라서 이 성경 말씀을 떠나서 주관적 신비 체험에만 몰두하는 것은 건강한 신앙의 길이 아니라는 생각입니다.

예수님을 따르던 제자들의 삶에서 가장 지우기 어려운 신비적 체험 사건은 아마도 본문에 기록된 소위 변화 산상의 체험이었을 것입니다. 이날의 체험을 잊을 수 없었던 사도 베드로는 후일 이렇게 회고합니다.

"지극히 큰 영광 중에서 이러한 소리가 그에게 나기를 이는 내 사랑하는 아들이요 내 기뻐하는 자라 하실 때에 그가 하나님 아버지께 존귀와 영광을 받으셨느니라 이 소리는 우리가 그와 함께 거룩한 산에 있을 때에 하늘로부터 난 것을 들은 것이라"(벧후 1:17-18).

사도 베드로는 변화 산상의 체험의 절정을 하늘 아버지가 아들 예수님에 대해 들려주신 음성이었다고 말합니다. 예수님과 함께 구약 시대의 영웅이었던 모세와 엘리야가 등장한 것, 주님의 용모가 변하고 광채가 난 것도 신비한 일이었지만, 가장 인상적인 것은 하늘에서 들려온 하늘 아버지의 음성이었던 것입니다. 본문 35절을 보십시오.

"구름 속에서 소리가 나서 이르되 이는 나의 아들 곧 택함을 받은 자니 너희는 그의 말을 들으라."

이어지는 말씀에 보면 '소리가 그치매 오직 예수만 보였다'고 했습니다. 결국 이 신비 체험의 핵심은 오직 예수님이었던 것입니다. 그렇다면 이 제자들의 변화 산상의 체험이 증언하는 오직 예수 사건의 교훈은 무엇입니까?

오직 예수의 영광을 보아야 한다

|||||||||||||||||||||||||||||||||||||||||||||||||||||||

"베드로와 및 함께 있는 자들이 깊이 졸다가 온전히 깨어나 예수의 영
광과 및 함께 선 두 사람을 보더니"(눅 9:32).

사도 베드로는 이 변화 산에서 경험한 가장 놀라운 일이 예수의 영
광이었다고 증언합니다. 이스라엘 사람들은 신적 영광을 가리켜 '쉐
키나 글로리'(Shekinah Glory)라고 합니다. 이것은 시각적인 신의 임재
를 의미하는 것이었습니다. 예컨대, 구약 시대에 이스라엘 백성이 광
야 생활을 할 때 그들을 인도하던 구름 기둥과 불기둥이 바로 신의 임
재인 동시에 신의 영광이었던 것입니다. 출애굽기 33장에 보면 이스
라엘의 우상 숭배로 진노한 하나님 앞에 모세가 엎드려 대신 참회하며
백성에게 긍휼을 베푸실 것을 중보하는 내용이 나옵니다. 그때 모세는
이렇게 기도했습니다.

"모세가 이르되 원하건대 주의 영광을 내게 보이소서"(출 33:18).

과연 이 기도에 하나님께서는 어떻게 응답하고 어떻게 당신의 영
광을 보여 주셨을까요?

"내 영광이 지나갈 때에 내가 너를 반석 틈에 두고 내가 지나도록 내

손으로 너를 덮었다가 손을 거두리니 네가 내 등을 볼 것이요 얼굴은 보지 못하리라"(출 33:22-23).

사실 구약 시대에 하나님의 영광을 접한다는 것은 두려운 일이었습니다. 그래서 모세에게도 얼굴은 보지 못하게 하고 당신의 등을 보게 하심으로 영광의 흔적만 조금 경험하게 허용하신 것입니다. 나중에 이 영광은 주의 성막과 성전에 임했습니다. 주의 백성은 성막이나 성전에 들어갈 때마다 부분적으로라도 이 영광을 체험하기를 사모하곤 했습니다. 그들이 가장 두려워한 일이 있었다면 주의 성전에서 이 영광이 떠나가는 것이었습니다. 이런 경험을 '이가봇'(Ichabod)이라 했는데, 엘리 대제사장이 손자를 얻었지만 하나님의 임재를 상징하는 법궤를 빼앗기던 비극의 순간을 상징하고자 아이에게 붙여 준 이름이 '하나님의 영광이 떠났다'는 의미의 이가봇이었습니다. 그런데 하나님의 아들, 예수님이 이 땅에 육신을 입은 아기의 모습으로 오시던 순간을 사도 요한이 어떻게 증언하고 있는지 보십시오.

"말씀이 육신이 되어 우리 가운데 거하시매 우리가 그의 영광을 보니 아버지의 독생자의 영광이요 은혜와 진리가 충만하더라"(요 1:14).

지금 예수님의 세 제자, 베드로와 야고보와 요한은 그분의 영광을 이 산에 올라 다시 목격하게 된 것입니다.

"이 말씀을 하신 후 팔 일쯤 되어 예수께서 베드로와 요한과 야고보를 데리고 기도하시러 산에 올라가사 기도하실 때에 용모가 변화되고 그 옷이 희어져 광채가 나더라"(눅 9:28-29).

이 산은 전통적으로 헬몬 산이나 다볼 산으로 추정되지만, 성지 순례를 가면 변화 산 기념 교회가 존재하는 다볼 산으로 인도를 받습니다. 여기서 주님의 얼굴이 태양과 같은 신성의 영광을 드러내고 그의 흰옷마저 밝게 빛나는 놀라운 체험을 한 것입니다. 제자들이 어떻게 그 경험을 잊을 수 있었겠습니까? 이 세상 그 어떤 영광과도 비교할 수 없는 쉐키나의 영광. 그 영광은 하나님의 아들이신 오직 예수님의 영광이었습니다. 우리는 이 영광을 사모하는 그리스도인이 되어야 합니다.

오직 예수의 죽음을 말해야 한다
||||||||||||||||||||||||||||||||||||||||||||||||||||||||

변화 산상의 신비 체험에서 배우는 두 번째 교훈은, 우리도 오직 주 예수의 죽음을 말해야 한다는 것입니다. 본문에 보면 예수님이 모세와 엘리야와 함께 영광 중에 나타나 대화를 나누고 계십니다. 무슨 대화였을까요?

"영광 중에 나타나서 장차 예수께서 예루살렘에서 별세하실 것을 말할새"(눅 9:31).

모세도, 엘리야도 관심을 가진 예수님에게 일어나야 할 가장 중요한 사건은 그분의 십자가 죽음이었습니다. 모세와 엘리야는 구약의 가장 중요한 두 가지를 대표합니다. 모세가 율법을 대표하는 사람이라면, 엘리야는 선지자를 대표하는 사람입니다. 그래서 우리가 성경을 읽을 때 '모세와 선지자의 글'이라 하면 구약 전체를 대표하는 것입니다. 한 예로, 누가복음 16장의 부자와 거지 나사로의 이야기 중에서 부자가 음부의 고통 중에 아브라함에게 자신의 형제들을 부탁하는 장면을 떠올려 보십시오. 그때 아브라함의 대답이 무엇입니까?

"아브라함이 이르되 그들에게 모세와 선지자들이 있으니 그들에게 들을지니라"(눅 16:29).

아니, 복음을 들어야 구원을 받는 것이라면 왜 모세와 선지자들입니까? 이 말은, 모세와 선지자들이 궁극적으로 증거하고자 한 것도 복음, 곧 예수 그리스도라는 것입니다. 또 다른 예로는 누가복음 24장에 나오는 엠마오 길의 두 제자 이야기를 들 수 있습니다. 그들은 예수님의 십자가 죽음 이후 구세주에 대한 소망을 접고 슬픔과 좌절이 가득한 채 길을 가고 있었습니다. 그때 부활하신 주님이 그 두 제자 곁에 동행하면서 뭐라고 말씀하십니까?

"이르시되 미련하고 선지자들이 말한 모든 것을 마음에 더디 믿는 자들이여 그리스도가 이런 고난을 받고 자기의 영광에 들어가야 할 것이 아니냐 하시고 이에 모세와 모든 선지자의 글로 시작하여 모든 성경에 쓴바 자기에 관한 것을 자세히 설명하시니라"(눅 24:25-27).

그렇습니다. 모세와 선지자의 글의 핵심은 예수 그리스도의 고난의 죽음이었습니다. 변화 산상에 주님과 함께 등장한 모세와 엘리야는 그때 예수님의 죽으심으로 우리의 구원을 이룰 때가 가까이 옴을 함께 말씀하고 계셨던 것입니다. 사실 예수님은 이 사건을 변화 산상의 체험이 있기 전에 미리 제자들에게 말씀하십니다.

"이르시되 인자가 많은 고난을 받고 장로들과 대제사장들과 서기관들에게 버린바 되어 죽임을 당하고 제 삼 일에 살아나야 하리라"(눅 9:22).

예수님의 죽음과 부활, 이것이 바로 복음의 핵심이 아닙니까? 그분의 십자가의 죽음과 피 흘림 없이 누가 죄 사함을 받을 수 있겠습니까? 그분의 십자가의 부활 없이 누가 의롭다 함을 얻으며, 누가 새 생명 중에 행할 수 있겠습니까? 그러므로 복음, 곧 십자가의 사건은 그 어떤 신비 체험보다 더 중요한 것입니다. 변화 산에서 내려온 세 제자가 말해야 하는 것은 신비 체험이 아니라 복음이었던 것입니다. 오직 예수, 오직 예수의 죽으심과 부활, 이것이 우리가 말해야 할 가장 중요한 뉴스입니다.

오직 예수의 말씀을 들어야 한다

우리가 복음을 말하고 전하기 전에 먼저 해야 할 일이 있습니다. 그것은 복음을 듣는 일입니다. 예수님의 말씀을 듣는 일입니다. 변화 산에서 모세와 엘리야가 등장하고 예수님이 영광 중에 변화되는 놀라운 모습을 본 베드로는 무엇이라 했습니까?

> "두 사람이 떠날 때에 베드로가 예수께 여짜오되 주여 우리가 여기 있는 것이 좋사오니 우리가 초막 셋을 짓되 하나는 주를 위하여, 하나는 모세를 위하여, 하나는 엘리야를 위하여 하사이다 하되 자기가 하는 말을 자기도 알지 못하더라"(눅 9:33).

아마도 이 황홀한 변화 산의 영광의 체험을 지속하고 싶어 드린 제안이었을 것입니다. 그러나 베드로의 이런 제안과 상관없이 하늘에서 소리가 들려옵니다.

"구름 속에서 소리가 나서 이르되 이는 나의 아들 곧 택함을 받은 자니 너희는 그의 말을 들으라"(눅 9:35).

그리고 마지막 36절은 증언합니다. "소리가 그치매 오직 예수만 보이더라"라고 말입니다.

그렇습니다. 오직 예수님만이 복음이십니다. 오직 예수님만이 해답이십니다. 오직 예수님만이 희망이십니다. 그러나 그 예수님을 복음으로, 해답으로, 희망으로 증거하기 위해서는 오직 그분의 말씀에 진지하게 귀를 기울일 필요가 있습니다. 저는 우리 시대 최대의 문제는 우리가 아직도 복음을 충분히 듣지 못하고, 복음을 충분히 이해하지 못하고, 복음을 복음으로 충분하게 믿지 못하는 것이라고 생각합니다. 복음을 유일한 해답, 최고의 해답으로 아는 사람이라면 복음 이외의 것, 비복음적인 것, 비본질적인 것에 관심을 갖지 않을 것입니다.

저는 복음만 지키고 복음만 전할 수 있다면 모든 것을 양보하고, 모든 것을 손해 보고, 모든 것을 포기할 수 있습니다. 바울은 복음 외에 다른 것을 전하면 하늘의 천사라도 저주를 받을 것이라고 선포합니다(갈 1:8). 그러나 복음 외의 모든 것에는 양보하고, 손해 보고, 관용할 준비가 되어 있었습니다. 그것이 복음을 붙들고 사는 예수의 제자의 모습입니다.

그런데 이 복음을 붙들고 예수의 말에 귀를 기울이며 예수를 따르기 위해서는 예수를 그 무엇보다, 그 누구보다 사랑해야 합니다. 본문에는 '이는 나의 아들'이라고 기록되어 있지만, 마태복음이나 마가복음에는 '이는 내 사랑하는 아들'이라고 기록되어 있습니다. 사랑하는 자이기에 그분의 말씀을 들어야 한다고 말씀하십니다.

중국 선교사인 허드슨 테일러(Hudson Taylor)가 선교 동역자들을 모집하기 위해 인터뷰를 진행할 때마다 그는 선교사 후보생들에게 선교사가 되려는 동기를 물었다고 합니다. 어떤 이는 '지상 명령이기에', 어떤 이는 '죽어 가는 영혼들을 구원하기 위해', 어떤 이는 '하나님 나라를 확장하기 위해', 또 어떤 이는 '세상을 변화시키기 위해'라고 대답을 합니다. 그러나 그가 가장 좋아했던 대답은 '예수님을 사랑하기에'였습니다. 그는 늘 이런 말을 부연했다고 합니다. "제가 지켜본 바로는 선교의 길에 위기가 찾아올 때 가장 잘 견디는 사람, 충성스러운 사람은 예수님을 참으로 사랑하는 이들뿐이었습니다."

오직 예수의 영광을 본 자, 오직 예수의 죽음의 의미를 아는 자, 오직 예수의 말씀을 듣는 자들은 오직 예수를 사랑하는 자들뿐입니다. 그래서 A. H. 애클리(Acley)는 〈복된 예수〉라는 옛 찬송에서 이렇게 노래합니다.

내 사랑하는 그 이름, 예수 복된 예수
내 귀에 음악 같도다, 예수 복된 예수

내 맘에 계신 그 이름, 예수 복된 예수
내 눈의 눈물 씻기는, 예수 복된 예수

주 예비하신 하늘 집, 예수 복된 예수
날 구원하신 그 이름, 예수 복된 예수

< 후렴 >

아 귀하다, 그의 이름 갈보리 산의 어린양
귀한 생명 버리셨네, 예수 복된 예수

"예수께서 승천하실 기약이 차 가매 예루살렘을 향하여 올라가기로 굳게 결심하시고 사자들을 앞서 보내시매 그들이 가서 예수를 위하여 준비하려고 사마리아인의 한 마을에 들어갔더니 예수께서 예루살렘을 향하여 가시기 때문에 그들이 받아들이지 아니하는지라 제자 야고보와 요한이 이를 보고 이르되 주여 우리가 불을 명하여 하늘로부터 내려 저들을 멸하라 하기를 원하시나이까 예수께서 돌아보시며 꾸짖으시고 함께 다른 마을로 가시니라 길 가실 때에 어떤 사람이 여짜오되 어디로 가시든지 나는 따르리이다 예수께서 이르시되 여우도 굴이 있고 공중의 새도 집이 있으되 인자는 머리 둘 곳이 없도다 하시고 또 다른 사람에게 나를 따르라 하시니 그가 이르되 나로 먼저 가서 내 아버지를 장사하게 허락하옵소서 이르시되 죽은 자들로 자기의 죽은 자들을 장사하게 하고 너는 가서 하나님의 나라를 전파하라 하시고 또 다른 사람이 이르되 주여 내가 주를 따르겠나이다마는 나로 먼저 내 가족을 작별하게 허락하소서 예수께서 이르시되 손에 쟁기를 잡고 뒤를 돌아보는 자는 하나님의 나라에 합당하지 아니하니라 하시니라"(눅 9:51-62).

27. 사마리아를 어찌하오리까

하나님 나라 제자의 공통성은 뒤를 돌아보는 자가 아니라,
앞에 있는 하나님 나라의 비전을 향해
미래로 나아가는 사람이어야 합니다.

이스라엘 민족의 역사적 과제 중 하나는 남북 분열과 분열에 따른 민족적 갈등이었습니다. 그것은 어쩌면 오늘날 한반도에 살고 있는 우리 민족의 역사적 과제와 흡사하게 닮은꼴입니다. 이스라엘이 남과 북으로 갈라지면서 북 왕국 오므리 왕이 세멜(Shemer)이라는 사람에게서 사들인 산지를 그의 이름을 따서 사마리아로 명명하게 된 데서 사마리아라는 도시와 주변 지역을 포함하는 사마리아 땅이 유래하게 됩니다. 오므리의 아들 아합 왕이 강력한 통치자로 등극하면서 사마리아는 그 후 100년 이상 북 이스라엘의 난공불락의 수도가 됩니다. B.C. 722년, 사마리아가 앗수르에 의해 멸망하자 앗수르의 통치자는 여러 지역에서 온 식민지인들을 사마리아로 이주시킴으로 사마리아인들은 유대인들이 경멸하는 혼혈인들이 됩니다.

솔로몬 왕 이후 이스라엘이 남과 북으로 갈라지면서 남과 북 사이

에는 뿌리 깊은 반목과 갈등이 지속적으로 심화되어 왔습니다. 종교적으로 사마리아인들은 아합 통치 시대에 바알 숭배에 빠지게 되었고, 여호와 신앙을 가진 사람들도 모세오경만을 인정하고 일체의 선지서를 인정하지 않습니다. 그리고 그들은 아브라함이 이삭을 제물로 바치려 했던 산이 예루살렘 성전 산이 아니라 사마리아 그리심 산이라고 주장하며 유대인들은 그리심 산이 아닌 실로에 하나님의 성막을 지으면서 하나님의 진리에서 떠나게 되었다고 주장합니다. 이런 정치적 이유에 덧붙여진 종교적 이유로 이스라엘과 사마리아인(오늘의 팔레스타인) 혹은 이스라엘 남북의 반목과 갈등은 심화되어 왔습니다. 지금도 사마리아 땅은 유대 정부가 아닌 팔레스타인 정부에 속해 있어 사마리아 땅에 출입하려면 허가를 받아야 합니다. 예수님 당시에도 대부분의 유대인들은 사마리아 땅을 통과하는 것을 피하고 있었던 것으로 보입니다(요 4장).

앞 장에서 우리는 변화 산상의 사건에서 예수님이 모세와 엘리야와 더불어 이 땅에서 당신의 마지막 사명 완수에 대해 말씀하고 계신 것을 보았습니다. 주님이 당신의 죽음을 위해 가셔야 했던 도시가 예루살렘이었던 것입니다. 그래서 본문 51절은 이렇게 시작됩니다.

"예수께서 승천하실 기약이 차 가매 예루살렘을 향하여 올라가기로 굳게 결심하시고."

그런데 문제는, 갈릴리 지역에서 예루살렘으로 쉽게 가기 위해서는 사마리아를 통과하셔야 한다는 것입니다. 그래서 예수님의 제자 팀이 선발대를 먼저 사마리아의 한 마을로 보내게 됩니다. 그런데 결과가 무엇이었습니까?

"예수께서 예루살렘을 향하여 가시기 때문에 그들[사마리아 사람들]이 받아들이지 아니하는지라"(눅 9:53).

그러자 예수님의 두 제자, 야고보와 요한이 흥분했습니다. 무엇이라 합니까?

"주여 우리가 불을 명하여 하늘로부터 내려 저들을 멸하라 하기를 원하시나이까"(눅 9:54).

이 사건이 남북 대치의 상황 속에서 살아가는 우리에게 주는 교훈은 무엇이겠습니까?

북한 사마리아와의 평화를 위해 기도해야 한다

본문에서 예수님의 제자인 야고보와 요한은 공공연하게 사마리아인들에 대한 분노를 드러냈습니다. '하늘에서 불을 내려 저들을 멸하자'는 것이었습니다. 1950년 6.25전쟁 당시 소위 북에 의한 남침을 경험한 이 땅의 많은 베이비 붐 세대는 이런 제자들의 요청을 공감할 만합니다. 북의 남침에 대해 당시 남한 민중들은 '북진통일' 혹은 '멸공'이라는 구호로 우리의 분노를 대신했습니다. 이제는 거의 사라진 노래지만, 제가 어렸을 때는 "아 아 잊으랴 어찌 우리 이날을"로 시작되는 〈6.25의 노래〉가 자주 불렸습니다. 기독교 시인인 박두진에 의해 만들어진 노래입니다. 당시의 역사적 정황에서 이런 노래가 만들어지고 불린 것을 우리는 이해할 만합니다.

그러나 이제 우리 그리스도인에게 중요한 것은 우리를 구원하신 그리스도의 관점이고 기대입니다. 본문에서 예수님을 박대한 사마리아인들에게 표출된 제자들의 분노를 예수님은 동의하지 않으셨다는 사실을 기억해야 합니다. 성경은 "예수께서 돌아보시며 꾸짖으시고"(눅 9:55)라고 기록합니다. 우리에게 손해를 입힌 상대, 곧 원수에 대한 복수는 또 다른 전쟁을 초래할 수밖에 없습니다. 예수님은 이런 복수 혹은 또 다른 전쟁은 결코 당신의 뜻이 아님을 밝히신 것입니다. 복수는 복수를 낳고, 전쟁은 전쟁을 낳습니다. 이미 살펴본 말씀에서 예수님은 "원수를 사랑하고 선대"(눅 6:35)하라고 가르치십니다. 그것이 원수에 대한 궁극적 승리임을 가르치신 것입니다. 예수님은 원수들에 의해 십자가에 달리면서도 용서의 기도를 하고 용서를 부탁하신 분입니다.

한반도에서 또 다른 전쟁의 비극을 초래하지 않기 위한 우리의 선택은 예수님의 길을 따르는 것뿐입니다. 그러나 단순히 복수하지 않고 용서함에 그쳐서도 안 됩니다. 우리는 평화의 길을 모색해야 합니다. 산상 수훈에서의 팔복의 교훈을 잊지 말아야 할 것입니다. 일곱 번째 복의 교훈 말입니다.

"화평하게 하는 자는 복이 있나니 그들이 하나님의 아들이라 일컬음을 받을 것임이요"(마 5:9).

여기 화평하게 하는 자는 영어로 'peace-maker', 곧 적극적으로 평화를 만드는 자입니다. 물론 북한이 아직도 포기하지 않은 남침 전략을 경계하면서 우리는 여전히 한반도의 평화를 만드는 자의 사명을 감당해야 합니다. 전쟁이나 대결은 언제, 어디서나 하나님의 뜻이 아닙니다. 우리는 박대를 받으면서도 사마리아를 향한 평화의 걸음을 포기하지 않으신 주님의 발걸음을 따르는 그리스도인이 되어야 할 것입니다. 무엇보다 한반도의 사마리아인 북한과의 관계에 평화가 오도록 기도해야 합니다.

"사마리아를 어찌하오리까?"

북한 사마리아의 복음화를 위해 헌신해야 한다

본문 55절은 예수님께서 사마리아 땅에 불을 내려 멸하기를 청하는 당신의 제자들을 꾸짖으셨다고 기록합니다. 그런데 어떤 성경 사본에는 예수님이 다음과 같은 말씀을 하신 것으로 되어 있습니다. "이르시되 너희는 무슨 정신으로 말하는지 모르는구나 인자는 사람의 생명을 멸망시키러 온 것이 아니요 구원하러 왔노라." 여기 예수님은 당신이 이 땅에 오신 근본적인 사명을 천명하십니다. 그분은 사마리아 땅의 영혼들을 포함한 인류의 구원을 위해 오셨다는 것입니다. 예수님은 감정에 의해 인생을 사신 것이 아니라, 사명에 의해 사셨다는 것입니다. 사마리아 사람들이 예수님과 예수님의 제자 일행을 거절하고 박대한 것은 얼마나 섭섭한 일인가요? 틀림없이 정서적 상처를 받을 만한 일이었습니다. 그러나 예수님은 이런 정서적 이끌림만으로 인생을 살지 않으셨습니다. 더 중요한 것은 사명, 곧 그 땅에 살고 있는 사람들에게도 복음이 전파되어야 한다는 것입니다.

요한복음 4장이 이런 예수님의 사마리아인들에 대한 태도를 분명하게 보여 주고 있지 않습니까? 예수님이 유대를 떠나 다시 갈릴리 지역으로 오셔야 할 일이 생겼습니다. 요한복음 4장 3-4절을 보십시오.

"유대를 떠나사 다시 갈릴리로 가실새 사마리아를 통과하여야 하겠는지라."

유대인들은 보편적으로 피해 가던 길, 사마리아로 가는 그 길을 택하신 예수님이 사마리아 수가 동네에서 한 영혼, 곧 사마리아 여자를 만나십니다. 사람들이 피하는 시각인 정오에 물 길러 온 여인을 우물가에서 기다려 만나신 예수님. 당신이 바로 그리스도, 메시아임을 깨우쳐 주시자 이 여인이 사마리아 동네에 들어가 외친 말이 무엇입니까?

"내가 행한 모든 일을 내게 말한 사람을 와서 보라 이는 그리스도가 아니냐"(요 4:29).

육신과 영혼의 목이 함께 말라 물 길러 온 사마리아 여인은 마침내 전도자가 되었습니다. 그 결과 사마리아 땅에 부흥이 임했습니다.

"여자의 말이 내가 행한 모든 것을 그가 내게 말하였다 증언하므로 그 동네 중에 많은 사마리아인이 예수를 믿는지라"(요 4:39).

이런 부흥이 일어나야 할 곳이 북한 땅이 아닙니까? 한때 북한의 수도인 평양은 한반도의 예루살렘이라고 불렸고, 거기서 평양 대부흥이 일어났습니다. 그러나 무신론, 공산주의의 악령이 그곳을 지배하면서 그 땅은 어둠의 땅이 되었습니다. 이런 상황을 반전시킬 유일한 희망은 북한을 다시 복음화하는 것입니다. 모든 가능한 수단과 방법으로 우리는 다시 한반도의 사마리아 땅에 복음의 씨를 뿌려야 합니다.

사마리아를 어찌하오리까? 해답은 "오직 성령이 너희에게 임하시면 너희가 권능을 받고 예루살렘과 온 유대와 사마리아와 땅끝까지 이르러 내 증인이 되리라 하시니라"(행 1:8)입니다. 이것이 해답입니다. 방송으로, 문서로, 지하교회와 중국을 통해 가능한 모든 방편으로 우리는 다시 우리의 사마리아 땅에 복음을 전해야 합니다. 우리가 그 땅에 복음을 전하는 오늘의 헌신된 증인이 되어야 합니다.

북한 사마리아 천국화의 일꾼들을 세워야 한다

일반적으로 성경학자들은 누가가 예수의 복음 이야기를 신학적으로 역사 중심으로 편집했다고 말합니다. 그렇다면 본문 51-56절 뒤에 57-62절의 사건을 배열한 것도 의도적일 수 있습니다. 즉 사마리아와 같은 복음을 전하기 어려운 곳에 복음을 전하는 제자들이 일어나야 한다는 것입니다. 또한 앞으로 예루살렘에 가서 겪게 될 고난을 두려워하지 않는 제자들이 필요하다는 것입니다. 무엇보다 그런 제자들은 복음을 전하기 위한 대가 지불을 두려워하지 않는 사람이어야 한다는 것입니다. 세속적인 편안을 추구하는 사람들은 이런 사역, 곧 하나님 나라 사역에 합당하지 않다는 것을 강조합니다. 본문 58절의 말씀을 기억하십시오.

"예수께서 이르시되 여우도 굴이 있고 공중의 새도 집이 있으되 인자
는 머리 둘 곳이 없도다."

그분의 소명은 안락한 삶의 주거가 아니었습니다. 그분을 따르는
제자들의 삶은, 복음을 위해서라면 언제든지 안정된 곳을 버리고 떠날
준비가 되어 있어야 했습니다. 부친을 장사하고 주를 따르겠다는 사람
에게는 무엇이라 하십니까?

"이르시되 죽은 자들로 자기의 죽은 자들을 장사하게 하고 너는 가서
하나님의 나라를 전파하라 하시고"(눅 9:60).

이것은 예수님이 부친을 장사할 며칠의 시간도 주실 수 없다는 의
미가 아닙니다. 부친의 병환과 돌봄을 핑계로 예수님을 따르는 것을
주저하는 이들에게 하나님 나라 복음의 선포가 진정한 삶의 목표가 되
어 있는지를 확인하도록 요구하시는 것입니다. 가족과 작별의 시간을
달라고 요청하는 사람에게는 무엇이라 하십니까?

"예수께서 이르시되 손에 쟁기를 잡고 뒤를 돌아보는 자는 하나님의
나라에 합당하지 아니하니라"(눅 9:62).

가족과의 작별을 핑계로 이 세상과 인연에 묶일 수 있는 사람은 하

나님 나라의 일꾼이 될 수 없다고 말씀하신 것입니다. 언제, 어디서나 하나님 나라 제자의 공통성은 뒤를 돌아보는 자가 아니라, 앞에 있는 하나님 나라의 비전을 향해 미래로 나아가는 사람이어야 한다는 것입니다.

한반도의 역사에서 지금까지 북한의 복음화, 북한의 천국화를 위해 희생된 주의 제자들이 적지 않고, 지금도 북한 선교를 하다가 북한에 억류된 이들이 있습니다. 그러나 앞으로 북한에 더 큰 선교의 문이 열려 하나님 나라의 복음을 전해야 할 기회가 올 때, 우리는 그때를 대비한 일꾼들을 세워야 합니다. 사실 이 땅에 교회와 신학교가 너무 많다는 이들도 있지만, 북한과 중국에 선교의 문이 활짝 열릴 때 우리는 준비된 일꾼들의 부족함을 한탄할지 모릅니다. 미래의 북한, 한반도의 사마리아 땅을 위해 오늘 우리는 북한에 주의 나라가 임하도록 복음을 위해 모든 것을 내려놓을 준비가 된 일꾼들, 천국 제자들을 세워야 합니다. 언제라도 사마리아로 달려가 주의 나라를 선포할 일꾼들을 준비하고 있어야 합니다. 손에 쟁기를 잡고 뒤를 돌아보지 않을 천국 일꾼들을 준비해야 합니다. 사마리아에 주의 나라가 임하는 그 영광의 날을 위해서 말입니다.

방송으로, 문서로, 지하교회와 중국을 통해
가능한 모든 방편으로 우리는 다시
우리의 사마리아 땅에 복음을 전해야 합니다.
우리가 그 땅에 복음을 전하는
오늘의 헌신된 증인이 되어야 합니다.

▶
◀
▶

"칠십 인이 기뻐하며 돌아와 이르되 주여 주의 이름이면 귀신들도 우리에게 항복하더이다 예수께서 이르시되 사탄이 하늘로부터 번개같이 떨어지는 것을 내가 보았노라 내가 너희에게 뱀과 전갈을 밟으며 원수의 모든 능력을 제어할 권능을 주었으니 너희를 해칠 자가 결코 없으리라 그러나 귀신들이 너희에게 항복하는 것으로 기뻐하지 말고 너희 이름이 하늘에 기록된 것으로 기뻐하라 하시니라"(눅 10:17-20).

28. 우리의 기쁨의 이유

성경은 우리의 이름이 하늘에 기록된 것,
그것이야말로 우리가 경험할 수 있는 최대의 기적,
최고의 기쁨의 이유라고 말씀합니다.

코로나 시대는 끝나지 않았습니다. 여행은 제한적이고, 선교의 문도 아직 온전히 열리지 않은 상태입니다. 그러나 어김없이 변화하는 계절은 우리에게 단기 선교의 시즌이 돌아왔음을 알리고 있습니다. 우리를 둘러싼 상황으로 말미암아 선교 계획은 제한적일 수밖에 없지만, 그럼에도 불구하고 우리의 선교 계획은 멈추거나 포기할 수 없습니다. 그이유는, 예수 그리스도께서 선교를 명하시고 특히 단기 선교의 모범을 보여 주신 까닭입니다.

먼저, 선교는 기회가 열려 있을 때만 순종해야 하는 명령이 아닌 것을 기억해야 합니다. 바울 사도의 말을 기억하십시오.

"너는 말씀을 전파하라 때를 얻든지 못 얻든지 항상 힘쓰라"(딤후 4:2).

여기 '때를 얻든지 못 얻든지'라는 말씀을 NIV 성경은 'in season and out of season'이라고 표현합니다. 우리가 처한 시즌 혹은 상황을 초월해서 순종되어야 할 명령이 선교의 명령인 것입니다. 또한 이 선교의 명령에 순종하도록 예수님은 당신의 지상 생애를 통해 선교 실천의 모범을 보이십니다. 특히 사복음서 중에서 누가복음은 두 차례에 걸쳐 예수님이 당신의 제자들을 단기 선교의 장으로 파송하신 명확한 실례를 보여 주고 있습니다.

누가는 예수님의 두 번의 단기 선교 파송을 구별해서 증언합니다. 먼저 누가복음 9장 1-6절에서 예수님은 1차로 열두 제자를 파송하십니다.

"예수께서 열두 제자를 불러 모으사 모든 귀신을 제어하며 병을 고치는 능력과 권위를 주시고 하나님의 나라를 전파하며 앓는 자를 고치게 하려고 내보내시며"(눅 9:1-2).

그리고 이어지는 말씀은 1차 선교의 내용을 이렇게 요약합니다.

"제자들이 나가 각 마을에 두루 다니며 곳곳에 복음을 전하며 병을 고치더라"(눅 9:6).

2차 파송의 장면은 누가복음 10장 1-2절에 기록되어 있습니다.

"그 후에 주께서 따로 칠십 인을 세우사 친히 가시려는 각 동네와 각 지역으로 둘씩 앞서 보내시며 이르시되 추수할 것은 많되 일꾼이 적으니 그러므로 추수하는 주인에게 청하여 추수할 일꾼들을 보내 주소서 하라."

여기 두 번째 선교 파송에서 선교단의 규모가 커진 것을 알 수 있습니다. 열두 명에서 70명으로 증가된 것입니다. 예수님은 그 이유에 대해 추수할 것이 많아진 까닭이라고 말씀하십니다. 어떤 성경학자는 당시 전 세계의 나라가 70여 개국이어서 70명의 증가된 제자들이 필요했다고 말하기도 합니다. 그러나 선교 수행의 내용은 동일했습니다.

"거기 있는 병자들을 고치고 또 말하기를 하나님의 나라가 너희에게 가까이 왔다 하라"(눅 10:9).

이제 드디어 70명의 제자가 돌아와 선교 보고를 합니다.

"칠십 인이 기뻐하며 돌아와 이르되 주여 주의 이름이면 귀신들도 우리에게 항복하더이다"(눅 10:17).

아마도 선교 사역 중에 제자들에게 가장 인상적이었던 것은 그들이 예수의 이름으로 명할 때 귀신들이 쫓겨 가는 모습이었던 것 같습니다. 더러는 난치병을 앓던 자들이 치유 받는 기적을 목격하기도 했습니다. 그때 예수님이 하신 말씀이 무엇입니까?

> "예수께서 이르시되 사탄이 하늘로부터 번개같이 떨어지는 것을 내가 보았노라 내가 너희에게 뱀과 전갈을 밟으며 원수의 모든 능력을 제어할 권능을 주었으니 너희를 해칠 자가 결코 없으리라"(눅 10:18-19).

무슨 말입니까? 예수님은 사탄이 처음 사탄이 된 그 모든 내력을 아신다는 것이고, 그래서 제자들이 선교하러 나갈 때 그들이 부딪히게 될 사탄을 제압할 능력을 미리 주신 것이라는 말씀입니다. 그러면서 첨부하신 말씀이 있습니다. 사탄이 항복하는 것, 병자가 치유 받는 것들로 기뻐하지 말라는 것입니다. 예수의 제자들이 기뻐하며 살아야 할 더 중요한 이유들이 있다는 것입니다. 우리가 기뻐하며 살아야 할 중요한 이유란 무엇입니까?

자신의 구원에 대한 기쁨

> "그러나 귀신들이 너희에게 항복하는 것으로 기뻐하지 말고 너희 이름이 하늘에 기록된 것으로 기뻐하라 하시니라"(눅 10:20).

성경은 우리의 이름이 하늘에 기록된 것, 그것이야말로 우리가 경험할 수 있는 최대의 기적, 최고의 기쁨의 이유라고 말씀합니다. 구원은 우리의 이름이 하늘에 기록되는 사건입니다. 요한계시록 20장 11-15절에 보면, 모든 인류는 역사의 끝 날에 주님의 크고 흰 보좌 앞에서 마지막 심판을 받을 것이라고 증언합니다. 그때 주님 앞에는 두 가지 유형의 책이 있을 것이라고 증거합니다.

> "또 내가 보니 죽은 자들이 큰 자나 작은 자나 그 보좌 앞에 서 있는데 책들이 펴 있고 또 다른 책이 펴졌으니 곧 생명책이라 죽은 자들이 자기 행위를 따라 책들에 기록된 대로 심판을 받으니"(계 20:12).

성경은 '책들'이라는 복수로 표현된 책이 있고, 그와는 다른 유형의 단수로 기록된 책, 곧 생명책이 있었다고 기록합니다. 그러니까 생명책과 비교되는 다른 유형의 책들은 틀림없이 사망의 책들이었다고 추정할 수 있습니다. 이어지는 구절은, 이 책들에 그 이름이 기록된 사람들은 '자기의 행위대로 심판을 받고'라고 말씀합니다. 이어지는 말씀을 보십시오.

> "사망과 음부도 불 못에 던져지니 이것은 둘째 사망 곧 불 못이라"(계 20:14).

이들은 곧 영원한 사망을 피할 수 없는 사람들입니다. 이제 이 단원의 마지막 구절인 요한계시록 20장 15절을 보십시오.

"누구든지 생명책에 기록되지 못한 자는 불 못에 던져지더라."

그러므로 우리가 한세상을 살아갈 때 일어날 수 있는 가장 위대한 사건은, 우리의 이름이 하늘 생명책에 기록되는 일입니다. 반대로 우리가 한세상을 살아가며 경험할 수 있는 최대의 비극은 무엇일까요? 요한계시록 13장 8절을 보십시오.

"죽임을 당한 어린양의 생명책에 창세 이후로 이름이 기록되지 못하고 이 땅에 사는 자들은 다 그 짐승에게 경배하리라."

여기 짐승은 적그리스도의 별명입니다. 결국 이 땅에 사는 자들은 두 부류로 구분됩니다. 그리스도를 주님으로 따르고 하나님이신 그분을 경배할 자와 짐승 같은 적그리스도를 경배할 자로 나누어집니다. 그리스도를 주님으로 믿는 순간 우리의 이름이 생명책에 기록되는 것입니다. 창세 이후로 이 사건이 지속되고 있습니다. 마치 이 땅에 한 생명이 태어날 때 그 이름이 호적에 기록되듯, 하늘 생명책에 그리스도인들의 이름이 기록되는 것입니다. 인생으로 태어나 경험할 수 있는 최대의 비극은 생명책에 이름이 기록되지 못한 채 마귀의 종노릇하며 적그리스도의 종이 되어 살다가 영원한 지옥의 불 못에 떨어지는 운명입니다. 이런 운명을 전환할 사건이 어떻게 이루어집니까? 요한복음 5장 24절의 주님의 말씀을 보십시오.

"내가 진실로 진실로 너희에게 이르노니 내 말을 듣고 또 나 보내신 이를 믿는 자는 영생을 얻었고 심판에 이르지 아니하나니 사망에서 생명으로 옮겼느니라."

할렐루야! 여기에 복음이 있습니다. 하나님께서 인류의 구원을 위해 보내신 당신의 아들, 예수 그리스도가 우리의 죄를 담당하고 우리 대신 십자가에서 심판받아 죽으신 것과 우리에게 새 생명을 주고자 부활하신 것을 참으로 믿는 순간, 우리의 모든 죄는 사함 받고, 우리는 더 이상 심판을 받지 않고 영원한 사망의 자리에서 영원한 생명의 나라에 속한 자로 그 운명이 달라진다는 것입니다. 바울 사도의 증언을 보십시오.

"그가 우리를 흑암의 권세에서 건져 내사 그의 사랑의 아들의 나라로 옮기셨으니 그 아들 안에서 우리가 속량 곧 죄 사함을 얻었도다" (골 1:13-14).

이것보다 더 기뻐해야 할 이유가 있을까요? 우리가 복음을 듣고 예수를 믿어 하나님의 자녀가 되고 그리스도의 제자가 된 이 놀라운 사건 다음으로 기쁜 소식이 있다면, 이제 우리가 사랑하는 이웃들에게 이 복음을 증거해서 그들의 이름이 하늘 생명책에 기록되도록 도울 수 있게 되었다는 것입니다. 그것이 바로 선교요, 전도입니다. 단기 선교는 우리가 집중적으로 우리의 이웃들에게 이 복음을 전하는 소중한 기회요, 예수님이 보여 주신 선교의 전략입니다. 이것은 추수의 기쁨의 마당이라고 할 만합니다.

불신 영혼들의 구원의 기쁨

성경은 우리가 복음을 전하는 이웃들을 우리의 동역자로 알고 도와야할 이유에 대해 우리와 함께 그 이름이 생명책에 기록된 동지들이기 때문이라고 말씀합니다. 바울의 증언을 보십시오.

> "또 참으로 나와 멍에를 같이한 네게 구하노니 복음에 나와 함께 힘쓰던 저 여인들을 돕고 또한 글레멘드와 그 외에 나의 동역자들을 도우라 그 이름들이 생명책에 있느니라"(빌 4:3).

앞서 살펴본 바와 같이, 하늘 주님의 심판의 보좌 앞에는 두 가지 유형의 책이 있습니다. 하나는 사망의 책들, 또 다른 하나는 생명의 책입니다. 성경을 공부하다 보면 구약과 신약에 각각 한 유명한 족보가 등장하는데, 먼저 창세기 5장 1절은 인류의 조상인 아담의 족보에 대해 "이것은 아담의 계보를 적은 책이니라"라고 소개합니다. 이후 이어지는 족보의 내용에서 가장 중요한 단어가 무엇일까요? 성경을 보십시오.

"그는 구백삼십 세를 살고 죽었더라"(창 5:5).

"그는 구백십이 세를 살고 죽었더라"(창 5:8).

"그는 구백오 세를 살고 죽었더라"(창 5:11).

당시 사람들은 지금의 우리와 비교하면 엄청나게 오래 살았지만, 인생의 결론은 동일합니다. '죽었더라'입니다. 아담의 족보는 결국 사망의 책인 것입니다. 결국 이 사망의 책은 바울 사도가 증언한 인류 보편의 운명의 확인인 것입니다.

"그러므로 한 사람으로 말미암아 죄가 세상에 들어오고 죄로 말미암아 사망이 들어왔나니 이와 같이 모든 사람이 죄를 지었으므로 사망이 모든 사람에게 이르렀느니라"(롬 5:12).

반대로 이 아담의 족보와는 전혀 다른 운명을 암시하는 족보가 있습니다. 그것은 신약의 시작인 예수 그리스도의 족보입니다. 예수님의 족보는 "아브라함과 다윗의 자손 예수 그리스도의 계보라"(마 1:1)라는 내용으로 소개됩니다. 이후 이어지는 내용의 특성이 무엇입니까?

"아브라함이 이삭을 낳고 이삭은 야곱을 낳고 야곱은 유다와 그의 형제들을 낳고 유다는 다말에게서 베레스와 세라를 낳고 베레스는 헤스론을 낳고 헤스론은 람을 낳고"(마 1:2-3).

여기 마태복음 1장의 예수 그리스도의 족보에서 생략되고 있는 단어가 무엇입니까? '죽었더라'입니다. 오해하지 마십시오. 그들이 죽지 않았다는 말이 아닙니다. 그들은 죽음의 운명을 극복하고 영생을 얻은 사람들입니다. 그리고 이런 기적은 한 사람 그리스도로 말미암아 그렇게 된 것입니다. 다시 바울의 증언을 보십시오.

"한 사람의 범죄로 말미암아 사망이 그 한 사람을 통하여 왕 노릇 하였은즉 더욱 은혜와 의의 선물을 넘치게 받는 자들은 한 분 예수 그리스도를 통하여 생명 안에서 왕 노릇 하리로다"(롬 5:17).

그렇습니다. 이제 예수 그리스도를 믿고 그분에게 속한 자들은 새 생명을 얻고 생명의 통치를 받는 하나님 나라의 백성이 된 것입니다.

예수님을 이 땅에 구세주로 보내신 복음을 듣고 그분을 믿는 순간, 요한복음 5장 24절의 약속처럼 우리는 사망에서 생명으로 옮겨진 것입니다. 이 말을 다르게 설명하자면, 복음을 듣고 예수를 믿는 순간 우리의 이름은 아담의 족보, 곧 사망의 책에서 붉은 줄이 그어지고 예수의 족보, 곧 하늘의 생명책에 이름이 기록되는 것입니다.

할렐루야! 우리는 더 이상 사망의 통치를 받지 않습니다. 새 생명의 통치를 받습니다. 우리는 "나는 부활이요 생명이니 나를 믿는 자는 죽어도 살겠고 무릇 살아서 나를 믿는 자는 영원히 죽지 아니하리니"(요 11:25-26)라고 선포하신 그리스도의 생명의 지체가 된 것입니다. 우리가 선교 혹은 전도를 할 때 일어나는 최대의 사건, 최고의 기적이 이것입니다. 물론 그 과정에서 귀신도 쫓겨나고, 병자도 고침을 받습니다. 그러나 그보다 더 위대한 사건은, 전도 받은 모든 이들의 이름이 하늘의 생명책에 기록되고 그들이 영생을 얻는다는 사실입니다. 여기 우리의 영원한 기쁨의 이유가 있습니다. 이 기쁨을 나누기 위해 날마다 주 앞에 드려지는 그리스도인이 되십시오.

"그들이 길 갈 때에 예수께서 한 마을에 들어가시매 마르다라 이름하는 한 여자가 자기 집으로 영접하더라 그에게 마리아라 하는 동생이 있어 주의 발치에 앉아 그의 말씀을 듣더니 마르다는 준비하는 일이 많아 마음이 분주한지라 예수께 나아가 이르되 주여 내 동생이 나 혼자 일하게 두는 것을 생각하지 아니하시나이까 그를 명하사 나를 도와주라 하소서 주께서 대답하여 이르시되 마르다야 마르다야 네가 많은 일로 염려하고 근심하나 몇 가지만 하든지 혹은 한 가지만이라도 족하니라 마리아는 이 좋은 편을 택하였으니 빼앗기지 아니하리라 하시니라"(눅 10:38-42).

29. 더 좋은 편을 택하라

중요한 것은 내 편에서 내가 좋아하는 일을
하는 것이 아니라,
주님을 기쁘시게 하는 일을 해야 한다는 것입니다.

이 세상에 무한한 가능성의 영역이 있다면 우주의 공간일 것입니다.
그러나 우주의 공간보다 더 무한한 가능성의 영역이 있습니다. 그것은
바로 인간의 마음입니다. 과학자 뉴턴(Isaac Newton)은 이런 말을 남겼
습니다.

나는 나의 망원경으로 우주의 공간들을 탐색할 수 있다. 그러나 내가
서재의 문을 닫고 무릎을 꿇고 기도를 시작할 때 내 마음은 주의 보좌
앞에 있고, 나는 우주의 모든 것을 결정하는 분과 대화를 시작하며 그
분의 마음을 탐색할 수 있다.

기도는 하나님의 마음을 탐색하는 거룩한 일입니다. 하나님의 마
음을 탐색하지 않고는 그분의 뜻을 알 수 없습니다. 기도와 함께 하나

님의 마음을 탐색하는 또 하나의 방편은 하나님의 마음을 기록한 계시의 책인 성경을 읽고 묵상하는 것입니다. 지난날 우리 신앙의 선배들은 신앙인들의 중요한 일과가 '신적 독서'(렉시오 디비나, Lectio Divina)여야 한다고 말했습니다. 여기서 '렉시오'는 '독서'(reading), '디비나'는 '신적인'(Divine)이라는 의미로, 이는 신적 독서, 곧 하나님을 묵상하는 성경 읽기를 뜻합니다. 6세기경부터 교회 내에 이런 성경 읽기가 진지한 신앙을 추구하는 사람들 사이에서 거룩한 습관으로 등장한 것입니다. 그러나 이 성경 읽기는 문자 그대로의 읽기만 강조하지 않았습니다. 읽으면서 들어야 한다는 것입니다. 다시 말하면, 듣기 위해 읽는 것입니다. 무엇을 듣습니까? 말할 것도 없이 주님의 음성입니다.

사실 이런 습관은 구약 시대의 이스라엘 백성에게서 유래한 것이라고 할 수 있습니다. 이스라엘 백성에게 가장 중요한 성구인 신명기 6장 4절은 어떻게 시작됩니까? "이스라엘아 들으라"(쉐마 이스라엘)입니다. 신명기 6장 6절에 이어지는 강조가 무엇입니까? "오늘 내가 네게 명하는 이 말씀을 너는 마음에 새기고"입니다. 마음에 새기고자 말씀에 귀를 기울여 들어야만 한다는 것입니다. 본문에 등장하는 마리아가 그런 모범을 보여 줍니다.

"그에게 마리아라 하는 동생이 있어 주의 발치에 앉아 그의 말씀을 듣더니"(눅 10:39).

이런 마리아에게 주님은 "마리아는 이 좋은 편을 택하였으니 빼앗기지 아니하리라"(눅 10:42)라고 말씀하십니다. 그러면 주님의 말씀을 듣기로 한 것이 왜 더 좋은 선택이었을까요?

주님을 더 기쁘시게 하는 일
||||||||||||||||||||||||||||||||||||||||||||

본문에서 마리아의 이런 선택은 언니 마르다의 선택과 비교되어 주어진 말씀입니다.

> "그들이 길 갈 때에 예수께서 한 마을에 들어가시매 마르다라 이름하는 한 여자가 자기 집으로 영접하더라"(눅 10:38).

예수님을 집으로 영접해 들인 사람은 언니인 마르다였습니다. 예수님이 집에 들어와 좌정하시자, 동생 마리아는 예수님 앞에 나아가 주의 발치에 앉아 그분의 말씀에 귀를 기울이고 있었던 것입니다. 이때 마르다의 반응을 보십시오.

> "예수께 나아가 이르되 주여 내 동생이 나 혼자 일하게 두는 것을 생각하지 아니하시나이까 그를 명하사 나를 도와주라 하소서"(눅 10:40).

마르다의 이러한 반응은 그 밑바탕에 자신의 식사 준비를 돕지 않고 예수님의 얼굴만 바라보는 동생을 향한 원망이 섞여 있는 것을 느끼게 합니다. 우리는 이 대목에서 마르다가 예수님을 대접하기 위해 준비한 것을 비난하거나 비판해서는 안 됩니다. 그녀의 일은 누군가가 해야 할 일이었고, 그녀가 기쁜 마음으로 부엌일을 준비하고 있었다면 그리고 동생 마리아가 주님의 말씀을 들을 수 있도록 배려했더라면 예수님이 식사 대접 준비와 말씀 청취 중에서 한 가지 일을 선택하라고 하실 이유가 없었을 것입니다. 주님은 불평하는 마음을 품고 기쁜 마음으로 부엌일을 감당하지 못한 마르다에게 무엇이 주님을 더 기쁘시게 하는 일인가를 생각하라고 말씀하신 것입니다.

마르다는 행동 중심, 혹은 과제 중심의 사람이었고, 은사가 손님 대접이었던 것으로 보입니다. 그녀는 자기의 은사로 주님을 기쁘시게 하면 되었습니다. 그러나 누군가는 주님을 마주하고 그분의 말씀을 들어 드리는 것으로 주님을 기쁘시게 할 필요가 있었습니다. 마르다에게는 그 역할을 하도록 동생 마리아를 배려할 여유가 없는 것이 문제였습니다. 사복음서를 읽어 보면 이 사건 이후에도 마르다는 여전히 행동적이고 봉사적입니다. 그러나 본문의 사건 이후에 일어난 변화가 있다면, 마르다는 더 이상 동생이나 누군가를 비난하지 않는다는 것입니다. 그녀는 기뻐하며 조용히 자신이 할 일을 감당하는 변화를 보여 주고 있습니다. 그리고 아마도 그녀는 사람들이 주님의 말씀을 잘 듣는 상황이 만들어지도록 주변을 정리하는 사람으로 변화되었을 것입니다. 중요한 것은 내 편에서 내가 좋아하는 일을 하는 것이 아니라, 주님을 기쁘시게 하는 일을 해야 한다는 것입니다. 그녀는 자신의 모든 봉사도 결국은 주님의 말씀이 전해지고 가르쳐지기 위해 필요한 일임을 배우게 되었습니다.

마리아의 선택의 동기는 단순했습니다. 주님이 가르치시는 말씀을 기쁜 마음으로 듣고자 한 것입니다. 그것은 주님을 더욱 기쁘시게 하는 일이었습니다. 물론 마르다도 마침내 봉사 이상으로 말씀을 듣는 것이 얼마나 중요한 일인가를 배우게 되었습니다. 요한복음 11장에 보면, 오빠 나사로가 죽었을 때 집에 오신 예수님을 맞이하면서 이번에는 식사 준비 대신 오빠의 죽음에 대한 질문을 던집니다. 그리고 주님과의 대화를 통해 마침내 그녀는 부활의 메시지를 받는 첫 사람이 됩니다.

"예수께서 이르시되 나는 부활이요 생명이니 나를 믿는 자는 죽어도 살겠고 무릇 살아서 나를 믿는 자는 영원히 죽지 아니하리니 이것을 네가 믿느냐"(요 11:25-26).

이것이 바로 마르다에게 하신 말씀입니다. 마침내 그녀는 주님의 놀라운 부활의 메시지를 받는 자가 됩니다. 말씀을 듣고 그에 대해 질문하는 일이 얼마나 중요한가를 비로소 배우게 된 것입니다. 말씀에 관한 대화가 중요한 이유는, 그것이 말씀하시는 주님을 더 기쁘시게 하는 일이기 때문입니다.

마음의 분주함을 예방하는 일
||||||||||||||||||||||||||||||||||||||||||||||||

마르다에게서 역설적으로 배우는 말씀 읽기와 묵상의 중요성은, 그것
이 마음의 분주함을 예방하는 일이라는 사실입니다.

　　"마르다는 준비하는 일이 많아 마음이 분주한지라"(눅 10:40).

　　과거의 선배 영성가들은 말씀 묵상을 방해하는 가장 중요한 원인
을 '분심'(distraction)이라고 했습니다. 본문에서 '마음이 분주하다'라는
단어는 NIV 성경에서 'distracted'(산만하게 하다)입니다. 우리가 주님과
의 교제에 몰입하려 하면 온갖 분심과 잡념들이 우리 마음에서 발생합
니다. 그래서 이 분심 처리가 우리의 영성 관리에 있어 중요한 과제가
되는 것입니다. 여러 가지 방안이 제시됩니다. 가장 많이 제시되는 방
안은, 그냥 그 생각들이 지나가도록 버려두라는 것입니다. 한 예로, 낯
선 동네로 이사를 가면 처음에는 길에 지나치는 온갖 잡음들이 우리의
신경을 날카롭게 할 수 있습니다. 그런데 며칠이 지나면 어떻습니까?
그 소리에 익숙해지면서 더 이상 소리가 들리지 않을 수 있습니다. 이
런 분심을 통제하기 위해 우리 선배들이 제시한 또 다른 처방에는 '짧

은 기도'가 있습니다. 분심이 떠오를 때 길게 호흡하고 짧게 "주님, 도와주세요", "주님, 사랑합니다", "주님, 경배합니다"라고 기도하는 것입니다. 그러나 가장 유익한 처방은 소리 내어 성경을 읽고 암송하는 것입니다. 내 귀에 들리도록 읽는 것입니다. 그러면 우리는 마음을 다스리고 다시 말씀에 집중할 수 있습니다.

우리 마음의 분주함 혹은 마음의 방황을 통제하는 가장 거룩한 습관은 성경 암송이라고 생각합니다. 우리가 암송한 말씀을 다시 반추하는 되새김질하기 말입니다. 저에게 많은 영향을 끼친 달라스 윌라드 박사는 거의 평생을 미국 남가주 대학(University of Southern California)의 철학 교수로 지냈지만,《마음의 혁신》,《하나님의 모략》,《잊혀진 제자도》(이하 복있는사람 역간),《하나님의 음성》(IVP 역간),《영성훈련》(은성 역간) 등의 영성적 저작들을 남겼습니다. 그분이 한국을 방문했을 때의 일화는 앞에서도 소개한 바 있습니다. 필요할 때마다 외운 말씀들을 다시 반추(되새김질)하며 묵상하는 거룩한 습관! 그래서인지 그분은 제가 만나 본 사람 중 가장 예수님을 연상하게 하는 겸손과 온유한 인격을 지니고 계셨습니다. 말씀이 그분의 마음과 인격을 빚고 있었던 것입니다.

마르다에게 주님의 말씀을 듣는 일의 우선순위가 있었더라면 그녀의 마음은 분주하게 방황할 필요가 없었을 것입니다. 말씀 묵상의 위대한 보너스는 우리 마음을 지키는 복을 누리게 한다는 것입니다.

염려나 근심을 극복하는 길

|||||||||||||||||||||||||||||||||||||||||

마르다가 기쁨으로 섬기지 못하고 불평하고 있을 때 주님께서 주신 말씀을 보십시오.

> "주께서 대답하여 이르시되 마르다야 마르다야 네가 많은 일로 염려하고 근심하나"(눅 10:41).

마르다의 마음이 분주했을 뿐 아니라 더 나아가 염려와 근심으로 가득했던 것을 주님이 보셨습니다. 사실 이 집에 예수님 혼자가 아니라 예수님이 제자들을 동반하고 오셨다면 열세 명 이상이 방문한 것이 됩니다. 70인의 제자를 파송하기도 하셨으니 어쩌면 그보다 더 많은 사람이 모였을 수도 있습니다. 그렇다면 이 많은 제자를 어떻게 대접해야 할지, 마르다의 마음에 염려와 근심이 없을 수 없었을 것입니다. 그러나 주님의 대답은 무엇이었습니까?

> "몇 가지만 하든지 혹은 한 가지만이라도 족하니라"(눅 10:42).

요즘 우리 식으로 말하면, "라면 하나만 끓여도 족하니 우리 함께 예배하고 말씀을 나누자"라는 의도였을 것입니다. 진수성찬으로 대접하는 것이 중요한 것이 아니라, 우리 모두의 인생을 바꿀 하나님 나라의 복음을 나누어 보자고 하신 것입니다. "사람이 떡으로만 살 것이 아니요 하나님의 입으로부터 나오는 모든 말씀으로 살 것이라"(마 4:4)라고 하신 것입니다.

사실 염려나 근심은 우리의 마음이 정리되지 않고 분산된 상태에서 일어나는 미래에 대한 걱정입니다. 이런 마음을 집중시키는 데 있어 말씀 읽기나 묵상 그리고 말씀 암송보다 더 좋은 것은 없습니다. 빌립보서 4장 6절은 "아무것도 염려하지 말고 다만 모든 일에 기도와 간구로, 너희 구할 것을 감사함으로 하나님께 아뢰라"라고 말씀합니다. 그렇게 할 때 주어지는 약속이 무엇입니까?

"그리하면 모든 지각에 뛰어난 하나님의 평강이 그리스도 예수 안에서 너희 마음과 생각을 지키시리라"(빌 4:7).

그러나 염려나 근심은 언제라도 다시 돌아올 수 있습니다. 그렇다면 기도와 함께해야 할 일은 무엇일까요?

"끝으로 형제들아 무엇에든지 참되며 무엇에든지 경건하며 무엇에든지 옳으며 무엇에든지 정결하며 무엇에든지 사랑받을 만하며 무엇에든지 칭찬받을 만하며 무슨 덕이 있든지 무슨 기림이 있든지 이것들을 생각하라"(빌 4:8).

이런 생각의 원천이 무엇입니까? 하나님의 말씀인 성경입니다. 성경은 참되고 경건하고 정결하며, 사랑과 칭찬의 모든 덕목으로 가득 차 있는 말씀입니다. 그래서 성경 읽기와 성경 묵상이 중요한 것입니다.

시편 119편을 읽고 말씀을 가까이하는 유익들을 정리해 보십시오. 말씀이 복이라고 합니다. 말씀이 우리를 부끄럽지 않게 한다고 합니다. 말씀이 우리를 깨끗하게 한다고 합니다. 말씀이 우리를 범죄하지 않게 한다고 합니다. 말씀이 비방과 멸시에서 우리를 지킨다고 합니다. 말씀이 주의 의로 우리를 살게 한다고 합니다. 말씀이 우리로 소망을 갖게 한다고 합니다. 말씀이 우리의 큰 평안이 된다고 합니다. 말씀이 우리의 위안이 되게 한다고 합니다. 말씀이 우리의 즐거움이라고 합니다. 말씀이 우리를 명철하게 한다고 합니다. 말씀이 우리 발에 등이고 우리 길에 빛이라고 합니다. 마리아처럼 더 좋은 말씀을 선택하고 집중하는 믿음의 삶을 살아가십시오.

염려나 근심은 우리의 마음이 정리되지 않고
분산된 상태에서 일어나는 미래에 대한 걱정입니다.
이런 마음을 집중시키는 데 있어 말씀 읽기나 묵상
그리고 말씀 암송보다 더 좋은 것은 없습니다.

▶
◀
▶